U0682435

中国职业技术教育学会科研项目优秀成果

The Excellent Achievements in Scientific Research Project of Chinese Society of Technical and Vocational Education

高等职业教育汽车专业“双证课程”培养方案规划教材

汽车发动机构造与维修

高等职业技术教育研究会 审定

宋波舰 主编

张性伟 张晶 涂金林 刘志君 副主编　贺绍喜 主审

The Structure and Maintenance of the Automobile Engine

人 民 邮 电 出 版 社

北 京

图书在版编目（CIP）数据

汽车发动机构造与维修 / 宋波舰主编. -- 北京 : 人民邮电出版社, 2015.2（2018.1 重印）
高等职业教育汽车专业“双证课程”培养方案规划教材
ISBN 978-7-115-37466-0

Ⅰ. ①汽… Ⅱ. ①宋… Ⅲ. ①汽车－发动机－构造－高等职业教育－教材②汽车－发动机－车辆修理－高等职业教育－教材 Ⅳ. ①U472.43

中国版本图书馆CIP数据核字(2014)第293527号

内 容 提 要

目前我国汽车工业迅猛发展，汽车产销量多年位居世界第一。汽车专业职业教育迫切需要图文并茂、通俗易懂的汽车构造与维修方面的教材。为适应新形势下培养高素质汽车维修技能人才的需要，长期从事汽车专业教学、培训的教师与一线汽车维修技师联合编写了本书。

本书为学习任务式教材。全书有 8 个学习任务，分别为发动机总成的更换、曲柄连杆机构的检修、配气机构的检修、发动机供给部分的检修、发动机点火系统的检修、发动机润滑系统的检修、发动机冷却系统的检修和发动机起动系统的检修。每个任务都以故障案例为引导，根据解决实际问题的需要，用高质量的彩色图片通俗易懂地介绍实用的汽车发动机结构、原理和检修知识与技能，始终贯彻“在做中学，在学中做”的教学原则。

本书配有教学课件，可作为高等职业院校汽车专业课程的教材，也可供汽车维修人员学习参考。

◆ 主　　编　宋波舰
副 主 编　张性伟　张　晶　涂金林　刘志君
主　　审　贺绍喜
责任编辑　梅　莹
责任印制　张佳莹　焦志炜

◆ 人民邮电出版社出版发行　　北京市丰台区成寿寺路 11 号
邮编　100164　　电子邮件　315@ptpress.com.cn
网址　http://www.ptpress.com.cn
北京缤索印刷有限公司印刷

◆ 开本：787×1092　1/16
印张：12.25　　　　2015 年 2 月第 1 版
字数：313 千字　　　2018 年 1 月北京第 2 次印刷

定价：55.00 元

读者服务热线：(010)81055256　印装质量热线：(010)81055316
反盗版热线：(010)81055315

前　言

汽车发动机构造与维修是汽车专业的一门专业核心课程。为适应新形势下培养高素质汽车维修技能人才的需要，长期从事汽车专业教学、培训的教师与一线汽车维修技师联合编写了本书。

本书作者在汽车发动机的构造与检修方面，有许多深刻、独到、实用的见解，故总结提炼多年从事汽车发动机教学、培训、检修方面的经验，根据职业院校学生易于、乐于形象思维的认知特点，尽量用高质量的彩色图片形象生动地展示教学内容，语言简练，要点突出，力求把抽象的问题形象化，把复杂的问题简单化。本书具有以下特点。

（1）尽量用图表介绍汽车发动机的结构、原理与检修知识和技能；避免无插图的理论描述，不用数学计算推导；尽量用清晰度高、层次分明、易于理解的全彩色立体图、结构简图、原理示意图说明问题，以降低教学难度，使学生易于从看图中获得学习成效，进而提高学习兴趣。

（2）每个学习任务都有实实在在的学习目标，有利于教师在教学中把握教学重点和难点，便于学生在自学中找到学习重点。师生还可通过每个学习任务的小结和学习思考与拓展来检查、复习和巩固所学的知识和技能。

（3）每个学习任务都以故障案例为引导，根据解决实际问题的需要，介绍先进、实用的汽车发动机结构、原理、检修知识和技能，引导学生按照汽车维修企业的工艺流程和标准来检修汽车发动机的故障，培养学生良好的职业素质，始终坚持“在做中学，在学中做”的教学原则。

（4）讲述的发动机系统和车型都具有代表性，力争做到所介绍的汽车发动机的结构、原理、检修知识和技能都是先进的、实用的。

本书由武汉市交通学校宋波舰担任主编，由四川交通职业技术学院张性伟、武汉市交通学校张晶、湖北荆门创业中专涂金林、武汉市软件职业技术学院刘志君担任副主编。宋波舰负责全书的编写工作，张晶负责实训操作和教学课件的编写工作，张性伟、涂金林、刘志君为本书的编写提供了大量宝贵意见和建议。

本书的编写得到了参编教师院校领导的大力支持，湖北东安汽车销售服务有限公司技术总监贺绍喜担任了本书的主审，在此表示衷心的感谢。限于编者水平和经验，书中疏漏之处在所难免，望广大读者不吝赐教。

编　者

2014 年 9 月

目录

学习任务一

发动机总成的更换

【学习目标】

1. 掌握汽车发动机的定义及类型。
2. 掌握汽车发动机的基本工作原理与总体构造。
3. 熟悉汽车发动机的主要性能指标与特性。
4. 熟悉汽车发动机支撑的作用与类型。
5. 能更换发动机总成和支撑。
6. 能用诊断仪对发动机电控单元进行初始化。

建议完成本学习任务的时间为 10 课时。

【学习情境描述】

一辆大众轿车在怠速时，车身抖动明显。要求查明车身抖动的原因并进行处理。

【学习内容】

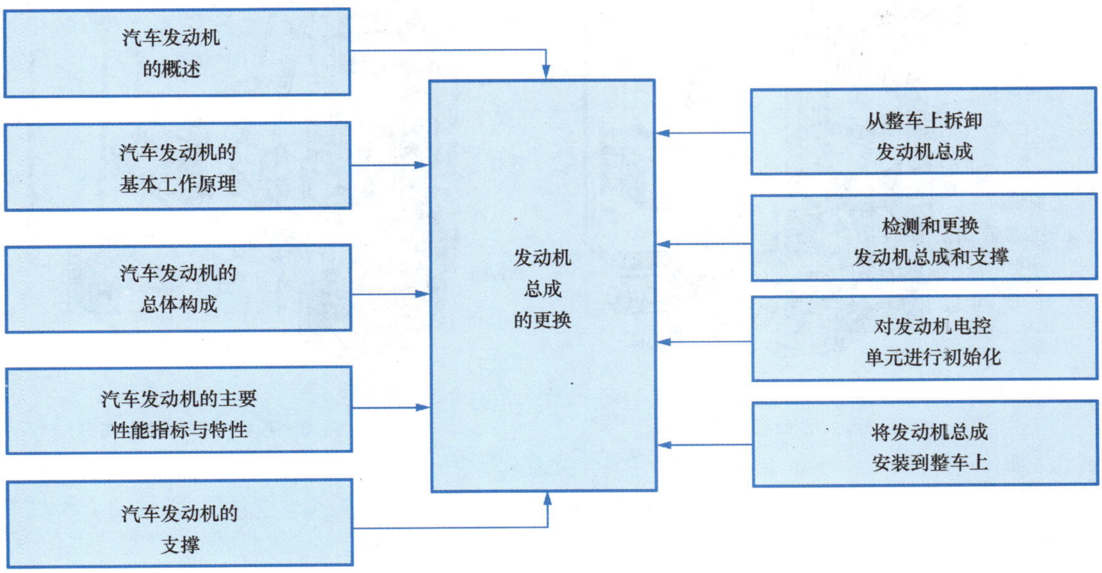

【知识链接】

第一节 汽车发动机概述

一、发动机的定义

发动机是指将某一形式的能量转换为机械能的机器。汽车发动机一般是将液体或气体燃料与空气混合后直接送入机器内部燃烧而产生热能，再把热能转化为机械能并对外输出动力。汽车发动机又称为内燃机，它是汽车的动力源，被称为汽车的“心脏”。

二、发动机的类型

汽车发动机（主要指车用往复活塞式内燃机）分类方法很多，按照不同的分类方法可以将汽车发动机分成不同的类型。

1. 按所使用燃料分类

内燃机按照所使用燃料的不同可以分为汽油机和柴油机，使用汽油为燃料的内燃机称为汽油机；使用柴油为燃料的内燃机称为柴油机，如图 1-1 所示。汽油机与柴油机比较各有特点：汽油机转速高，质量小，噪声小，起动容易，制造成本低；柴油机压缩比大，热效率高，经济性能和排放性能都比汽油机好。

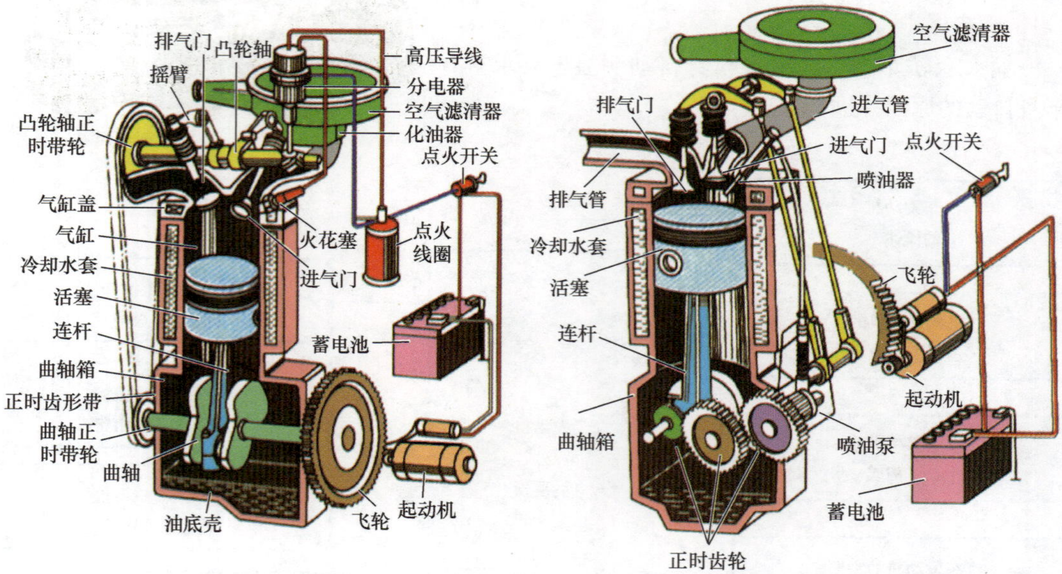

（a）四行程汽油发动机结构简图　　（b）四行程柴油发动机结构简图

图 1-1　四行程汽油发动机和柴油发动机

2. 按行程分类

内燃机按照完成一个工作循环所需的行程（或冲程）数可分为四行程发动机和二行程发动机。二行程发动机的活塞在汽缸中上下运动 2 个行程，曲轴旋转 360°，完成发动机的一个工作循环，其工作过程如图 1–2 所示；四行程发动机的活塞在汽缸中上下运动 4 个行程，曲轴旋转 720°，完成发动机的一个工作循环，其工作过程如图 1–3 所示。目前广泛使用的是四行程发动机。

注意：发动机完成进气、压缩、做功与排气 4 个过程，二行程发动机活塞在上、下止点间往复移动 2 个行程，四行程发动机则是活塞在上、下止点间往复移动 4 个行程。

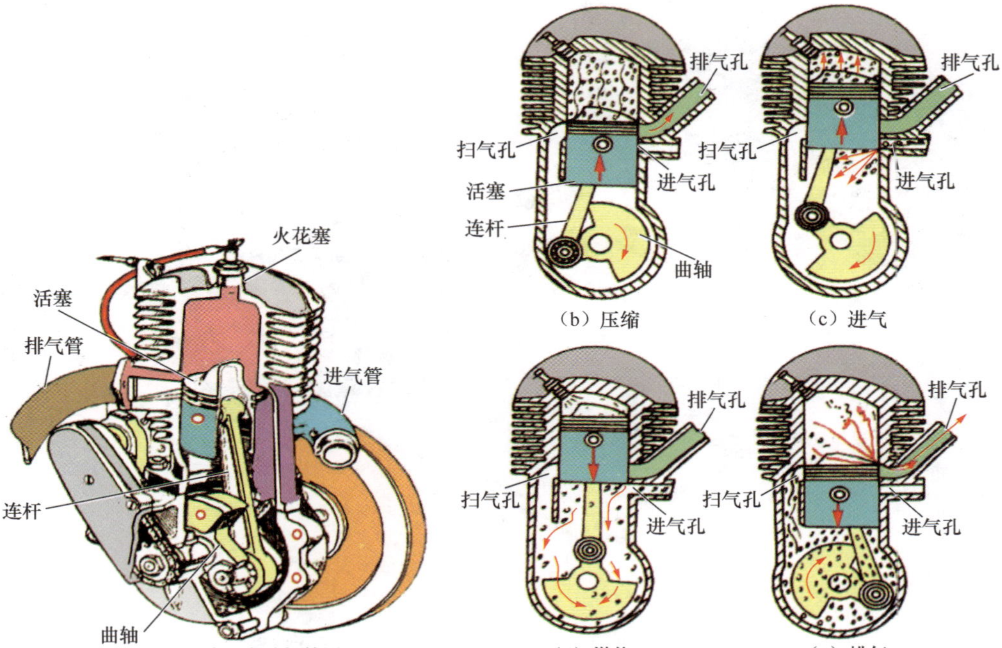

（a）二冲程发动机外形　（b）压缩　（c）进气　（d）燃烧　（e）排气

图 1–2　二行程发动机的工作示意图

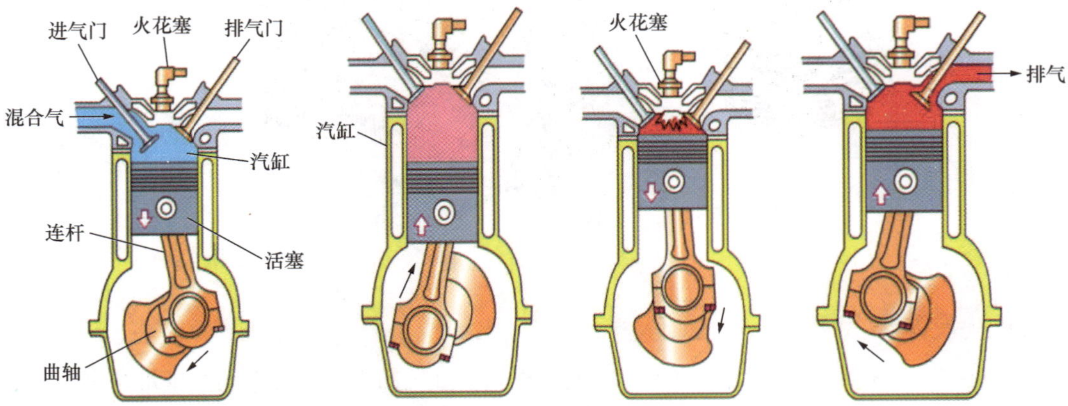

（a）进气行程　（b）压缩行程　（c）做功行程　（d）排气行程

图 1–3　四行程发动机的工作示意图

3. 按冷却方式分类

内燃机按照冷却方式不同可以分为水冷发动机和风冷发动机。水冷发动机是利用在汽缸体和汽缸盖冷却水套中进行循环的冷却液作为冷却介质进行冷却的，如图 1–4 所示；而风冷发动机是利用大流量风扇使高速空气流吹过汽缸盖和汽缸体的表面，为了有效地降低受热零件的温度和改善其温度的分布，风冷发动机在汽缸盖和汽缸体的外表面布置了一定形状的散热片，以确保发动机在适当的温度范围内工作，如图 1–5 所示。水冷发动机冷却均匀，冷却效果好，被广泛地应用于现代车用发动机。

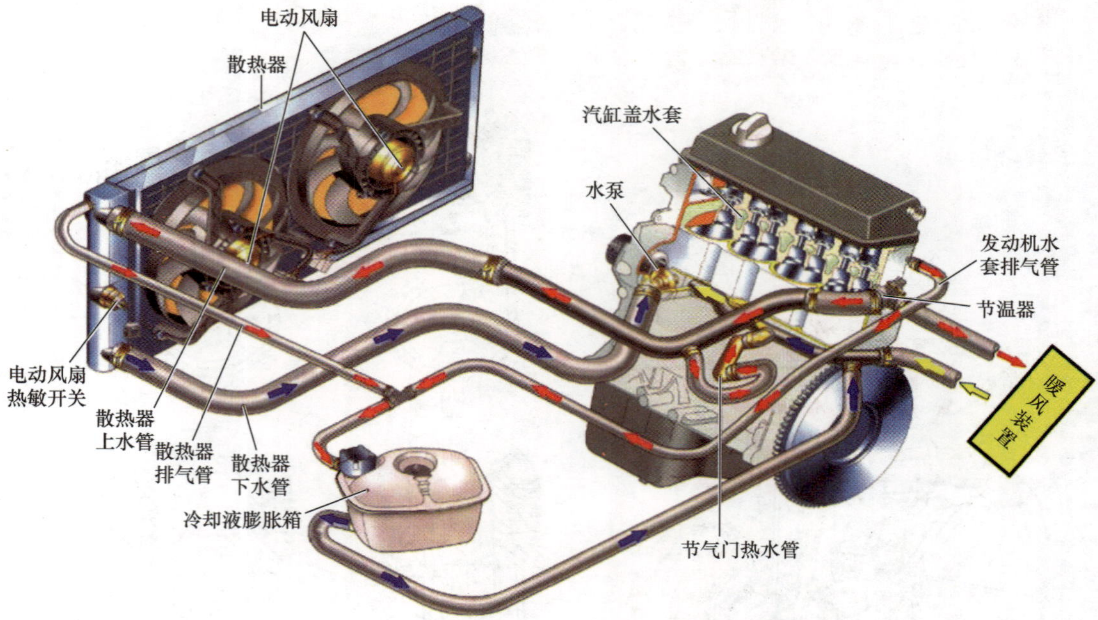

图 1–4　水冷发动机

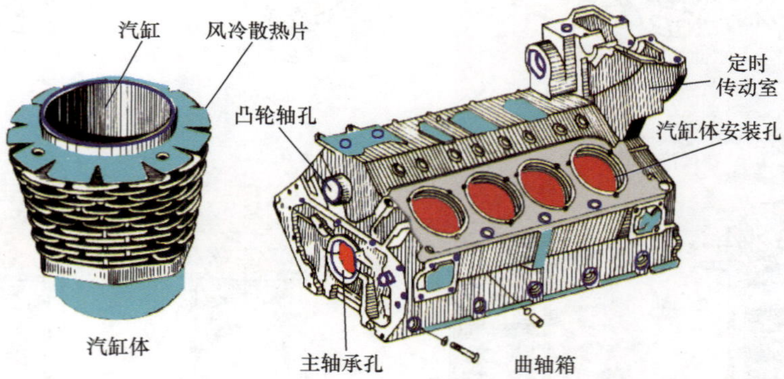

图 1–5　风冷发动机

4. 按汽缸数目和排列方式分类

内燃机按照汽缸数目不同可以分为单缸发动机和多缸发动机。单缸发动机排量较小，通常在 500 ml 以下，广泛应用于摩托车、抽水机、割草机等。多缸发动机有 2、3、4、6、8、10、12 缸等，通常排量在 1 L 以下的为 2 ～ 4 缸，1 ～ 3.5 L 的为 4 ～ 6 缸；3.5 L 以上的为 8 ～ 12 缸。现代轿车普遍采用直列 4 缸、直列 6 缸及 V 型发动机，如图 1–6 所示。

内燃机按照汽缸排列方式不同可以分为直列式、V 型式、W 型式、水平对置式发动机，如图 1–7 所示。直列式发动机的特点是各个汽缸排成一直列，机体的宽度小而高度和长度大，一般只用于六缸以下（2.0 L 以下排量）的发动机。V 型发动机的特点是汽缸分二列排成 V 型，汽缸体宽度大而长度和高度小，形状比较复杂，但汽缸体的刚度大，质量和外形尺寸较小，多用于 6 缸以上的大功率（3.0 L 以上排量）发动机。

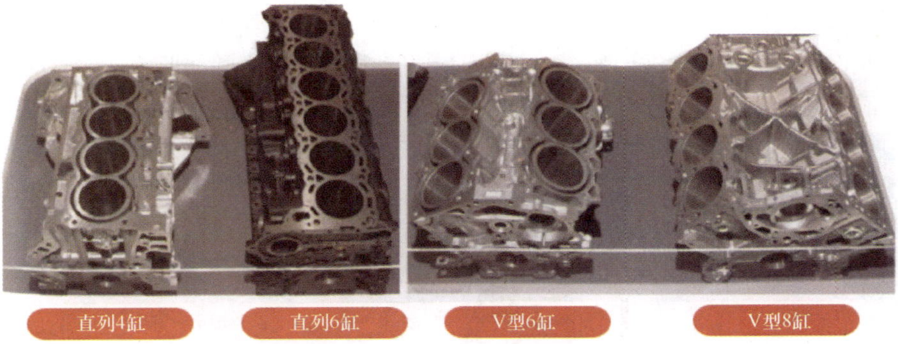

图 1-6 直列和 V 型发动机的缸体

W 型发动机是由两组具有较小夹角的 V 型机体组成，可进一步降低发动机的长度，多用于 8 缸以上的大功率发动机。对置式发动机的特点是两列汽缸水平相对排列，机体的宽度大，优点是重心低，平衡性较好，左右两个机体用螺栓紧固在一起。

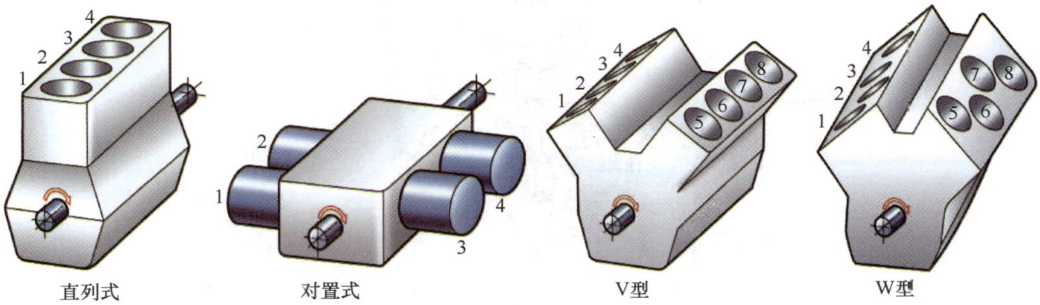

图 1-7 发动机汽缸的排列方式

5. 按进气系统是否采用增压方式分类

按进气系统是否采用增压方式可将发动机分为自然吸气式（非增压式）发动机,如图 1-1（a）所示；强制进气式（增压式）发动机，如图 1-8 所示。涡轮增压式发动机一般是利用发动机排出的废气能量推动涡轮的叶轮旋转，并带动与其同轴的增压机工作，使进入发动机的新鲜空气增压，从而提高发动机的动力性。

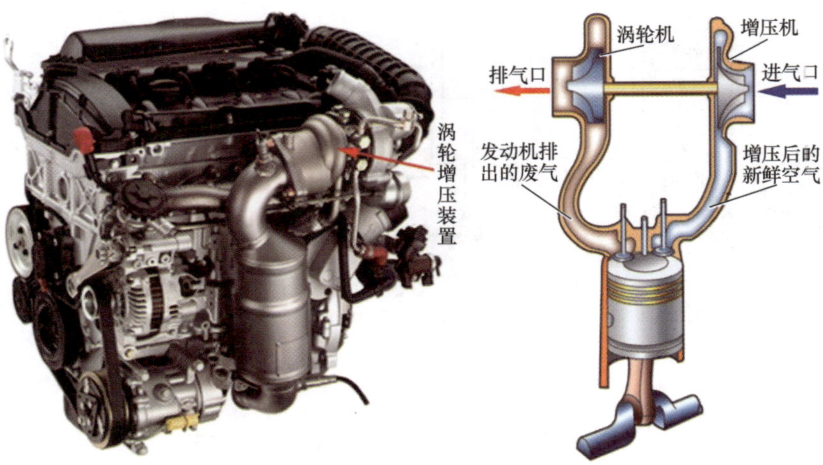

（b）涡轮增压发动机外形　　（b）涡轮增压发动机原理示意图

图 1-8 涡轮增压式发动机

三、单缸发动机的结构和常用语

单缸四冲程发动机的基本结构如图 1–9 所示。发动机汽缸体内圆柱形腔体称为汽缸，汽缸内装有活塞，活塞通过活塞销、连杆与曲轴相连接。活塞在汽缸内作往复直线运动，在汽缸盖上装有进气门和排气门，曲轴正时带轮驱动凸轮轴控制进、排气门的开启和关闭，实现向汽缸内充入可燃混合气，并将燃烧后的废气排出发动机汽缸。

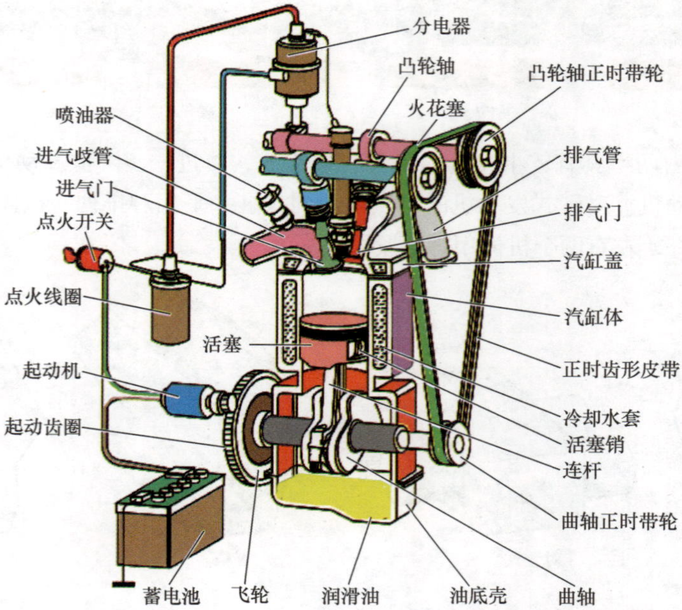

图 1–9　单缸四冲程发动机结构示意图

发动机的部分基本术语如图 1–10 所示，下面对各基本术语说明。

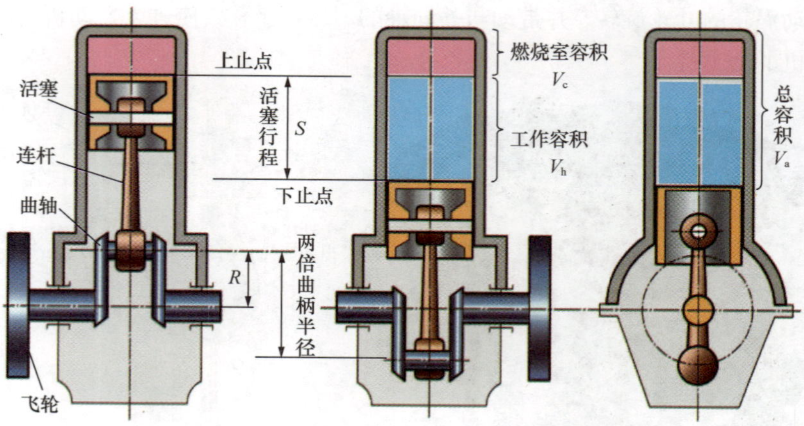

图 1–10　发动机部分基本术语示意图

（1）上止点（TDC）：活塞离曲轴回转中心最远处，指活塞上行到的最高位置。

（2）下止点（BDC）：活塞离曲轴回转中心最近处，指活塞下行到的最低位置。

（3）活塞行程（S）：上止点与下止点之间的距离称为活塞行程，用 S 表示。

（4）曲柄半径（R）：曲柄半径又称曲轴半径，它是曲轴与连杆下端的连接中心至曲轴中心的距离（即曲轴的回转半径），用 R 表示。活塞行程为曲柄半径的两倍，即 $S=2R$。

（5）汽缸工作容积（V_h）：活塞从一个止点运动到另一个止点所扫过的容积称为汽缸工作容积或汽缸排量，用 V_h 表示，单位为 L（升），即

$$V_h=\frac{\pi D^2 S}{4}\times 10^{-6}$$

式中，D 为汽缸直径，S 为活塞行程。

（6）燃烧室容积（V_c）：活塞在上止点时，活塞顶与汽缸盖之间的容积称为燃烧室容积。

（7）汽缸总容积（V_a）：活塞在下止点时，活塞顶上方的容积称为汽缸总容积。显然，汽缸总容积是汽缸工作容积与燃烧室容积之和，即

$$V_a=V_c+V_h$$

式中：V_c 为燃烧室容积；V_h 为汽缸工作容积。

（8）发动机的排量（V_L）：多缸发动机各汽缸工作容积的总和称为发动机的排量，即

$$V_L=V_h i=\frac{\pi D^2 S i}{4}\times 10^{-6}$$

式中，V_h 为汽缸工作容积，i 为汽缸数目。

（9）压缩比（ε）：汽缸总容积与燃烧室容积之比称为压缩比，即

$$\varepsilon=\frac{V_a}{V_c}=\frac{V_h+V_c}{V_c}=1+\frac{V_h}{V_c}$$

式中，V_a 为汽缸总容积，V_h 为汽缸工作容积，V_c 为燃烧室容积。

压缩比表示活塞由下止点运动到上止点时，汽缸内气体被压缩的程度。压缩比越大，压缩终了时汽缸内的压力和温度越高。目前，一般汽油发动机的压缩比为 6～11，柴油发动机的压缩比为 16～22。

（10）工作循环：在汽缸内进行的每一次燃料燃烧的热能转变成机械能的一系列连续过程（进气、压缩、做功与排气）称为发动机的一个工作循环。

第二节 汽车发动机的基本工作原理

一、四冲程汽油发动机的工作原理

四冲程汽油发动机每一个工作循环包括 4 个活塞行程，即进气行程、压缩行程、做功行程和排气行程，如图 1-11 所示。

1. 进气行程

在进气行程中，活塞在曲轴和连杆的带动下，由上止点向下止点运行，这时进气门开启，排气门关闭。在活塞下行的过程中，由于活塞上方汽缸容积逐渐增大，形成一定的真空度，于是将预先在进气道内形成的空气与燃料的可燃混合气吸入汽缸。由于进气系统有阻力，进气终了时汽缸内的气体压力为 0.075～0.09 MPa；流进汽缸内的可燃混合气，因为与汽缸壁、活塞顶等高温部件表面接触并与前一循环留下的高温残余废气混合，所以温度可升高到 370～400 K。

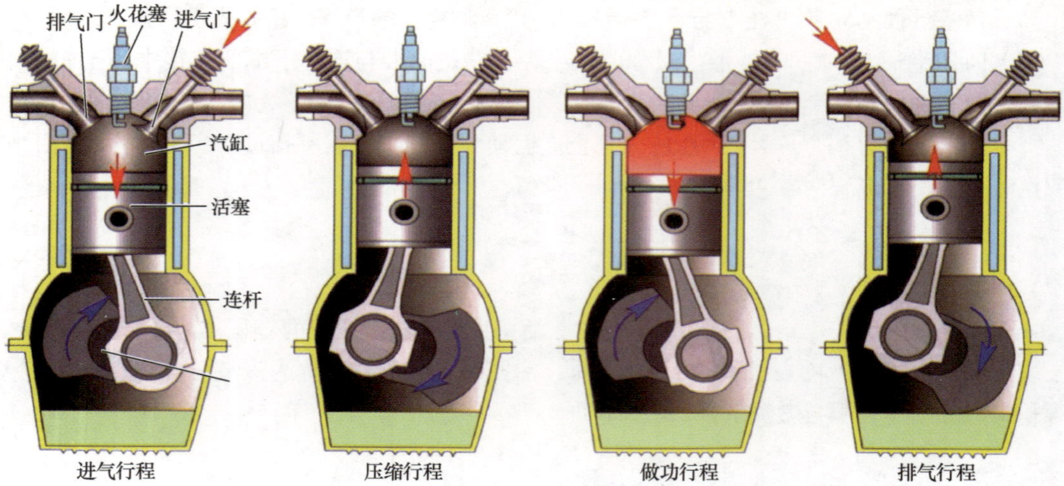

图 1-11　四冲程汽油机工作原理示意图

注意： 实际上发动机进气门在上止点前 5°～25° 时开始打开，在进气行程活塞到达下止点后 35°～65° 时才完全关闭，这种现象称为进气门的早开晚关，如图 1-12（b）所示。进气门早开晚关的目的是使混合气充分更多地进入汽缸中。

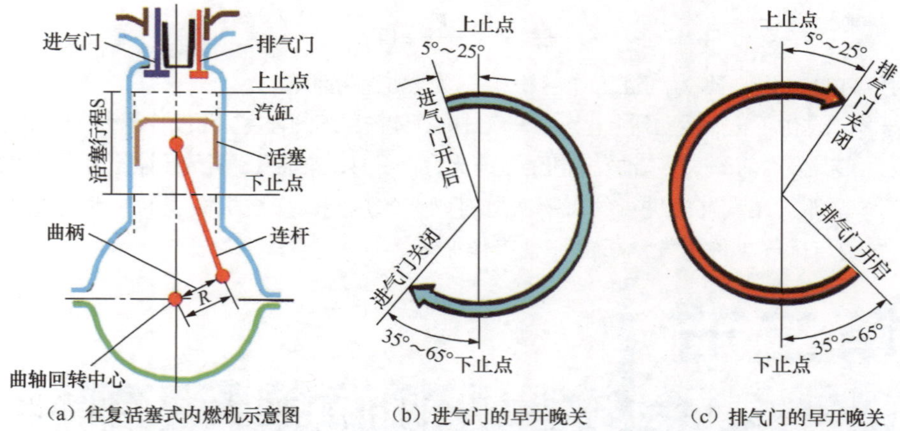

图 1-12　往复活塞式内燃机和进、排气门早开晚关示意图

在发动机示功图上，进气行程用曲线 *AB* 表示，如图 1-13（a）所示，曲线 *AB* 大部分位于大气压力线下面，这部分曲线与大气压力线的纵坐标之差即表示汽缸内的真空度。

2. 压缩行程

为了使汽缸内的可燃混合气体能迅速燃烧，以产生较大的压力，从而增加发动机的输出功率，必须在燃烧前将可燃混合气压缩，使其容积缩小，密度加大，温度升高，故需要有压缩过程。在进气行程结束后，曲轴继续带动活塞由下止点移至上止点。这时进、排气门均关闭，随着活塞移动，汽缸容积不断减小，其压力和温度同时升高。可燃混合气压力 P_c 升高到 0.6～1.2 MPa，温度可达 600～700 K。现代轿车的压缩比一般 8～11。如一汽大众宝来轿车 1.6 L 发动机的压缩比为 10.3，东风雪铁龙爱丽舍轿车 1.6 L 发动机的压缩比为 10.5。在发动机示功图上，压缩行程用曲线 *BC* 表示，如图 1-13（b）所示。

加油站：压缩比越大，在压缩终了时混合气的压力和温度越高，燃烧速度增快，因而发动机输出功率增大，热效率提高，经济性越好。但压缩比过大时，不仅不能进一步改善燃烧情况，反而会出现爆燃和表面点火等不正常的燃烧现象。爆燃是由于气体压力和温度过高，在燃烧室内离点燃中心较远处的末端，可燃混合气自燃而造成的一种不正常的燃烧现象。爆燃时火焰以极高速率传播，温度和压力急剧升高，形成的压力波以声速向前推进。当这种压力波撞击燃烧室壁面时就发出尖锐的敲缸声，同时还会引起发动机过热，功率下降、燃油消耗量增加等一系列不良后果。严重爆燃时，甚至造成气门烧毁、轴瓦破裂、活塞烧顶、火花塞绝缘体击穿等部件损坏现象。表面点火是由于燃烧室内炽热的表面（如排气门头、火花塞电极、积炭，点燃混合气产生的另一种不正常燃烧的现象。表面点火发生时，也伴有强烈的敲击声（较沉闷），产生的高压会使发动机部件承受的机械负荷增加，寿命降低。因此，在提高发动机压缩比的同时，必须防止爆燃和表面点火的发生。

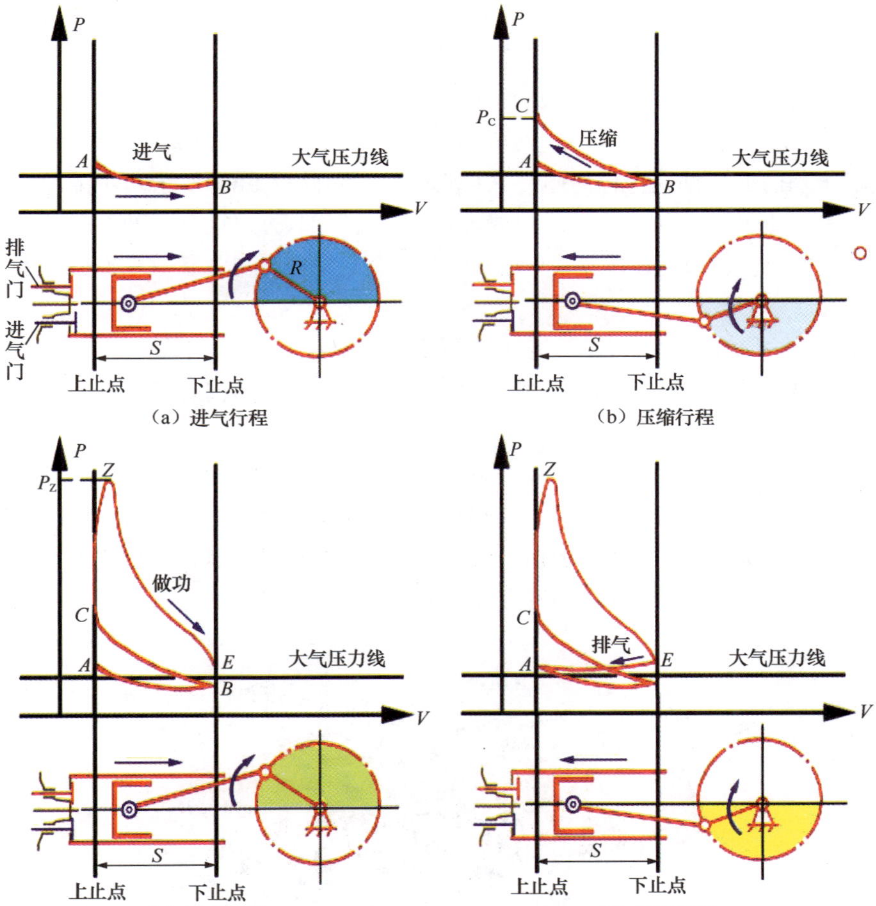

图 1-13　四冲程汽油发动机示功图

3. 做功行程

压缩行程结束后，进入做功行程。在这个行程中，进、排气门仍旧关闭。当活塞接近上止点时，安装在汽缸盖上的火花塞产生电火花，点燃汽缸内被压缩的可燃混合气。可燃混合气燃烧后，产生大量的热能，其压力和温度迅速增加，所能达到的最高压力 P_Z 为 3 ～ 5 MPa, 相应的温度为 2 200 ～ 2 800 K。高温、高压气体推动活塞从上止点向下止点运动，通过连杆使曲轴旋转并输出机械能。此机械能量除了维持发动机本身继续运转外，其余用于对外做功。在发动机示功图上，做功行程用曲线 *CZE* 表示，如图 1–13（c）所示。在示功图上曲线 *ZE* 表示活塞向下移动时，汽缸内容积增加，气体压力和温度都降低，在做功终了的 E 点，压力降到 0.3 ～ 0.5 MPa, 温度则降为 1 300 ～ 1 600 K。

4. 排气行程

可燃混合气燃烧后生成的废气，必须从汽缸中排除，以便进行下一个工作循环。当膨胀接近终了时，排气行程开始，排气门开启，进气门关闭，靠废气的压力自由排气，活塞到达下止点再向上止点移动时，靠气体自身剩余压力和活塞的推动继续将废气强制排到汽缸之外。活塞到达上止点附近时，排气行程结束。

注意：实际上排气门必须在做功行程时，活塞到达下止点前 35° ～ 65° 时开启，要在活塞到达上止点后 5° ～ 25° 时才完全关闭，这种现象称为排气门的早开晚关，如图 1–12（c）所示。在上止点附近，排气门尚未关闭，而进气门已经开启的现象，称为气门重叠开启时期。气门重叠角（进、排气门同时开启的角度）可帮助排气和增加进气，但气门重叠角过大，会造成怠速不稳定。

在发动机示功图上，排气行程用曲线 *EA* 表示，如图 1–13（d）所示。在排气行程中，汽缸内压力稍高于大气压力，为 0.105 ～ 0.115 MPa，排气终了时，废气温度为 900 ～ 1 200 K。由于燃烧室占有一定的容积，因此在排气终了时，不可能将废气全部排尽，这一部分留下的废气称为残余废气。

综上所述，四冲程汽油发动机经过进气、压缩、做功与排气 4 个行程，完成了一个工作循环。在一个工作循环内，活塞在上、下止点间往复移动了 4 个行程，曲轴旋转了两周共 720°。

二、四冲程柴油发动机的工作原理

电控四冲程柴油发动机的构造如图 1–14 所示。四冲程柴油发动机的每个工作循环也要经历进气、压缩、做功和排气 4 个行程。但由于柴油机的燃料是柴油，其黏度比汽油大，而其自燃温度却较汽油低，故可燃混合气的形成和着火方式都与汽油机不同。

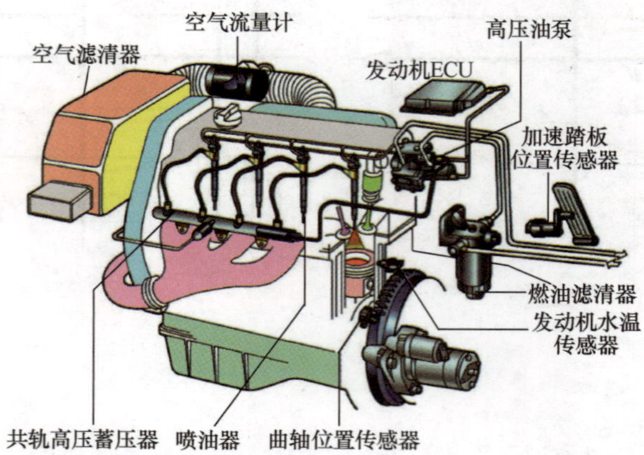

图 1–14　电控四冲程柴油发动机的构造简图

四冲程柴油发动机的工作原理如图 1–15 所示。柴油机在进气行程吸入的是纯空气。在压缩行程接近终了时，柴油机喷油泵将油压提高到 10 MPa 以上，将柴油通过喷油器喷入汽缸，在很短的时间内与压缩后的高温空气混合，形成可燃混合气。柴油发动机的可燃混合气是在汽缸内部形成的。

由于柴油机的压缩比高（一般为 16 ～ 22），所以压缩终了时汽缸内的空气压力可达 3.5 ～ 4.5 MPa，同时温度可达 750 ～ 1 000 K，大大超过柴油的自燃温度。因此在柴油喷入汽缸后，在很短的时间内与空气混合后立即自行发火燃烧。汽缸内压力急剧上升到 6 ～ 9 MPa，温度也升到 2 000 ～ 2 500 K。在高压气体推动下，活塞向下运动并带动曲轴旋转而做功。废气同样经排气门和排气管排出。

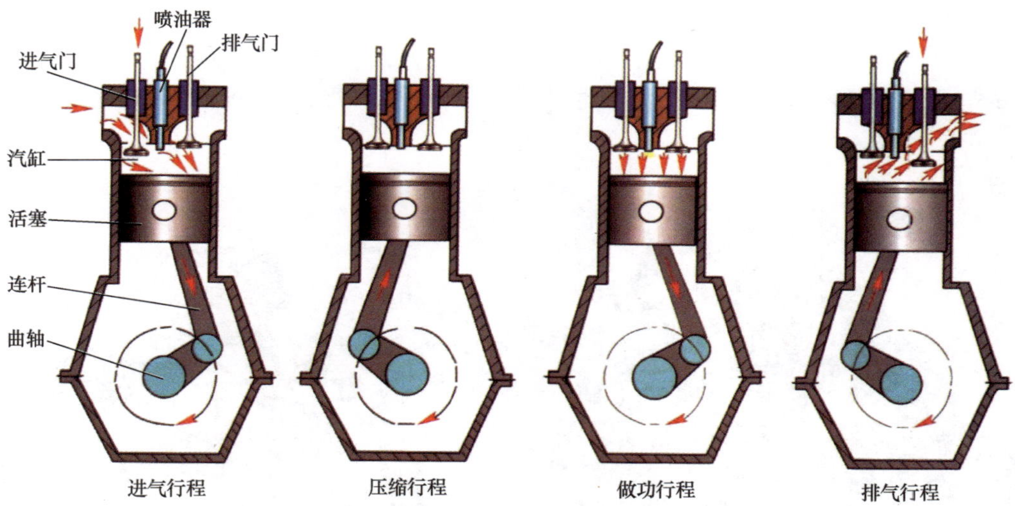

图 1–15　四冲程柴油发动机工作原理示意图

加油站：柴油机与汽油机比较，各有特点。汽油机具有转速高（目前轿车汽油发动机最高转速可达 6 000 ～ 6 500 r/min），质量轻、工作噪声小、起动容易、制造和维修费用低等优点，故在轿车、越野车、轻型货车上得到广泛应用；其不足是燃油消耗高，燃油经济性差。柴油机因压缩比高，燃油消耗平均比汽油机低 20% ～ 30%，所以燃油经济性好，一般装载质量为 3.5 t 以上的货车大都采用柴油发动机；其缺点是转速比汽油机低（一般最高转速只有 2 200 ～ 3 000 r/min）、质量大、制造和维修费用高（因柴油机的高压油泵和喷油器的加工精度要求高）。但目前柴油机的这些缺点正在逐步得到改进，其应用范围在向中、轻型货车扩展。国内外也有部分轿车采用柴油发动机，其最高转速已达到 5 000 r/min。

综上所述，四冲程发动机在一个工作循环的 4 个活塞行程中，只有一个行程是做功的，其余 3 个行程是做功的辅助行程。因此，在单缸发动机上，曲轴每转两周只有半周是由于气体膨胀的作用推动曲轴旋转，其余一周半则依靠发动机飞轮的惯性维持转动。显然在做功行程内，曲轴的转速比其他 3 个行程内曲轴的转速要高，所以曲轴旋转是不均匀的，所以将造成发动机运转不平稳。为了解决这个问题，发动机飞轮必须有很大的转动惯量，由此会使整个发动机质量和尺寸增加。显然单缸发动机工作振动大，采用多缸发动机可以弥补上述缺点。因此，现代汽车上普遍使用 4 缸、6 缸、8 缸发动机，采用较多的是 4 缸发动机。

在多缸四冲程发动机的每一汽缸内，都按“进气→压缩→做功→排气”的次序工作，但每一汽缸的做功行程并不同时发生。例如，在 4 缸发动机上，曲轴每转半周（720°/4=180°）便有一个汽缸在做功；在 8 缸发动机上，曲轴每转 1/4 周（720°/8=90°）便有一个汽缸在做功。显然，汽缸数越多，发动机工作越平稳；但发动机汽缸数越多，结构越复杂，制造和维修费用越高。

第三节 汽车发动机的总体构造

汽车发动机是一部由许多机构和系统组成的复杂机器，汽车发动机的总体构造如图 1–16 所示。现代汽油发动机一般由发动机机体组、两大机构、五大系统组成；而柴油发动机一般由发动机机体组、两大机构、四大系统组成。两大机构是指曲柄连杆机构和配气机构，五大系统是指燃料供给系统、冷却系统、润滑系统、点火系统（注：柴油发动机无此系统）和起动系统。

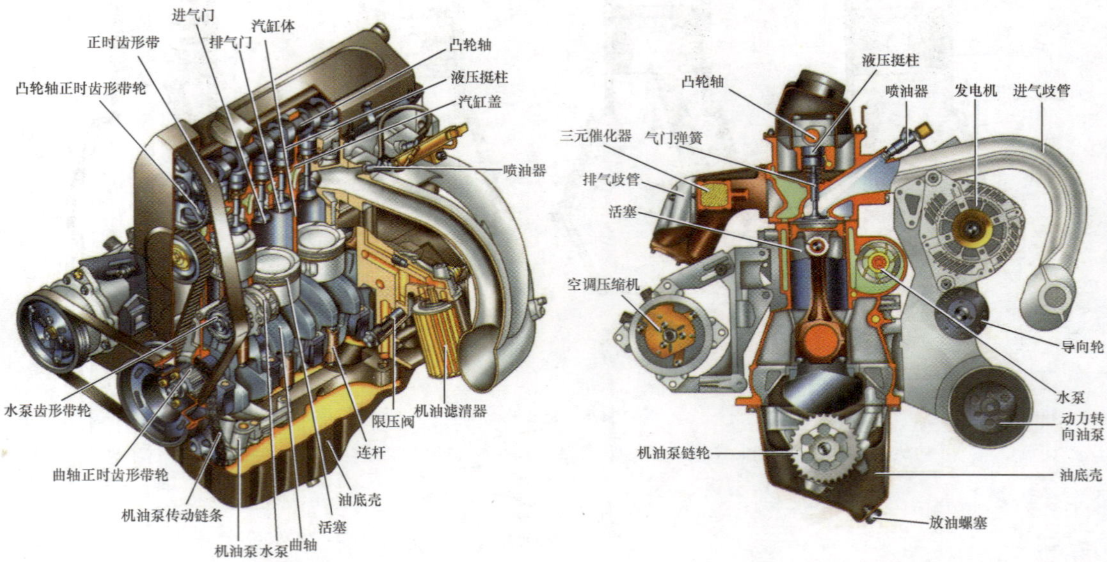

(a) 发动机纵剖图　　(b) 发动机横剖图

图 1–16 汽油发动机总体构造图

1. 机体组

发动机机体组主要包括汽缸盖、汽缸体、油底壳等。有的发动机将汽缸体分铸成两部分，上部分为汽缸体，下部分为曲轴箱。机体组的作用是作为发动机各机构、各系统的装配基体，而且机体本身的许多部分又分别是曲柄连杆机构、配气机构、供给系统、冷却系统的组成部分。汽缸盖和汽缸体的内壁共同组成燃烧室的一部分，是承受高温、高压的部件。在进行结构分析时，常把机体组并入曲柄连杆机构。

2. 曲柄连杆机构

曲柄连杆机构主要包括活塞、连杆、飞轮、曲轴等。它是发动机借以产生动力，并将活塞的往复直线运动转变为曲轴的旋转运动而输出动力的机构。

3. 配气机构

配气机构主要包括凸轮轴正时齿轮、凸轮轴与凸轮、液压挺柱、进气门、排气门、气门弹簧等。配气机构的作用是根据发动机的工作需要，适时地打开进气门或排气门，使可燃混合气及时充入汽缸，或使废气及时地从汽缸排出，而在发动机不需要进气或排气时，则利用气门将进气通道和排气通道关闭，以保持汽缸密封。

4. 燃料供给系统

燃料供给系统主要包括燃油箱、燃油滤清器、燃油泵、节气门体、喷油器、空气滤清器、进气歧管、排气歧管、排气消声器等。汽油机燃料供给系统的作用是向发动机汽缸内供给已配好的可燃混合气，并控制进入汽缸内混合气的数量，以调节发动机的输出功率和转速，最后将燃烧后的废气排出汽缸。

5. 点火系统

点火系统主要由点火电源（蓄电池或发电机）、点火开关、点火线圈、点火控制单元、火花塞等组成。点火系统的作用是按发动机的工作次序向汽缸内提供电火花，及时点燃汽缸中被压缩的可燃混合气。

6. 冷却系统

冷却系统主要由水泵、水箱散热器、电子冷却风扇、水温传感器、发动机冷却风扇控制单元、节温器、水套等组成。冷却系统的作用是利用冷却介质冷却高温零件，并通过散热器和电子冷却风扇将热量散发到大气中去，保证发动机、空调冷凝器、自动变速器等的正常工作。

7. 润滑系统

润滑系统主要由机油泵、机油滤清器、机油限压阀、润滑油道、油底壳等组成。润滑系统的作用是将清洁的润滑油泵送至发动机各个摩擦表面，以减小摩擦和磨损，并清洗、冷却摩擦表面，从而延长发动机各机件的使用寿命。

8. 起动系统

起动系统主要由蓄电池、点火开关、起动控制装置、起动机等组成。起动系统的作用是带动发动机飞轮旋转，以使发动机获得必要动能和起动转速，使静止的发动机起动并进入自行运转状态。

第四节 汽车发动机的主要性能指标与特性

汽车发动机的主要性能指标有动力性指标（有效转矩、有效功率、转速等）、经济性指标（燃油消耗率）和运转性能指标（排气品质、噪声、起动性能等）。

一、动力性指标

1. 有效转矩

发动机通过飞轮对外输出的平均转矩称为有效转矩，以 T_e 表示。有效转矩与外界施加于发动机曲轴上的阻力矩相平衡。

2. 有效功率

发动机通过飞轮对外输出的功率称为有效功率，以 P_e 表示。它等于有效转矩与曲轴角速度的乘积。发动机的有效功率可以用台架试验的方法测定，也可用测功器测定有效转矩和曲轴转速，然后用下式计算：

$$P_e = T_e \frac{2\pi n}{60} \times 10^{-3} = \frac{T_e n}{9550}\ (\mathrm{kW}) \tag{1-1}$$

式中：T_e 为有效转矩（N · m）；n 为曲轴转速（r/min）。

3. 转速

发动机曲轴转速的高低，关系到单位时间内做功次数的多少或发动机有效功率的大小，即发动机的有效功率随曲轴转速的不同而改变。因此，在说明发动机有效功率的大小时，必须同时指明其相应的转速。在发动机产品标牌上规定的功率及其相应的转速分别称为标定功率和标定转速。发动机在标定功率各标定转速下的工作状况，称为标定工况。标定功率是发动机所能发出的最大功率，是根据发动机用途而制定的有效功率最大使用限度。

二、经济性指标

发动机每发出 1 kW 有效功率，在 1 h 内所消耗的燃油质量（以 g 为单位），称为燃油消耗率，用 b_e 表示。显然，燃油消耗越低，经济性越好。燃油消耗的计算公式为：

$$b_e = \frac{B}{P_e} \times 10^3\ [\mathrm{g/(kW \cdot h)}] \tag{1-2}$$

式中，B 为发动机在单位时间内的耗油量（kg/h），可由试验测定；P_e 为发动机的有效功率（kW）。

注意：发动机的性能是随许多因素而变化的，其变化规律称为发动机特性。

三、运转性能指标

发动机的运转性能指标主要指排气品质、噪声、起动性能等。由于这些性能不仅与使用者利益相关，更关系到人类的生存环境，因此必须制定统一标准，并严格贯彻执行。

1. 排气品质

发动机的排气中含有对人体有害的物质，它已成为人类自然环境的主要污染源。为此，各国采取了许多对策，并制定了越来越严格的控制法规。发动机排出的有害物质主要是氮氧化合物（NO_x）、碳氢化合物（HC）、一氧化碳（CO）以及排气颗粒。我国制定的发动机排放法规日趋严格，其中 2005 年颁布的《轻型车污染物排放限值及测量方法（中国Ⅲ、Ⅳ阶段）》（GB18352.3 — 2005）中对常温下冷起动后排气污染物排放试验（Ⅰ型试验）的排放限值规定见表 1-1。

2. 噪声

噪声会刺激人的神经，使人心情烦躁、反应迟钝，甚至造成耳聋，诱发高血压和神经系统的疾病，因此必须用法规的形式加以限制。汽车是城市的主要噪声源之一，发动机又是汽车的主要噪声源，故必须进行控制。表 1–2 中列举了轿车各部分噪声的比例。在我国制定的标准《汽车加速行驶车外噪声限值及测量方法》（GB/T1495—2002）中，对不同分类的汽车以及同一分类中不同总质量及发动机不同额定功率的汽车，详细制定了噪声限值。例如对 2005 年 1 月 1 日以后生产的 M1 类汽车，在加速行驶时，车外最大的允许噪声为 74 dB（A）。

表 1–1 《轻型车污染物排放限值及测量方法（中国Ⅲ、Ⅳ阶段）》中Ⅰ型试验排放限值

			基准质量（RM）/kg	限值/（$g\cdot km^{-1}$）								
				一氧化碳（CO）		碳氢化合物（HC）		氮氧化物（NO_x）		碳氢化合物和氮氧化物（$HC+NO_x$）		颗粒物（PM）
				L_1		L_2		L_3		L_2+L_3		L_4
阶段	类别	级别		点燃式	压燃式	点燃式	压燃式	点燃式	压燃式	点燃式	压燃式	压燃式
Ⅲ	第一类车	—	全部	2.30	0.64	0.20	—	0.15	0.50	—	0.56	0.050
	第二类车	Ⅰ	RM ≤ 1305	2.30	0.64	0.20	—	0.15	0.50	—	0.56	0.050
		Ⅱ	1305 < RM ≤ 1760	4.17	0.80	0.25	—	0.18	0.65	—	0.72	0.070
		Ⅲ	1760 < RM	5.22	0.95	0.29	—	0.21	0.78	—	0.86	0.100
Ⅳ	第一类车	—	全部	1.00	0.50	0.10	—	0.08	0.25	—	0.30	0.025
	第二类车	Ⅰ	RM ≤ 1305	1.00	0.50	0.10	—	0.08	0.25	—	0.30	0.025
		Ⅱ	1305 < RM ≤ 1760	1.81	0.63	0.13	—	0.10	0.33	—	0.39	0.040
		Ⅲ	1760 < RM	2.27	0.74	0.16	—	0.11	0.39	—	0.46	0.060

表 1–2 轿车各部分噪声的比例

部分名	发动机	排气管系统	冷却系统	轮胎	其他
比例	46%	8%	14%	18%	14%

3. 起动性能

起动性能好的发动机在一定温度下能可靠而迅速地起动，而且起动消耗的功率小，起动时磨损小。发动机的起动性能的好坏除与发动机的结构有关外，还与发动机工作条件相联系，它直接影响汽车的机动性、安全性。我国标准规定，不采用特殊的低温起动措施，汽油机在 –10℃、柴油机在 –5℃以下的气温条件下起动发动机时，15 s 以内发动机要能自行运转。

四、发动机的速度特性

当燃料供给调节机构位置固定不变时，发动机的性能参数（有效转矩、功率、燃油消耗率等）随转速改变而变化的曲线，称为速度特性曲线。速度特性可通过发动机在试验台上（如测功器试验台）进行试验而获得。试验时先保持一定的燃料供给调节机构位置（汽油机为节气门开度），同时用测功器对发动机曲轴施加一定的阻力矩。当发动机运转稳定后，即阻力矩与发动机发出的有效转矩相等时，可用转速表测出此时的稳定转速 n；同时在测功器上测出该转速下的发动机的有效转矩 T_e；根据式 1–1 即可计算出有效功率 P_e。另外，可测出消耗一定量燃油所经历的时间，用以换算出发动机每小时耗油量 B，再按式 1–2 计算出燃油消耗率 b_e。改变测功器的阻力矩数值，用上述相同的方法，又可得到另一转速 n 的一组 T_e、P_e、b_e 的数值。如此重复若干次，即可得到

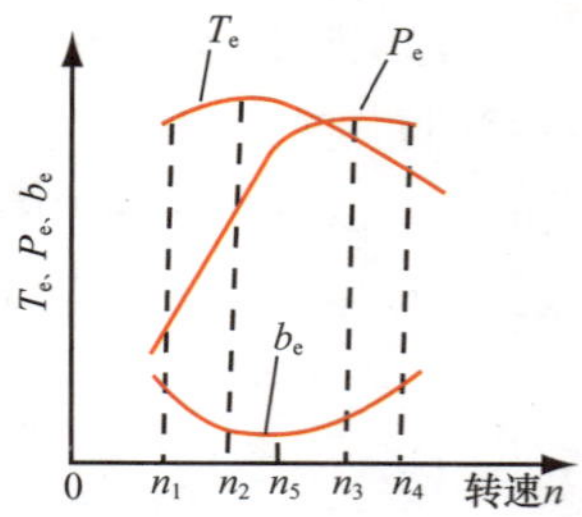

图 1–17　发动机的外特性

一定燃料供给调节机构位置下的一系列 n、T_e、P_e、b_e 的数值。根据这些数据可画出 T_e、P_e、b_e 随 n 变化的关系曲线，即相应于这一燃料供给调节机构位置下的速度特性曲线。

如改变燃料供给调节机构的位置又可得到另外一组特性曲线；当燃料供给调节机构的位置达到最大时，所得到的是总功率特性，也称发动机的外特性，如图 1–17 所示；而把燃料供给调节机构其他位置下得到的特性称为部分速度特性。

加油站： 发动机的外特性代表了发动机所具有的最高动力性能，从图 1–17 可以看出，当曲轴转速为 n_2 时，发动机发出最大有效转矩。当转速小于 n_2 时，发动机燃烧不良。另外，转速降低，每个工作循环的时间增长，燃烧气体与汽缸壁接触时间也增长，由于冷却而产生的热量损失就更大，因而有效转矩略为减小。转速 n_2 不断增加时，也由于进气行程时间短，气流速度高，阻力大，充气量降低，而摩擦损失又大，故 T_e 也随之减小。当转速达到 n_3 时，有效功率 P_e 达到最大值。功率是有效转矩与转速的乘积，在 n_1 ～ n_2 范围内，T_e 与 n 都是增加的，其乘积也增加，即 P_e 随 n 的增加而增加。在 n_2 ～ n_3 范围内，n 虽然增加，但 T_e 却逐渐降低，不过 T_e 降低较缓慢，故 P_e 还是缓慢地增加，到 n_3 时 P_e 达到最大值。转速超过 n_3 时，虽然 n 是增加的，但由于 T_e 下降较快，故 P_e 还是随之下降。从图 1–17 还可以看出，发动机最小燃油消耗率的转速为 n_5，它的数值介于最大有效转矩转速和最大功率转速之间。

小提示： 通过实验的方法可以获得每一款发动机的外特性曲线，如爱丽舍轿车 TU5JP4 型发动机的外特性曲线如图 1–18 所示。外特性曲线上标出的发动机最大功率和最大有效转矩及其相应转速，是表示发动机性能的重要指标。要根据汽车的实际工作情况来选择合适的发动机转速 n，如超车时一般应选择发动机有效功率 P_e 达到最大值时所对应的发动机转速，爬陡坡时应选择发动机最大转矩 T_e 所对应的发动机转速，而一般情况下尽量选择最小燃油消耗率所对应的发动机转速，以提高燃油经济性。

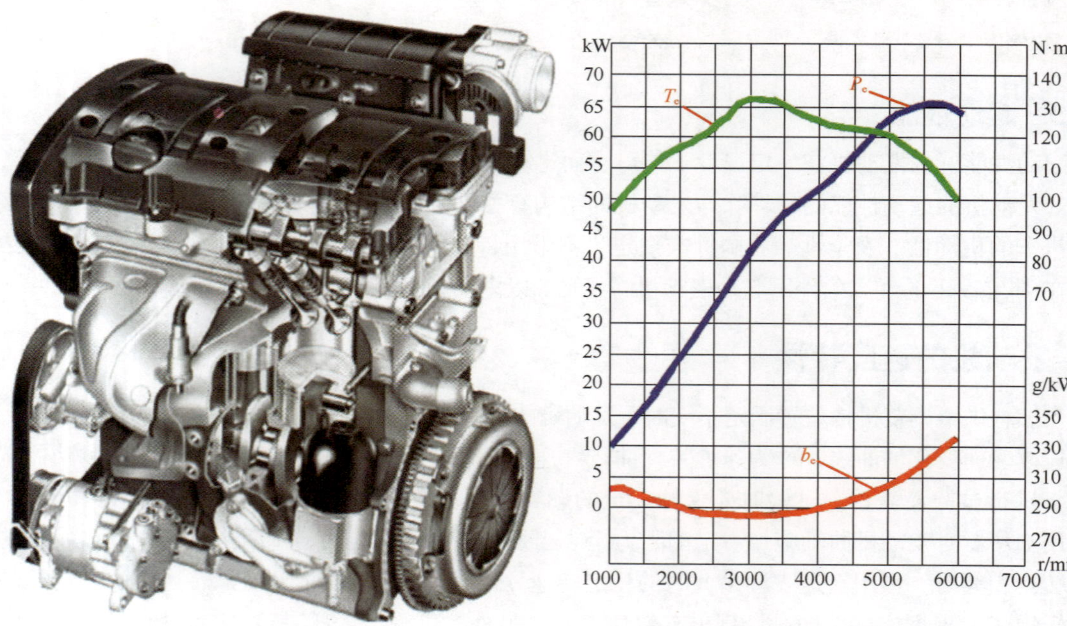

(a) TU5JP4发动机的外形　　(b) TU5JP4发动机的外特性

图 1–18　爱丽舍轿车 TU5JP4 型发动机的外形和特性

五、发动机的工作状况

发动机的运转状态或工作状况（简称发动机的工况）常以功率和转速来表示，有时也用负荷率与转速来表示。发动机在某一转速下的负荷，就是当时发动机发出的功率与同一转速下所能发出的最大功率之比，以百分数表示，即

$$负荷=\frac{节气门为部分开度时产生的功率}{节气门全开时产生的功率}\times 100\%$$

图 1–19 是某汽油发动机的一组特性曲线，Ⅰ表示燃料调节机构开度最大（相当于节气门全开）时的外特性曲线，Ⅱ、Ⅲ分别表示节气门开度依次减小时，所得到的部分负荷速度曲线。由图可知，当转速 n=3 500 r/min 时，发动机所能发出的最大功率为 45 kW（此时节气门全开）；当节气门开度为Ⅱ和Ⅲ位置时，发动机在该转速下所能发出的功率分别为 32 kW 和 20 kW。根据上述定义，可求出 a、b、c、d 这 4 个工况下的负荷值。

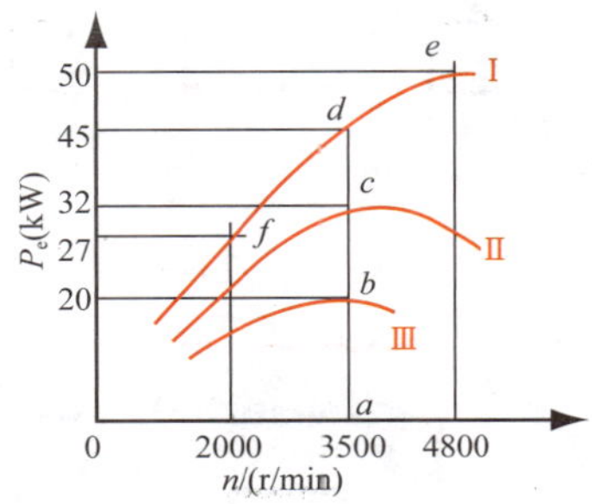

图 1–19　发动机的负荷

工况 a：负荷为零（称为发动机空载工况）；

工况 b：负荷 =44.4%；

工况 c：负荷 =71.1%；

工况 d：负荷 =100%（此时发动机为全负荷）。

注意：不要把负荷和功率的概念相混淆。如某一转速时的全负荷（如 d 点），并不是该发动机所能产生的最大功率。从图 1–19 可知，该发动机所能产生的最大功率，应当是工况 e 的功率（50 kW）。又如在工况 f 下，虽然功率比工况 c 小，但它却是发动机转速为 2 000 r/min 时的全负荷。所以，功率的大小并不代表负荷的大小。另外，在外特性曲线（图 1–19 中的曲线Ⅰ）上各点都表示在各转速下的全负荷工况，但在同一条部分负荷速度特性曲线上各点的负荷值却并不相同。在同一转速下，节气门开度越大表示负荷越大。

第五节 汽车发动机的支撑

汽车发动机一般通过汽缸体和飞轮壳或变速器壳上的支撑来支撑在车架上，发动机的支撑方法一般有 3 点支撑和 4 点支撑两种，如图 1–20 所示。3 点支撑可布置成前一后二［图 1–20（a）］或前二后一［图 1–20（b）］，如解放 CA6102 型和东风 EQ6100Q–1 型汽车发动机的支撑即为前一后二的支撑方法。北京 492Q 型发动机的支撑则是前面两个支撑点位于曲轴箱的支承上，后面一个支撑点在变速器壳体上［图 1–20（d）］。爱丽舍轿车发动机也是采用的 3 点（前面两个、后面一个）式支撑，如图 1–21 所示。采用四点支撑时，前后各有两个支撑点［(图 1–21（a)］，跃进 NJ1061A 型发动机就是这种形式的支撑。

汽车发动机在车架上的支撑是弹性的，这是为了消除在汽车行驶中车架的扭转变形对发动机的影响，以及减少传给底盘和乘员的震动和噪声。弹性支撑的发动机运转时，特别在工作不稳定(如低速和超负荷）时，可能发生横向角振动，因此与发动机相连的各种管子和杆件等结构，必须保

证在发动机振动时不致破坏它们的正常工作，如采用软管。为了防止当汽车制动或加速时由于弹性元件的变形而产生的发动机纵向位移，有时装有专门的拉杆。拉杆的一端与车架纵梁相连，另一端与发动机连接，两端连接处有橡胶垫。

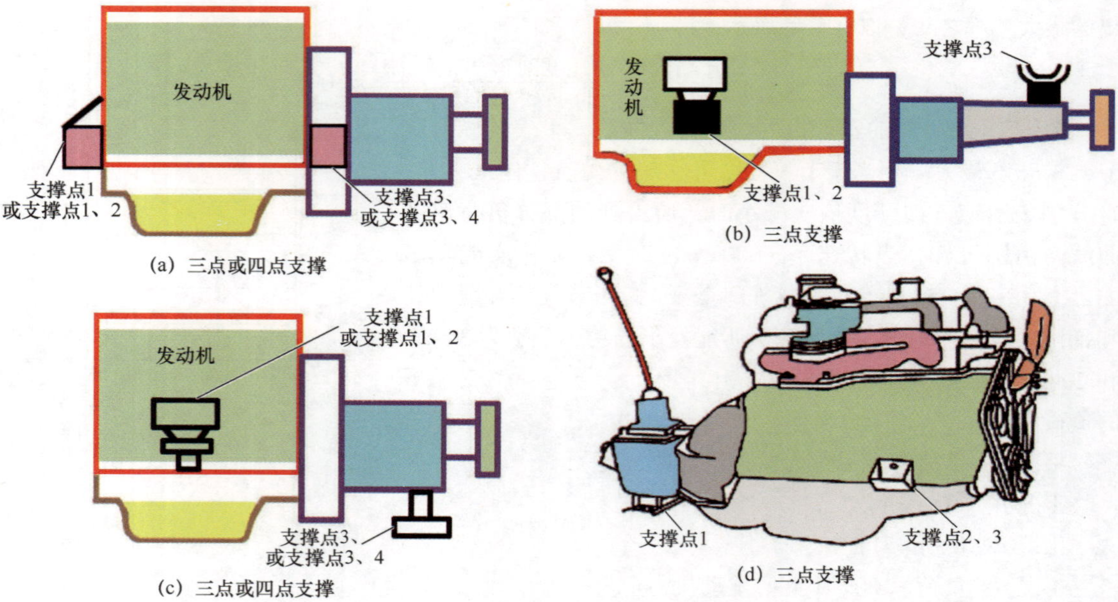

(a) 三点或四点支撑　(b) 三点支撑　(c) 三点或四点支撑　(d) 三点支撑

图 1-20　发动机支撑方法示意图

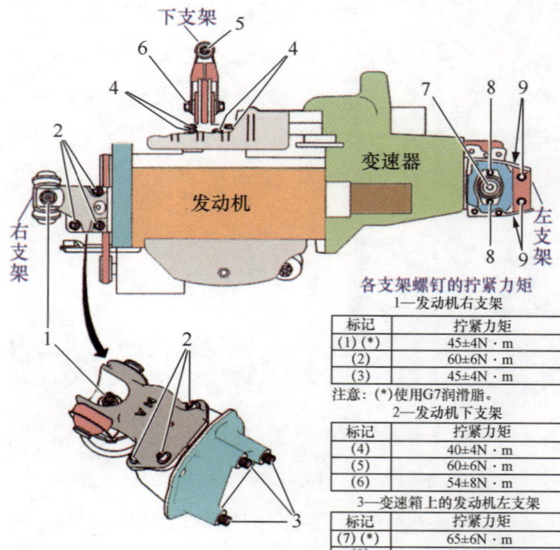

各支架螺钉的拧紧力矩

1—发动机右支架

标记	拧紧力矩
(1) (*)	45±4N · m
(2)	60±6N · m
(3)	45±4N · m

注意：(*)使用G7润滑脂。

2—发动机下支架

标记	拧紧力矩
(4)	40±4N · m
(5)	60±6N · m
(6)	54±8N · m

3—变速箱上的发动机左支架

标记	拧紧力矩
(7) (*)	65±6N · m
(8)	30±3N · m
(9)	45±6N · m

注意：(*)使用G7润滑脂。

图 1-21　爱丽舍轿车的发动机支撑

【实训操作】

一、更换发动机总成的流程

更换发动机总成的流程如图 1-22 所示。

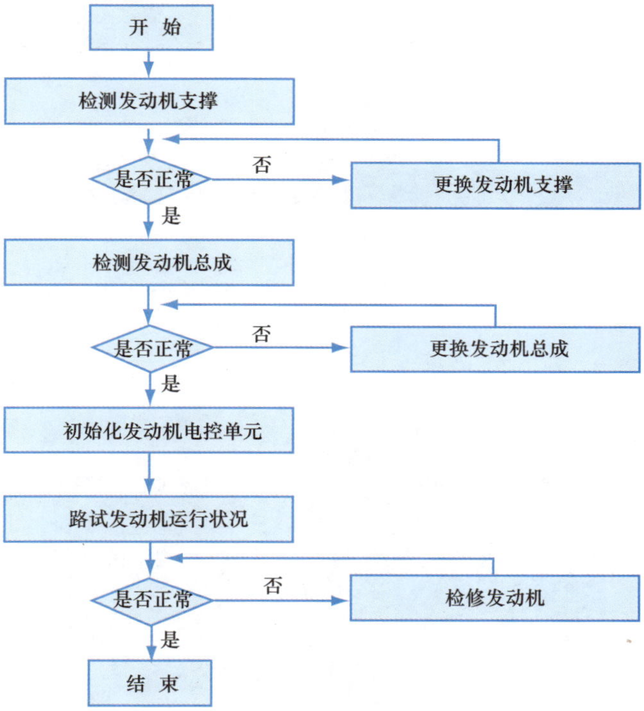

图 1–22 更换发动机总成的流程

二、 作业所需的工具和设备

作业所需工具如下：

（1）机电维修工常用工具一套，如图 1–23 所示。

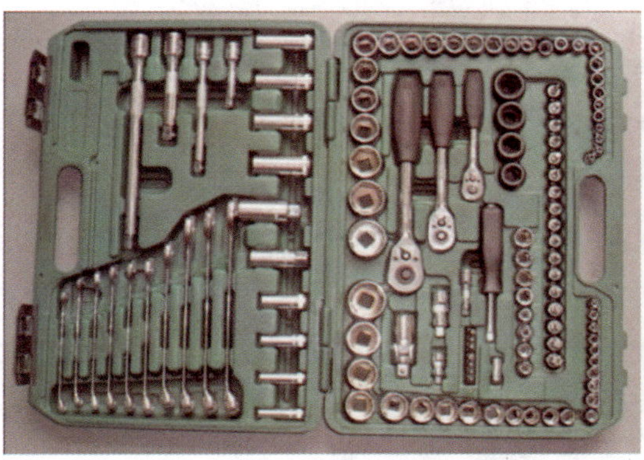

图 1–23 机电维修工专用工具

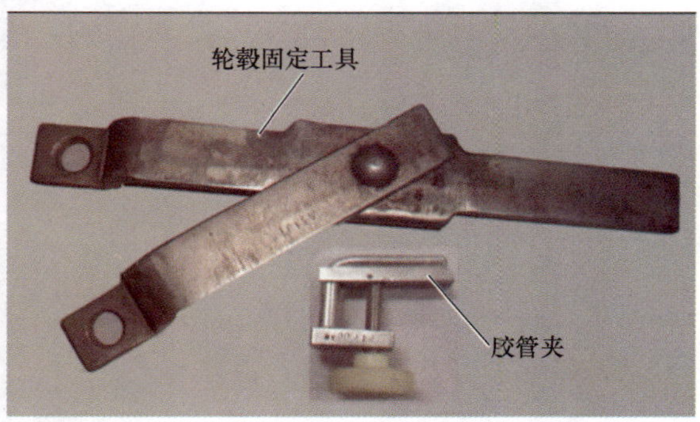

图 1–24 轮毂固定工具、胶管夹

（2）轮毂固定工具和胶管夹，如图 1–24 所示。

（3）传动轴螺母拆卸工具，如图 1–25 所示。

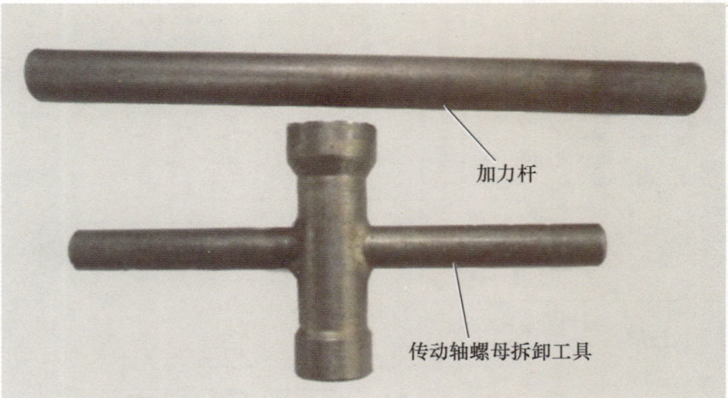

图 1-25　传动轴螺母拆卸工具

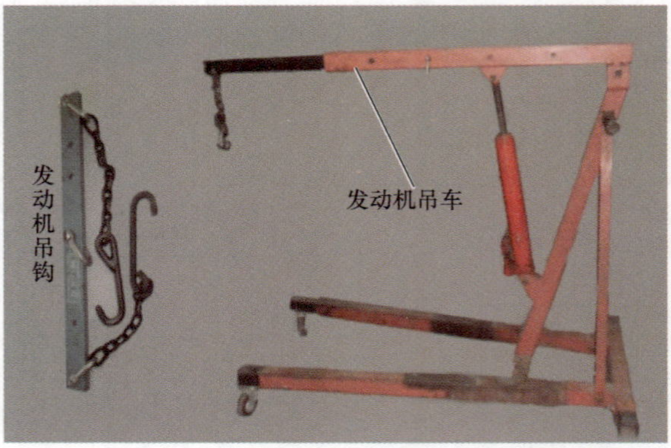

图 1-26　发动机吊车及吊钩

（4）发动机拆卸吊车及吊钩，如图 1-26 所示。

（5）汽车诊断仪及附件，如图 1-27 所示。

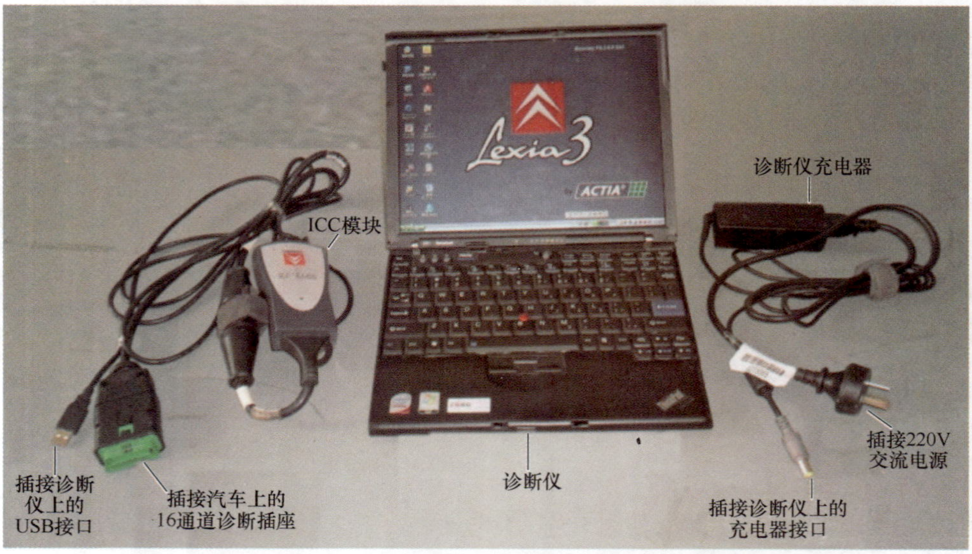

图 1-27　汽车诊断仪及附件

三、更换发动机总成、支撑、初始化发动机 ECU

步骤如下：

（1）将车辆停放在举升机旁，关闭点火开关，将变速杆置于 P 档（停车档），拉上驻车制动器，铺上驾驶员防护 5 件套和翼子板、前保险杠等车身保护罩，如图 1–28、图 1–29 所示。

图 1–28　驾驶室内防护 5 件套

图 1–29 安装车身防护罩

（2）拆卸蓄电池、空气滤清器壳体总成、发动机 ECU、变速器 ECU 及换档拉线。

（3）拆卸发动机舱保险丝盒、密封双继电器。

（4）排空冷却液，拆卸水箱进、出水管；利用制冷剂回收机回收空调系统制冷剂，从压缩机上拆卸空调管。

（5）拆卸制动真空管、碳罐电磁阀插接器、油门踏板位置传感器插接器、燃油切断装置插接器。

（6）拆卸燃油输油管、助力转向油管。

（7）举升车辆，拆卸两前轮胎；拆卸左、右传动轴。

（8）拆卸排气管前段及发动机下支撑。

（9）降低车辆，用发动机起吊工具勾住发动机总成，拆卸发动机左、右支撑，起吊发动机总成，如图 1–30 所示，发动机总成如图 1–31 所示。

图 1-30　安装发动机起吊工具

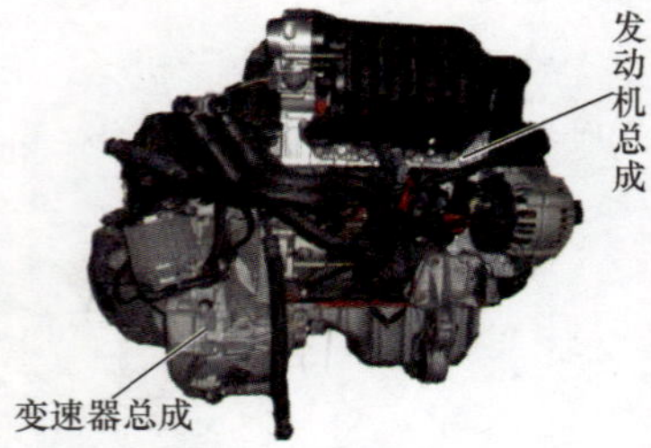

图 1-31　发动机与变速器总成

（10）将发动机总成放置在工作台上，拆下变速器总成，拆卸发动机总成上的附件，将附件及变速器总成安装在新发动机总成上。

（11）按照拆卸相反的顺序，将发动机与变速器总成安装到车辆上；检查发动机机油、变速器油、助力转向油是否正常，加注冷却液并对冷却系统排气，空调系统抽真空、检漏、加注制冷剂。

（12）用诊断仪对发动机电控单元进行初始化，进行路试检查发动机安装和运行状况。

【小结】

（1）发动机为车辆提供动力。发动机将可燃混合气燃烧时产生的热能转变为机械能，并将此能量通过离合器、变速器、主减速器、差速器、传动轴等传递给车轮，使车辆运动。现在汽车上使用的发动机为四冲程发动机，四冲程发动机分为进气行程、压缩行程、做功行程和排气行程 4 个活塞行程。其中，做功行程是为汽车提供动力的主动行程，其余 3 个行程都是依靠做功行程产生的机械能来维持发动机的运转。

（2）汽油发动机由发动机机体组、两大机构、五大系统组成；柴油发动机由发动机机体组、两大机构、四大系统组成。它们分别为曲柄连杆机构、配气机构、燃油供给系统、冷却系统、点火系统（柴油发动机无此系统）、起动系统、润滑系统。在点火方式上，汽油发动机为点燃式，柴油发动机为压燃式。因此，柴油发动机无点火系统。

（3）发动机的功率决定着车速，而扭矩决定着加速度。最大功率、最大扭矩分别对应不同的发动机转速，一般情况下应根据车辆的实际工作情况选择合适的发动机转速。

（4）发动机支撑除了支撑发动机之外，还可以吸收发动机工作过程中产生的一系列抖动，起到减震作用。发动机支撑损坏，发动机的抖动会传递给车身，影响驾驶舒适性，严重时，抖动造成的零部件碰撞还可能会产生异响。

（5）当发动机支撑损坏时，应立即对其进行更换，其原因有两点：一是提高驾驶舒适性；二是由于损坏的支撑失效，会造成其余支撑承受的抖动更大，缩短使用寿命。紧固发动机支撑固定螺栓时，一定要按照车辆维修手册的拧紧顺序和规定力矩进行操作。

（6）路试前，应先检查并确认各种油液、转向系统、制动系统无异常，仪表上无异常显示。在路试过程中，应检查在不同工况下发动机的运行状况是否正常，同时还要注意在工作过程中有无异常响声。试车完毕后，再次对相关系统进行检查，并确认各种油、液正常。

本学习任务描述案例的检测结果：在发动机怠速运转过程中，由于发动机支撑断裂，造成车身明显抖动，更换发动机支撑后故障消除，车辆恢复正常。

【学习思考与拓展】

1. 请简要阐述四冲程汽油发动机的工作原理，并思考什么是气门重叠角？为什么进、排气门要“早开晚关”？

2. 发动机的最大功率和最大转矩分别代表发动机的什么性能？你认为如果要提高燃油经济性，应该怎样驾驶车辆？

3. 汽油发动机由机体组、两大机构、五大系统组成，请将下表中零部件所属的系统（机构）填写完整。

发动机机构或系统的名称	机构或系统的主要作用	机构或系统的主要零部件	教师点评

4. 发动机更换完毕后，为什么要用诊断仪对发动机电控单元进行初始化？

5. 更换发动机后进行路试时，需要检查哪些项目？

学习任务二

曲柄连杆机构的检修

【学习目标】

1．掌握曲柄连杆机构的作用和组成。

2．熟悉机体组、活塞连杆组、曲轴飞轮组的作用与结构。

3．熟悉发动机的滑动轴承和曲轴的平衡机构。

4．能检测曲轴主轴颈和连杆轴颈的直径。

5．能检测活塞与连杆并对其进行更换。

6．能检测汽缸内径、曲轴轴向间隙和活塞环间隙。

7．能按要求选配曲轴轴瓦。

建议完成本学习任务的时间为 8 课时。

【学习情境描述】

一辆丰田卡罗拉轿车在使用过程中，由于曲柄连杆机构有问题，机油严重偏少。要求查明机油偏少的原因并进行处理。

【学习内容】

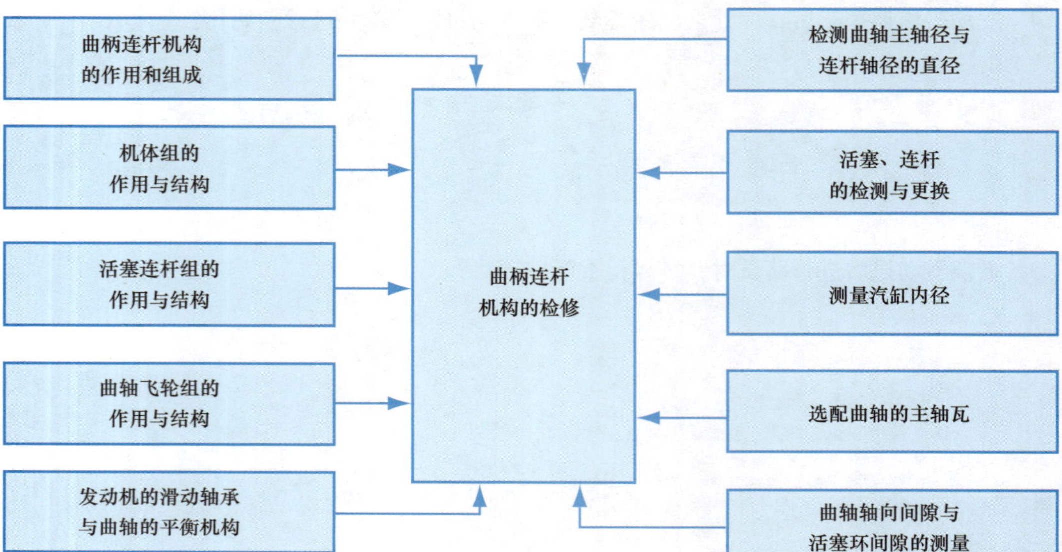

【知识链接】

第一节 曲柄连杆机构的作用和组成

曲柄连杆机构是使发动机实现工作循环、完成能量转换的传动机构。它的作用是将燃料燃烧的热能转换成机械能，将活塞的上下直线运转转变为曲轴的旋转运动，并向工作机械输出机械能。曲柄连杆机构的主要零件可以分成机体组、活塞连杆组和曲轴飞轮组 3 组，如图 2-1 所示。

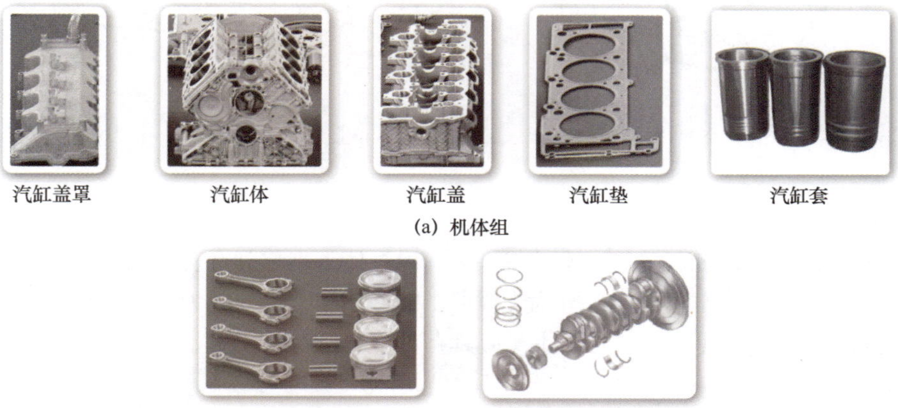

(a) 机体组

(b) 活塞连杆组　(c) 曲轴飞轮组

图 2-1　曲柄连杆机构

任务一已经述及，在发动机做功时，汽缸内最高温度可达 2 500 K，最高压力可达 5 ～ 9 MPa，发动机转速可达 3 000 ～ 6 000 r/min，则活塞每秒钟要行经 100 ～ 200 个行程，可见线速度是很大的。此外，与可燃混合气和燃烧废气接触的部件（如汽缸、汽缸盖、活塞等）还将受到化学腐蚀的作用。因此，曲柄连杆机构工作条件的特点是高温、高压、高速和化学腐蚀。

小提示： 发动机工作时，曲柄连杆机构是在高压下作变速运动，因此它在工作中的受力情况很复杂，其中有气体作用力、运动质量惯性力、摩擦力以及外界阻力等。上述各种力作用在曲柄连杆机构和机体的各有关零件上，使它们受到压缩、拉伸、弯曲和不同形式的载荷。为了保证它们工作可靠，减少磨损，在结构上必须采取相应的措施。

第二节 机体组

汽车发动机的机体组主要由汽缸体、汽缸盖、汽缸垫、油底壳等组成，如图 2-2 所示。机体组是发动机的支架，是曲柄连杆机构、配气机构和发动机各系统主要零件的装配基体。各运动件的润滑和受热部件的冷却也都要通过机体组来实现。因此，机体组把发动机的各种机构和系统组成为一个整体，并保持了它们之间必要的相互关系。

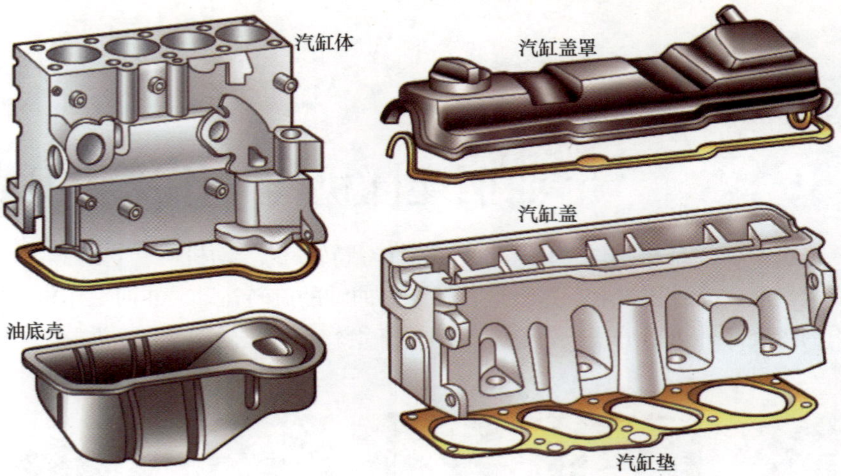

图 2–2　发动机的机体组

一、汽缸体

水冷发动机的汽缸体和曲轴箱通常铸成一体，汽缸体上半部分有若干个为活塞在其中运动导向的圆柱形空腔，称为汽缸；下半部分为支撑曲轴的曲轴箱，其内腔为曲轴运动的空间。作为发动机各机构和系统的装配基体，汽缸体本身应具有足够的强度和刚度。

1. 汽缸体的结构形式

汽缸体的结构形式有 3 种（图 2–3）：①发动机曲轴轴线与汽缸体下表面在同一平面的一般式汽缸体，这种缸体便于机械加工；②有的发动机将汽缸体下表面移至曲轴轴线以下，称为龙门式汽缸体，这种汽缸体的强度和刚度较好，但工艺性较差；③有的发动机为了安装用滚动主轴承支撑的组合式曲轴，采用了隧道式汽缸体，其结构刚度比龙门式更高。

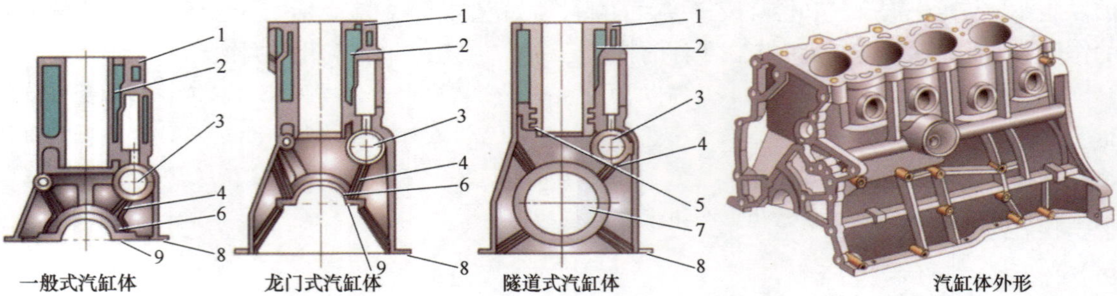

图 2–3　汽缸体的结构形式

注：1. 汽缸体；2. 水套；3. 凸轮轴孔座；4. 加强肋条；5. 湿缸套；6. 主轴承座；7. 主轴承座孔；8. 安装油底壳的加工面；9. 安装主轴承盖的加工面

对于多缸发动机，汽缸的排列形式决定了发动机的外形结构，对汽缸体的强度和刚度也有影响，并关系到汽车的总体布置情况。目前汽车发动机汽缸排列形式一般有 3 种：①单列式（直列式）发动机的各汽缸排成一列，一般是垂直布置的，但为了降低发动机的高度，有的发动机把汽缸布置成倾斜的甚至水平的；②双列式发动机左右两列汽缸中心线的夹角呈 V 型，称为 V 型发动机；③当夹角 $\gamma=180°$ 时，则称为对置式发动机。如图 2–4 所示。

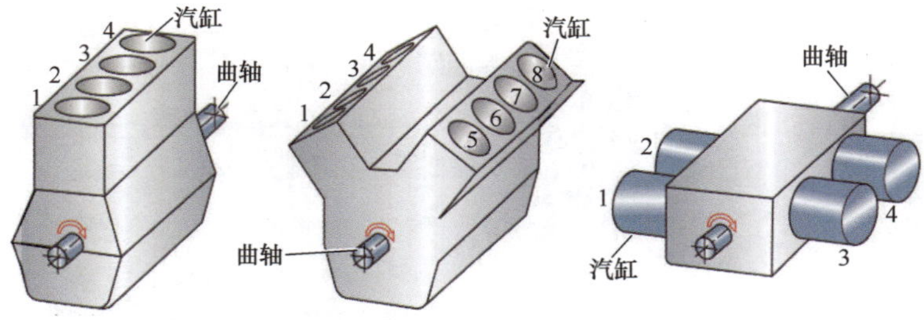

(a) 直列式发动机　(b) V型发动机　(c) 对置式发动机

图 2-4　发动机汽缸排列形式

2. 水冷发动机汽缸体的结构

水冷发动机汽缸体的结构如图 2-5 所示，它的汽缸体和曲轴箱常铸成一体，汽缸体作为发动机各机构和系统的装配基体，其结构复杂，一般用铸铁或铝合金材料铸造而成。汽缸体上半部分圆柱形空腔（如 4 缸发动机就有 4 个空腔）称为汽缸；汽缸体的下半部分为支撑曲轴的曲轴箱，其内腔为曲轴的运动空间。为安装曲轴，在曲轴箱内加工有若干个同心的主轴承座孔。曲轴箱的主要作用是保护和安装曲轴，也可用于安装发动机的附件。

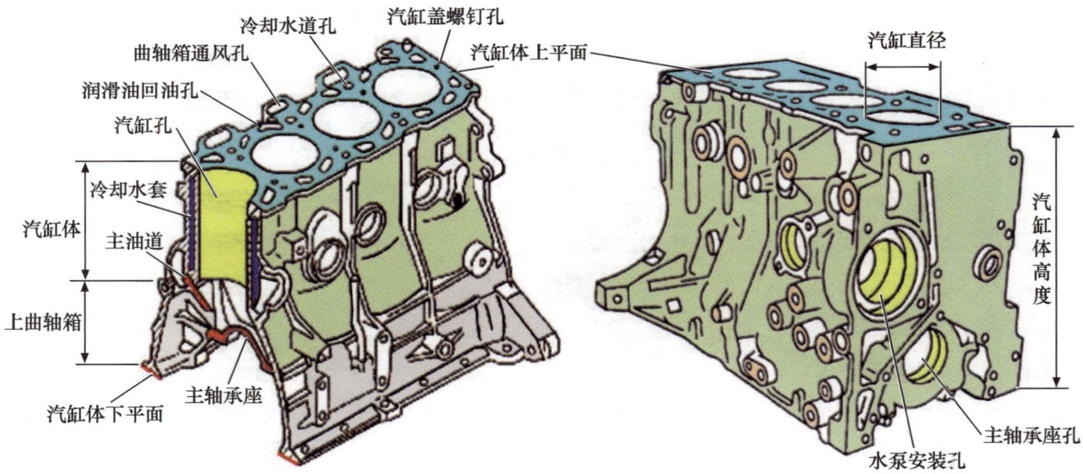

图 2-5　水冷发动机汽缸体的结构

3. 汽缸套

整体式汽缸体将汽缸直接镗在汽缸体上，即汽缸套与汽缸体为一个整体，如图 2-6（a）所示。整体式汽缸体强度和刚度好，能承受较大的载荷，但材料要求高，成本高。由于汽缸内表面受高温、高压燃气的作用，并与高速运动的活塞接触而极易磨损，现代汽车为了提高汽缸的耐磨性、延长汽缸的使用寿命并节约成本，常把汽缸制成单独的圆筒形零件，然后再装到汽缸体内，称之为汽缸套，如图 2-1 所示。根据是否与冷却水接触，汽缸套分为干式和湿式两种，如图 2-6（b）、（c）。干式汽缸套不与冷却水接触，制造工艺简单，但缸套的内、外表面都需要精加工，拆装不方便，散热不良；湿式汽缸套与冷却水直接接触，有利于发动机的散热，但结构相对复杂，需要采取一定的措施防止缸套与汽缸体结合部位漏水。通常，汽油机使用干式汽缸套，柴油机使用湿式汽缸套。

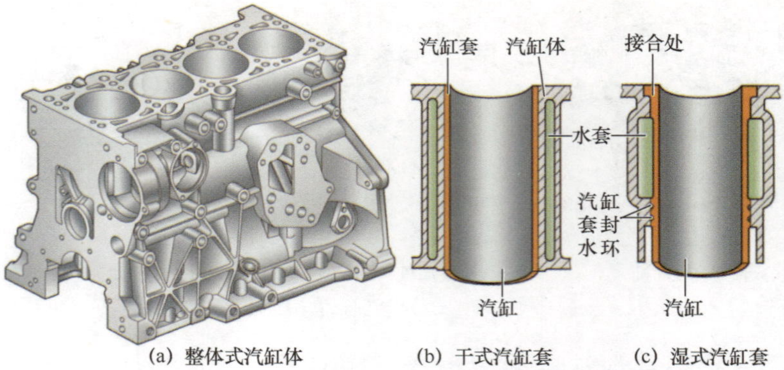

图 2-6　整体式汽缸体和汽缸套

二、汽缸盖和汽缸垫

1. 汽缸盖

汽缸盖的主要作用是密封汽缸上部，并与活塞顶部、汽缸壁共同构成燃烧室，汽缸盖内有与汽缸体相通的冷却水套、润滑油道（上置式凸轮轴）、燃烧室、火花塞座孔（汽油机）或喷油器座孔（柴油机）、进排气道等，上置凸轮轴式发动机的汽缸盖上还有用以安装凸轮轴的轴承座，如图 2-7 所示。

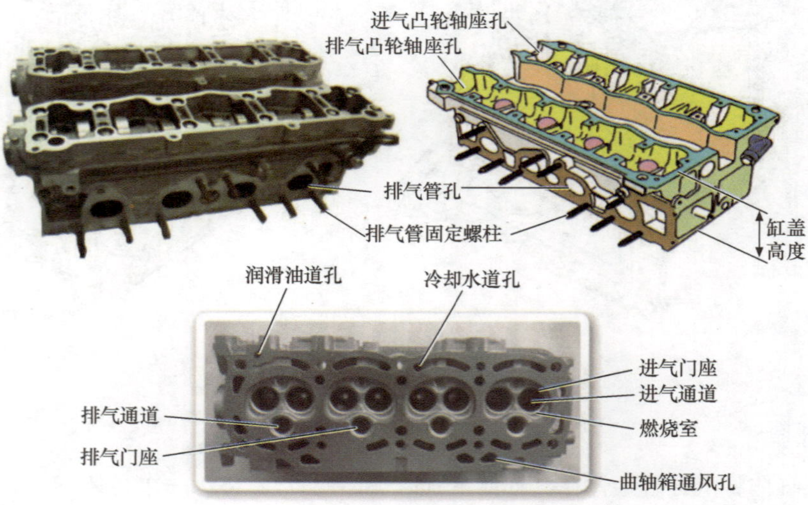

图 2-7　汽缸盖的结构

2. 汽油机的燃烧室

汽油机的燃烧室是当活塞位于上止点时，由活塞顶部与汽缸盖上相应的凹部空间组成。燃烧室的形状对发动机的工作影响很大，对燃烧室的基本要求有两点：一是结构尽可能紧凑，表面积要小，以减小热量损失及缩短火焰行程；二是使混合气在压缩终了时具有一定的气流运动，以提高混合气的燃烧速度，保证混合气得到及时和充分的燃烧。常见燃烧室的形状如图 2-8 所示。

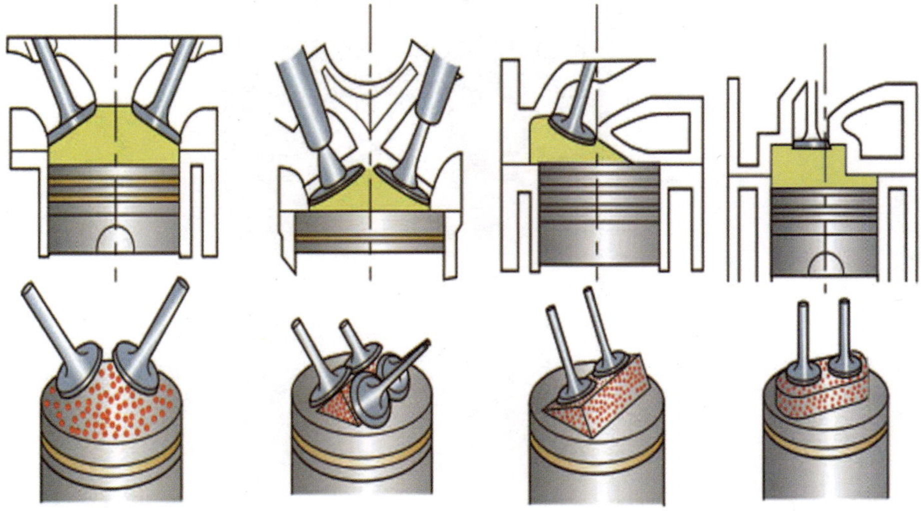

(a) 半球形燃烧室 (b) 屋顶形燃烧室 (c) 楔形燃烧室 (d) 盆形燃烧室

图 2-8 常见发动机燃烧室的形状

不同形状的燃烧室特点如下。

（1）半球形燃烧室：结构最紧凑，因进、排气门分别置于缸盖两侧，故配气机构较复杂。由于其散热面积小，有利于促进燃料的完全燃烧和减少排气中的有害气体，故现代发动机上用得较多。

（2）屋顶形燃烧室：结构较紧凑，火花塞布置在燃烧室中央，火焰行程短，燃烧速率高，散热面积小，有利于燃料完全燃烧，排放控制性好。

（3）楔形燃烧室：结构较简单、紧凑，在压缩行程时能形成挤气涡流，但存在较大的散热面积，对 HC 排放不利。

（4）盆形燃烧室：结构简单，汽缸盖的工艺性能好，成本低但不紧凑。

3. 汽缸垫

汽缸垫是汽缸盖底面与汽缸体顶面之间的密封件，防止气体、冷却液和润滑油等的泄漏。汽缸垫应满足如下要求。

（1）在高温、高压燃气作用下具有足够的强度，不易损坏。

（2）在高温、高压燃气或有压力的机油、冷却液的作用下不烧损、不变质，耐热和耐腐蚀。

（3）具有一定弹性，能补偿接合面的表面粗糙度、平面度和发动机工作时反复出现的变形，以保证密封。

（4）拆装方便，能重复使用，寿命长。

汽缸垫类型有金属 - 石棉垫和纯金属垫。纯金属垫在现代轿车发动机上使用较多，它的外形和结构如图 2-9 所示。纯金属垫由单层或多层金属片（铜、铝或低碳钢）制成，为了加强密封，在汽缸口、冷却水道孔、润滑油道孔处冲压有弹性凸筋，利用凸筋的弹性变形实现密封。

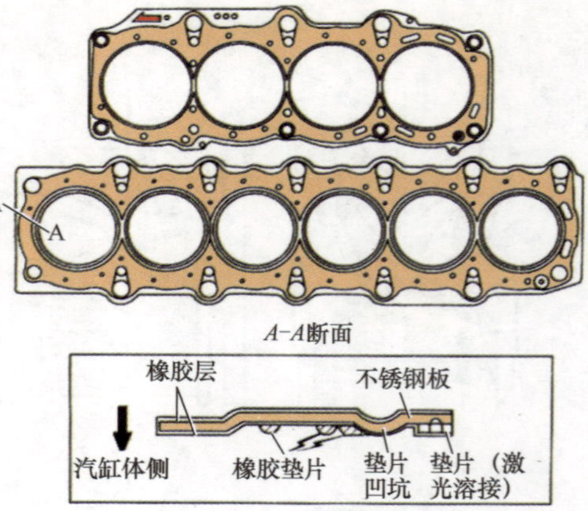

图 2-9　汽缸垫的外形和结构

注意：安装汽缸垫时，一定要注意认真识别汽缸垫的正、反面和前后方向。有的汽缸垫上有“TOP”和箭头表示安装方向。

三、汽缸盖罩

汽缸盖罩装在汽缸盖［图 2-10（a）］或凸轮室［图 2-10（b）］的上方，起密封、防尘、油气分离（注：对曲轴箱排出的废气进行油气分离）等作用，它上面一般布置有发动机机油加注口和曲轴箱通风管。

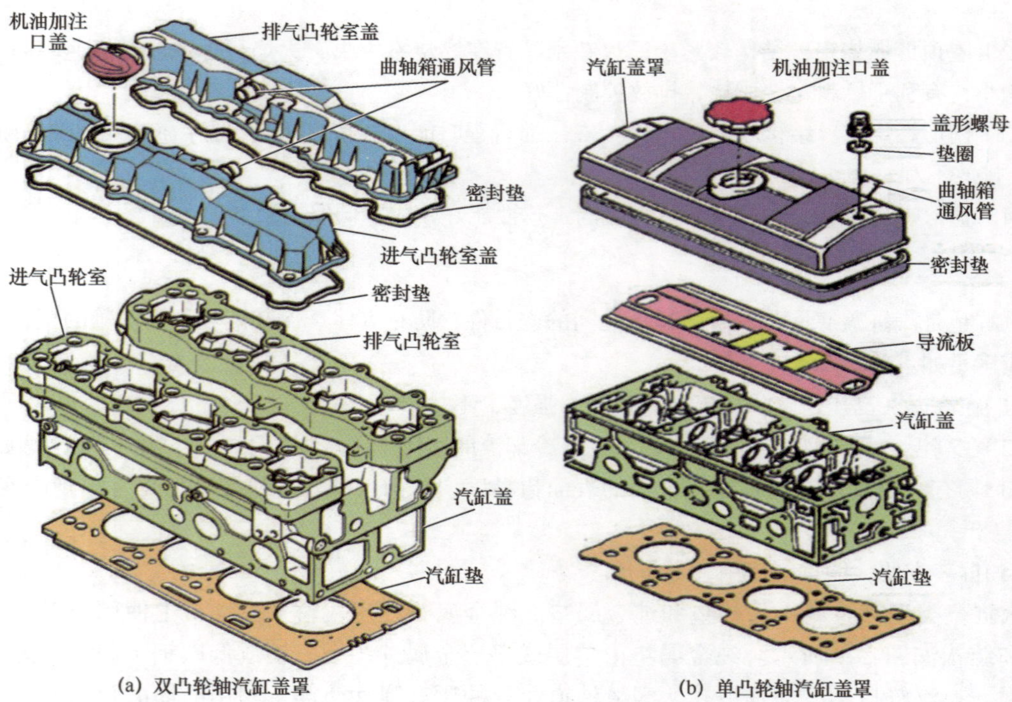

图 2-10　汽缸盖罩

四、油底壳

油底壳的外形如图 2–11 所示，它的主要作用是储存发动机机油和封闭机体或曲轴箱。油底壳因受力较小，一般用薄钢板冲压而成，其形状取决于发动机的总体布置和机油的容量。有些发动机为了加强油底壳内机油的散热，采用了铝合金铸造的油底壳，在壳的底部还铸有相应的散热肋片，如图 2–11（b）所示。

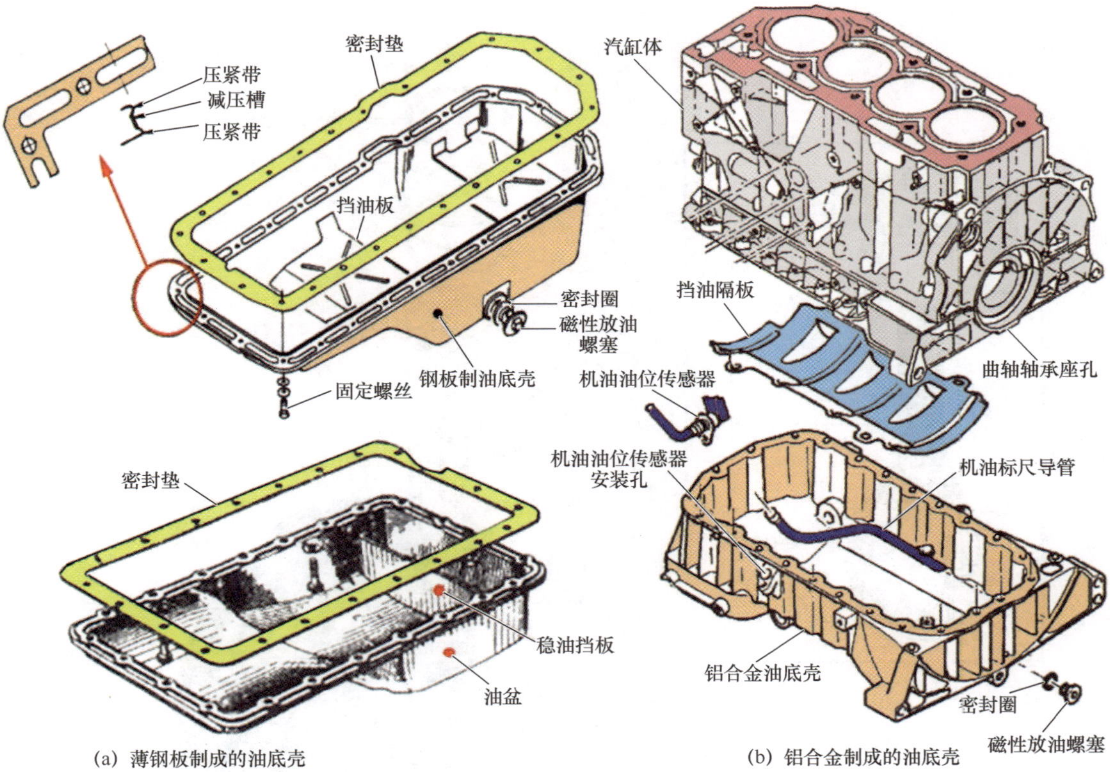

图 2–11 油底壳

为了保证汽车颠簸行驶或倾斜时机油泵能正常吸油，通常将油底壳局部做得较深。油底壳内还设有挡油板，用以减轻汽车颠簸行驶时油面的震荡。油底壳底部装有磁性放油螺塞，能吸附机油中的金属屑，以清洁机油，减小发动机运动零件的磨损。在有些轿车的发动机油底壳上还装有机油油位传感器，当机油油位降到规定油位以下时，该传感器通过车载网络将报警信号传递到组合仪表警示驾驶员。

注意： 在将油底壳装到发动机机体上时，必须在发动机机体与油底壳之间加装密封垫（有些汽车厂商的汽车维修手册还要求在发动机机体 – 密封垫 – 油底壳之间涂密封胶），以防止发动机机体与油底壳的结合面渗漏机油。

第三节 活塞连杆组

活塞连杆组将活塞的往复运动转变为发动机曲轴的旋转运动，同时将作用于活塞上的力转变为曲轴对外输出的转矩，以驱动汽车车轮的转动。活塞连杆组由活塞、活塞环、活塞销、连杆等部件组成，如图 2-12 所示。

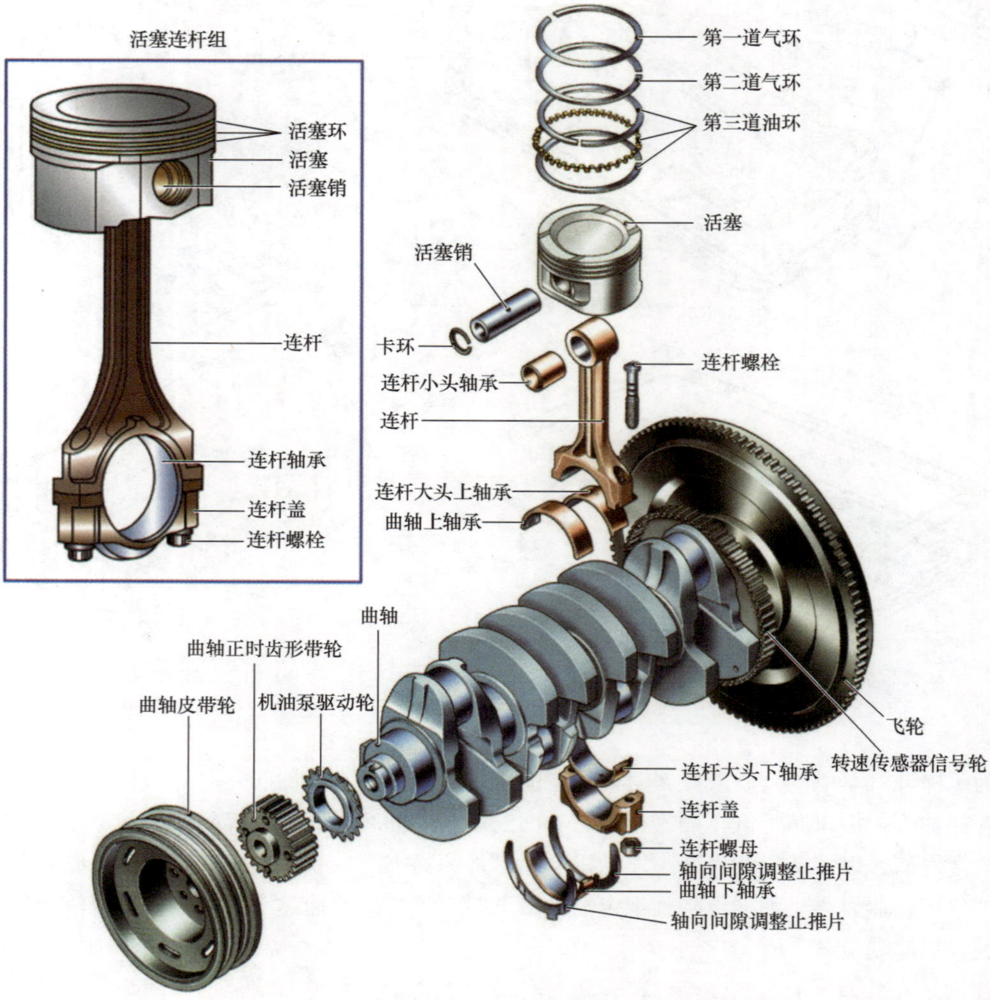

图 2-12 活塞连杆组的组成和装配关系

一、活塞

活塞的主要作用是承受汽缸中的气体压力，并将此力通过活塞销传给连杆，以推动曲轴旋转。活塞顶部还与汽缸盖、汽缸壁共同组成燃烧室。

由于活塞顶部直接与高温燃气周期性地接触，活塞顶部的温度可高达 600 ～ 700 K。高温使活塞机械强度显著下降，热膨胀量增大，容易破坏活塞与相关零件的配合。在做功行程，活塞顶部承受燃气带冲击性的高压力，瞬时压力最大值可达 6 ～ 9 MPa，对于增压发动机的活塞最大压力值可达 13 ～ 15 MPa。高压导致活塞的侧压力大，加速活塞的磨损，也易引起活塞变形。活塞在汽缸中作变速运动，平均速度高达 10 ～ 14 m/s。这样的高速会产生很大的惯性力，使曲柄连杆机构各零件和轴承承受附加载荷。由于活塞承受的压力和惯性力是周期变化的，因此活塞的不同部分会受到交变的拉伸、压缩和弯曲载荷。

根据活塞的工作条件，对活塞合金材料性能有如下要求：密度小、热膨胀系数小、耐磨性好、热传导性好、力学和加工性能好等。为此，汽车发动机目前采用的活塞材料是铝合金，在个别汽车柴油机上的活塞使用的是高级铸铁或耐热钢。

1. 活塞的结构

活塞的结构由顶部、头部和裙部构成，如图 2-13（a）所示。

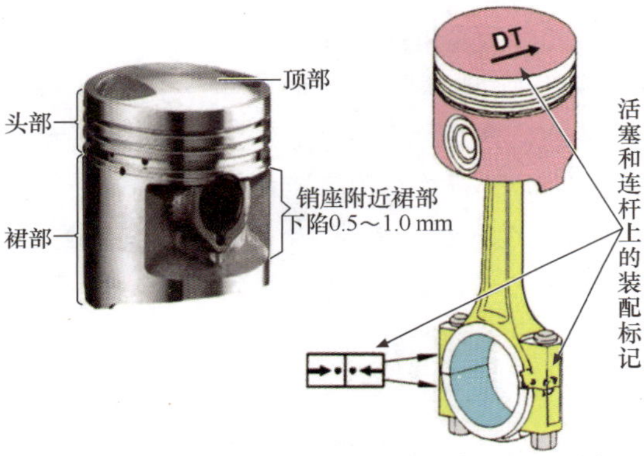

(a) 活塞的基本结构　　(b) 活塞上的装配标记

图 2-13　活塞的结构和装配标记

（1）活塞顶部：活塞顶部形状主要取决于燃烧室的选择与设计，而燃烧室的选择取决于活塞的直径、发动机的转速、经济性、动力性、功率、可靠性和排放。汽油机活塞顶部大多采用平顶，其优点是吸热面积小，制造工艺简单。柴油机和部分汽油机为了改善混合气的形成、燃烧状况和调节发动机的压缩比而采用凹顶和凸顶活塞，如图 2-14 所示。

小提示：在发动机大修时，应留意活塞顶部和连杆上的各种记号，如图 2-13（b）所示，这些记号是用来表示活塞、活塞销等安装及选配要求的。

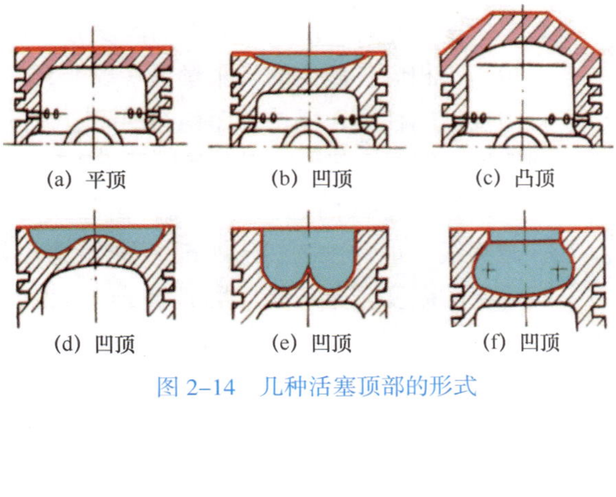

(a) 平顶　(b) 凹顶　(c) 凸顶

(d) 凹顶　(e) 凹顶　(f) 凹顶

图 2-14　几种活塞顶部的形式

（2）活塞头部：活塞头部是活塞环槽以上的部分。其主要作用有：①承受气体压力，并传给连杆；②与活塞环配合工作，实现汽缸的密封；③将活塞吸收的热量通过活塞环传给汽缸壁。头部切有若干用来安装活塞环的环槽。汽油机一般有 2 ～ 3 道环槽（图 2–12 和图 2–14），上面 1 ～ 2 道安装气环，下面一道安装油环。在油环槽底面上钻有许多径向小孔，被油环从汽缸壁上刮下来的多余机油，经过这些小孔流回油底壳。

（3）活塞裙部：活塞裙部是指自油环槽下端面起到活塞底面的部分。它的作用是为活塞在汽缸内作往复运动导向和承受侧压力。裙部的形状应保证活塞在汽缸内得到良好的导向，汽缸与活塞之间在任何工况下都应保持均匀的、适宜的间隙。间隙过大，活塞敲缸；间隙过小，活塞可能被汽缸卡住。此外，裙部应有足够的承压面积，以承受侧向力。

加油站：活塞工作时，燃烧气体压力 p 均匀作用在活塞顶上，而活塞销给予的支反力则作用在活塞裙部的销座处，由此产生的变形是裙部直径沿活塞销座轴线方向增大，如图 2–15（a）所示。活塞在侧压力 F_N 的作用下，有使圆形裙部压偏的趋势，同时迫使活塞裙部直径沿销座轴同一方向增大，如图 2–15（b）所示。此外，活塞销座附近金属堆积，受热后膨胀量加大，致使裙部在受热变形时，在沿活塞销座轴线方向的直径增量大于其他方向。所以，活塞工作时产生的机械变形和热变形，使得其裙部断面变成长轴在活塞销方向上的椭圆。鉴于上述情况，为了使活塞在正常工作温度下与汽缸保持比较均匀的间隙，以免在汽缸内卡死或引起局部加速磨损，必须将活塞沿销座方向的金属多削去一些，把活塞销轴线作为活塞裙部椭圆的短轴，如图 2–15（c）所示。为了减少销座附近的热变形量，有的活塞将销座附近的裙部外表面制成下陷 0.5 ～ 1.0 mm，如图 2–12 所示。

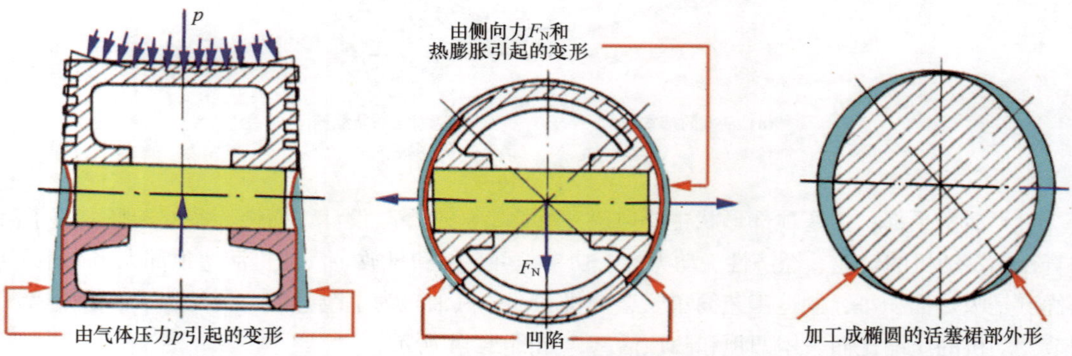

(a) 气体压力引起的变形　(b) 侧向力和热膨胀引起的变形　(c) 活塞裙部的加工外形

图 2–15　活塞裙部的变形

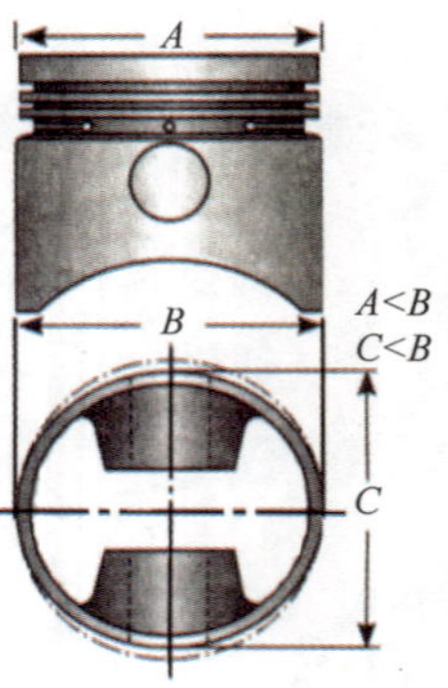

图 2–16　活塞的椭圆结构

注：B 为裙部椭圆长轴；
C 为裙部椭圆短轴。

活塞工作时，沿高度方向的温度分布很不均匀，越接近顶部温度越高，相应各断面的膨胀量也呈现上大下小。为使活塞在工作过程中接近圆柱形，保持小而均匀的间隙，把活塞裙部形状做成变椭圆筒形，即在裙部不同部位其椭圆度不同，椭圆度由上而下逐渐减小，即裙部横截面越往上越扁，裙部纵向截面呈筒形，其轮廓为一抛物线，也称抛物线形裙部，如图 2–16 所示。这种裙部不仅适应活塞的温度分布，而且裙部承受侧压力的一边与缸壁之间容易形成双向“油楔”，活塞无论向上或向下运动时，都能保证裙部有良好的润滑及较高的承载能力。

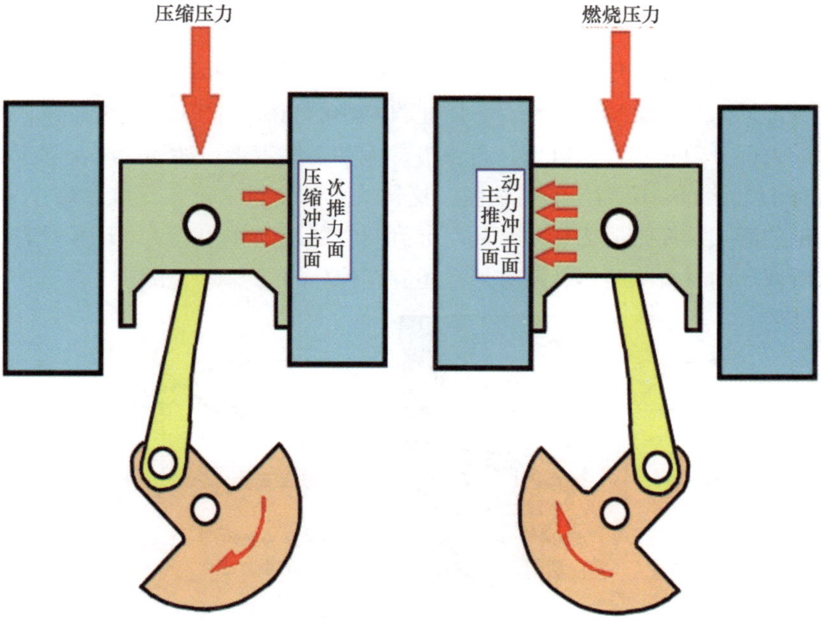

图 2-17　压缩冲击面和动力冲击面

2. 活塞的冲击面

在发动机工作中，因连杆与曲轴间角度变化的关系，在压缩行程和做功行程时，活塞在汽缸内左右推移，将对汽缸壁产生拍击。压缩行程时压缩冲击面的受力较小，称为次推力面；做功行程时动力冲击面的受力较大，称为主推力面，如图 2-17 和图 2-18（a）所示。

加油站：如活塞销装在活塞的中央，在压缩行程活塞上移时，次推力面会一直与汽缸壁接触，直至压缩行程结束。进入做功行程后，连杆大头从右移到左，会使活塞突然移向汽缸壁左侧，这种活塞的移动，会使活塞敲击汽缸壁面发出噪声，加速汽缸壁的磨损。为了防止上述现象的发生，通常将活塞销偏移布置，即把活塞销轴线向主推力面移动一定距离，如图 2-18（b）所示，活塞销偏置后，活塞所承受的气体压力与活塞销的支撑力不在一条线上，产生一旋转力矩 M，则可使活塞较平稳地从压向汽缸的一面过渡到另一面，而且过渡时刻早于达到最高燃烧压力的时刻，可减轻活塞敲缸，改善发动机工作的平顺性。

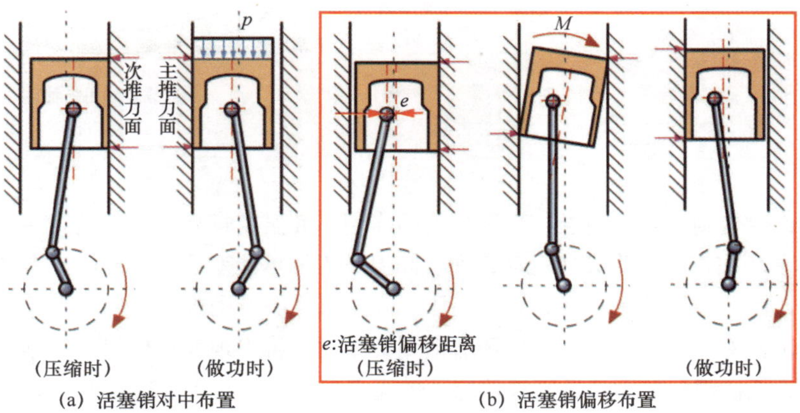

图 2-18　活塞销对中和偏置时的工作情况

二、活塞环

活塞环是具有弹性的开口环，分气环（又称压缩环）和油环两种，如图 2-19 和图 2-20 所示。气环的作用是保证活塞与汽缸壁间的密封，防止汽缸中的高温、高压燃气大量窜入曲轴箱，同时还将活塞顶部的大部分热量传给汽缸壁，再由冷却液和空气带走。油环用来刮除汽缸壁多余的机油，并在汽缸壁面上涂布一层均匀的机油膜，这样既可防止机油窜入汽缸燃烧，又可减小活塞、活塞环与汽缸壁的磨损和摩擦阻力。油环还可起到封气的辅助作用。活塞环承受着很大的冲击负荷，因此要求活塞环的材料除耐热、耐磨外，还应有较高的强度和冲击韧性。

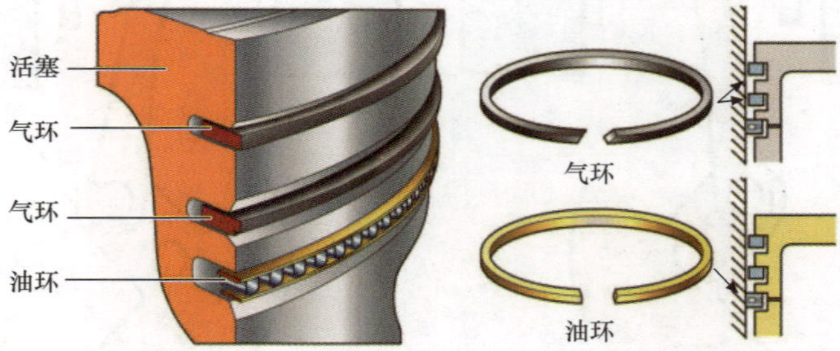

图 2-19 装在活塞上的活塞环

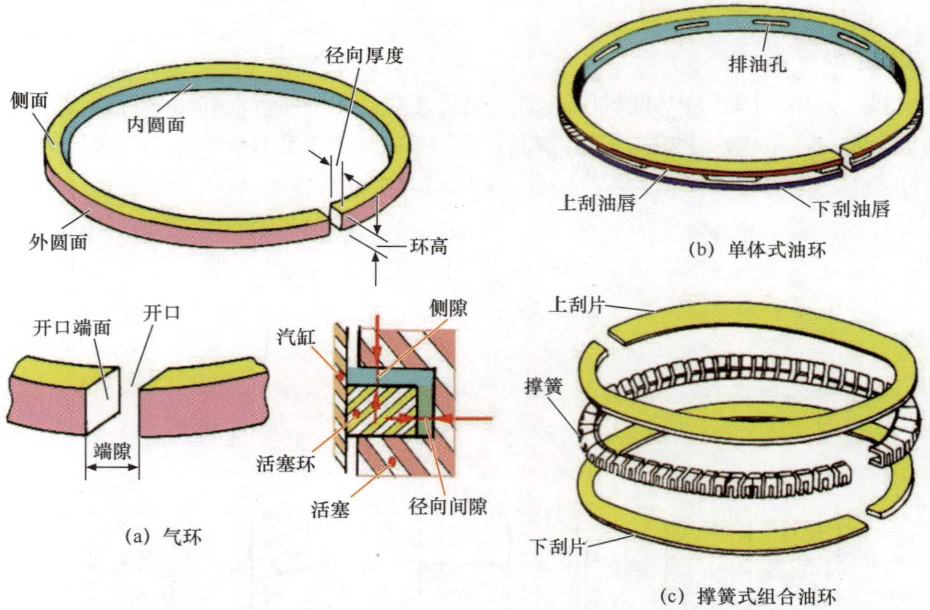

图 2-20 气环和油环

1. 气环

活塞环工作时受到汽缸中高温、高压燃气的作用，其温度较高（尤其是第一道气环，温度可达 600 K）。活塞环在汽缸内作高速运动，加上高温下机油可能变质，使环的润滑条件变差，难以保证液体润滑，因此磨损严重。在高温、高压、高速以及润滑困难的条件下工作的活塞环是发动机所有零件中工作寿命最短的。当活塞环磨损到失效时，将出现发动机起动困难、功率不足、曲轴箱压力升高，机油消耗加大，排气冒蓝烟，燃烧室、活塞表面严重积炭等不良状况。

（1）气环的密封原理（图 2-21）：活塞环在自由状态下不是正圆形，其外廓尺寸比汽缸直径大。当活塞环装入汽缸后，在其自身的弹力作用下环的外圆面与汽缸壁贴紧形成第一密封面，汽缸内的高压气体不可能通过第一密封面泄漏。高压气体可能通过活塞顶岸与汽缸壁之间的间隙进入活塞环的侧隙和径向间隙中。进入侧隙的高压气体使环的下侧面与环槽的下侧面贴紧形成第二密封面，高压气体也不能通过第二密封面泄漏。进入径向间隙中的高压气体只能使环的外圆面与汽缸壁更加贴紧。这时漏气的唯一通道就是活塞环的开口端隙。如果几道活塞环的开口相互错开，那么就形成了迷宫式漏气通道。由于侧隙、径向间隙和端隙都很小，气体通道的流动阻力很大，致使气体压力 p 迅速下降，最后漏入曲轴箱内的气体就很少了，一般为进气量的 0.2% ～ 1.0%。从上述可知，第一、第二密封面必须贴合严密，才能实现密封。因此环的外圆面与汽缸壁面、环与环槽的侧面都必须形状正确，形状误差和表面粗糙度要小，间隙适当。开口端隙过大，漏气严重；端隙过小，活塞环受热膨胀后可能卡死甚至折断。

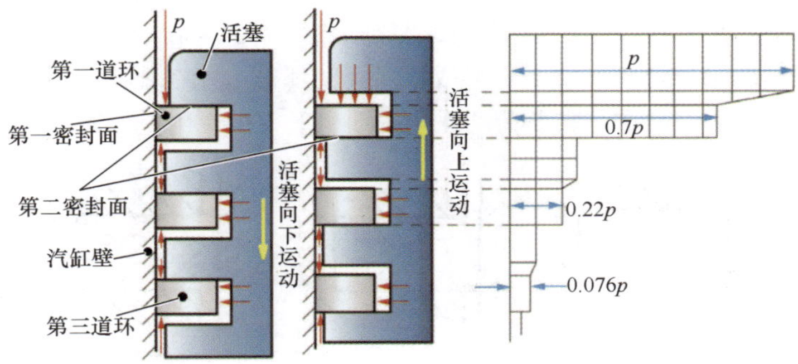

图 2-21　气环的密封原理

（2）气环的开口形状：汽缸内燃气漏入曲轴箱的主要通路是活塞环的切口，因此切口的形状和装入汽缸后间隙的大小对于漏入曲轴箱的燃气量有一定的影响。切口间隙过大，则漏气严重，使发动机的功率减小；间隙过小，活塞环受热膨胀后就有可能卡死或折断。切口间隙一般为 0.25 ～ 0.8 mm，第一道气环的温度最高，其端隙也最大。气环的切口形状如图 2-22 所示。直角形切口工艺性好；阶梯切口的密封性好，但工艺性差；斜切口的斜角一般为 30° 或 45°，其密封作用和工艺性能介于前两种之间，但其锐角部位在套装入活塞时容易折损。

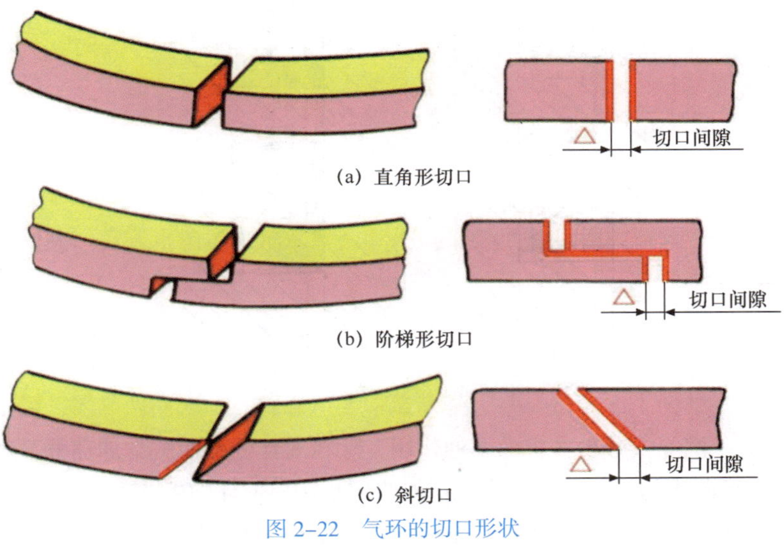

图 2-22　气环的切口形状

小提示：四冲程发动机的活塞环在环槽中一般不予以周向定位，稍有周向转动对防止环的偏磨损和卡死是有利的。装配活塞环时一定要注意将各环的开口位置错开，以减少各开口重叠而漏气机会增多。

（3）气环的断面形状：根据发动机的结构特点和强化程度，选择不同断面形状的气环组合，可以得到较好的密封效果和使用性能。几种气环的断面形状如图 2-23 所示。

① 矩形环：矩形环断面为矩形，形状简单，加工方便，与汽缸壁接触面积大，有利于活塞的散热，但耐磨性、密封性较差。同时，矩形断面的气环随活塞作往复运动时，会把汽缸壁上的机油不断送入汽缸中，这种现象称为“气环的泵油作用”。矩形环的泵油原理如图 2-24 所示，活塞下行时，由于环与缸壁之间的摩擦阻力以及环本身的惯性，环将压靠在活塞环槽的上端面，缸壁上的机油就被刮入下侧隙和径向间隙中。当活塞上行时，环又压靠在环槽的下端面上，于是第一道环径向间隙中的机油经过上侧隙就进入汽缸中。如此反复，结果就像油泵的作用一样，将汽缸壁的机油压入燃烧室。窜入汽缸内的机油会使燃烧室内形成积炭和增加机油消耗，并且可能在环槽（尤其是温度较高的第一道气环槽）中形成积炭，使环被卡死在环槽中，失去密封作用，划伤汽缸壁，甚至使环折断。在高速、高负荷的强化发动机上很少使用矩形环。

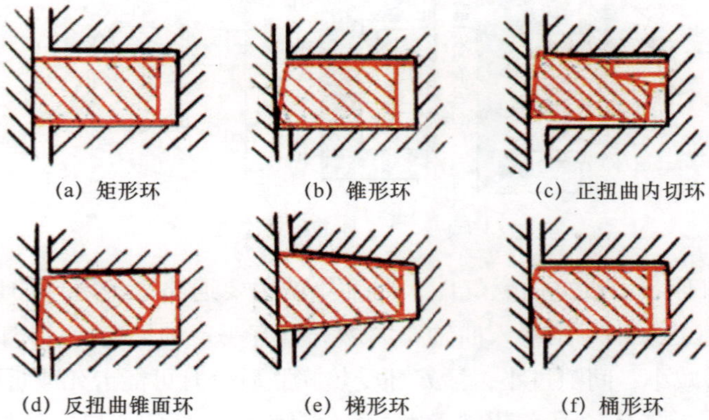

图 2-23　几种气环的断面形状

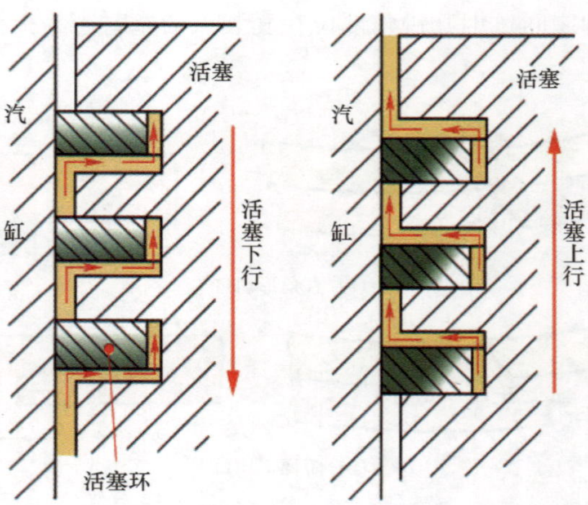

图 2-24　矩形环的泵油作用

② 扭曲环：为了消除或减少有害的泵油作用，除在气环的下面装有油环外，现代汽车发动机广泛使用的是非矩形断面的扭曲环。其中，正扭曲环是在矩形环的内圆上边缘或外圆下边缘切口，如图 2-23（c）所示；而反扭曲环是在矩形环的内圆下边缘或外圆上边缘倒角，如图 2-23（d）所示。

这两种环随同活塞装入汽缸时，由于环的弹性内力不对称作用而产生明显的断面倾斜。正扭曲环的工作原理如图 2-25（a）所示，正扭曲环装入汽缸后，其断面中性层以外产生拉应力，断面中性层以内产生压应力。拉应力的合力 F_1 指向活塞环中心，压应力合力 F_2 的方向背离活塞环中心。由于扭曲环中性层内外断面不对称使 F_1 与 F_2 不作用在同一平面内而形成力矩 M。在力矩 M 的作用下，使环的断面发生扭转。当发动机工作时，在进气、压缩和排气行程中，扭曲环发生扭曲，它使环的断面扭转成盘状（反扭曲环在工作时被扭转成盖子状），从而使环的边缘与环槽的上下端面接触，如图 2-25（b）所示，从而防止活塞环在环槽内上下窜动而造成的泵油作用，减轻了环对环槽的冲击而引起的磨损；在做功行程中，巨大的燃气压力作用于环的上侧面和内圆面，足以克服环的弹性内力使环不再扭曲，整个外圆面与汽缸壁接触，这时扭曲环的工作特点与矩形环相同。

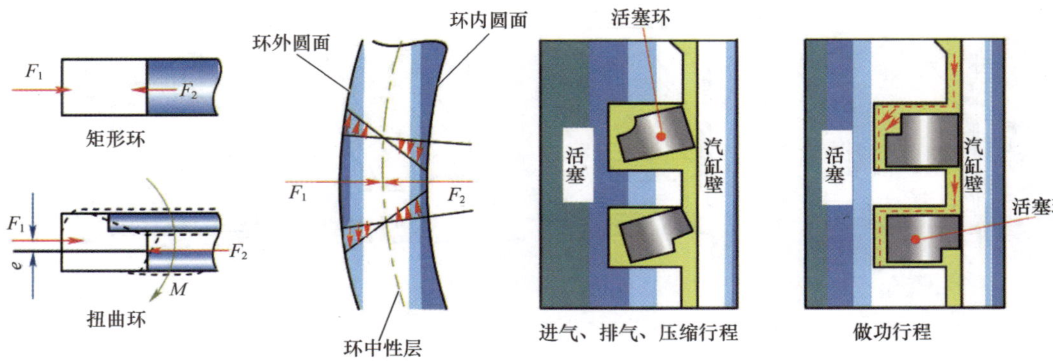

(a) 扭曲环断面扭转原理　　(b) 扭曲环工作示意图

图 2-25　扭曲环的扭曲原理与工作示意图

小提示： 扭曲环易于磨合，并有向下刮油的作用。正扭曲环常用于第 2、第 3 道环，反扭曲环由于防窜油能力相对较差而用于油环上方的那道气环。在安装正、反扭曲环时，必须注意环的断面形状和方向，不能装反。

③ 桶形环：桶形环的外圆面为外凸圆弧形，如图 2-23（f）所示，其密封性、磨合性和对汽缸壁表面形状的适应性都较好，它在汽缸内不论上行或下行均能形成楔形油膜，从而减轻环与汽缸壁的磨损，爱丽舍轿车 TU5JP4 发动机把它作为第一道气环。

2. 油环

油环分单体油环和组合油环两种。

（1）油环的刮油作用：普通单体油环外圆面的中间车有一道凹槽，在凹槽的底部加工出很多排油小孔或狭缝。油环的刮油作用如图 2-26（a）所示。通常油环有一道或二道刮油锐边，油环上和活塞上要有足够的泄油通道，使刮下的机油能顺畅地下泄，避免因节流使油压升高，将油环推离汽缸壁而失去控油能力。几种典型的泄油通道如图 2-26（b）所示。

（2）单体式油环：单体式油环的几种断面形状如图 2-27 所示。因为油环的内圆面基本上没有气体力的作用，所以油环刮油能力主要靠油环自身的弹力。为了减小环与汽缸壁的接触面积，增大接触压力，在环的外圆面上加工出环形集油槽，形成上下二道刮油唇，在集油槽底加工有回油孔。由上下刮油唇刮下来的机油经回油孔和活塞上的回油孔流回油底壳。这种油环结构简单，加工容易，成本低。

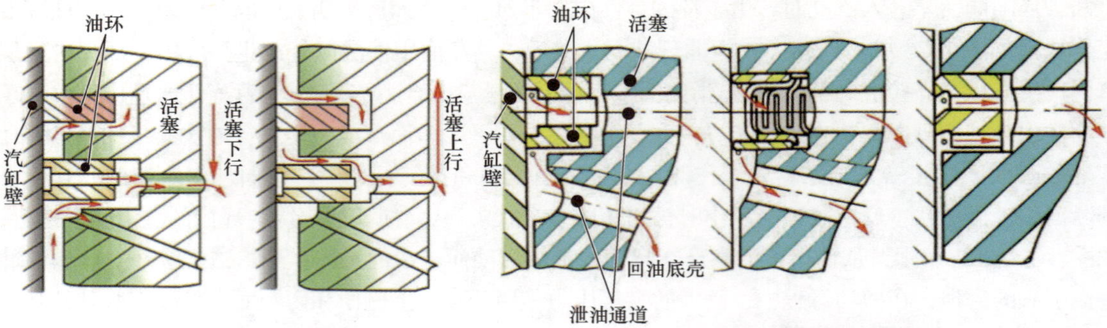

(a) 油环的刮油作用　　(b) 几种典型的泄油通道

图 2–26　油环的刮油作用和典型的泄油通道

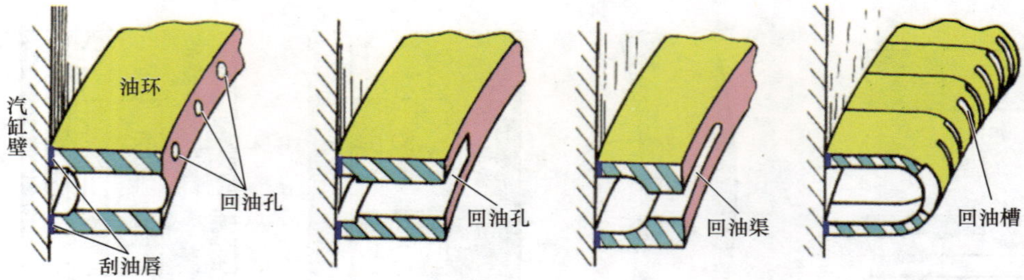

(a) 圆孔形　　(b) 长孔形　　(c) 渠形　　(d) 弯片形

图 2–27　几种单体式油环的断面形状

（3）撑簧式组合油环：在单体油环的内圆面加装撑簧即为撑簧式组合油环，一般作为油环撑簧的有螺旋弹簧、板形弹簧和轨形弹簧，如图 2–28（a）所示。这种油环由于增大了环与汽缸壁的接触压力，而使环的刮油能力和耐久性有较大提高，因而应用广泛。

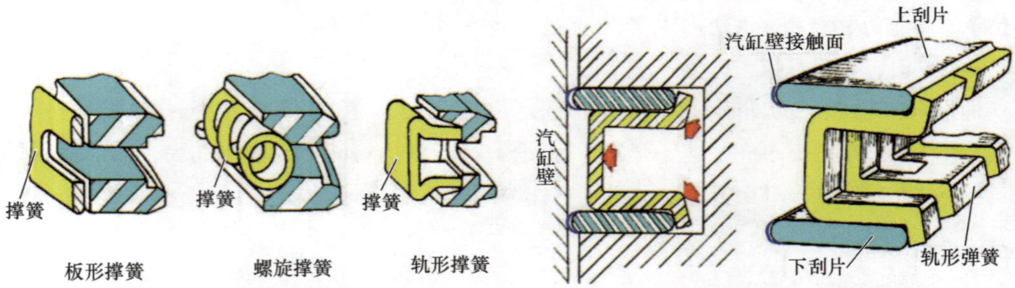

(a) 撑簧式组合油环　　(b) 钢带式组合油环

图 2–28　撑簧式和钢带式组合油环

（4）钢带式组合油环：钢带式组合油环由上、下刮片和轨形撑簧组合而成，如图 2–28（b）所示。撑簧不仅使刮片与汽缸壁紧贴，而且还使刮片与环槽侧面贴紧。这种组合油环的优点是接触压力大，既可增强刮油能力，又能防止上窜机油。另外，上下刮片能单独动作，因此对汽缸失圆和活塞变形的适应能力强。但环和缸壁的磨损比撑簧式组合油环快一些，且钢带式组合油环需用优质钢制造，成本高。

三、活塞销

活塞销的作用是连接活塞和连杆小头，将活塞承受的气体作用力传给连杆。

1. 活塞销的工作条件和形状

活塞销在高温下承受很大的周期性冲击载荷，且由于活塞销在销孔内摆动角度不大，难以形成润滑油膜，因此润滑条件很差（一般靠飞溅润滑），因而要求活塞销有足够的刚度和强度，表面耐磨，质量尽可能小（为此活塞销通常为空心圆柱体），销与销孔应该有适当的配合间隙和良好的表面质量。在使用中，活塞销的刚度尤为重要，如果活塞销发生弯曲变形，可能使活塞销座损坏。

活塞销的内孔形状有圆柱形、二段截锥形以及二段截锥与一段圆柱的组合形，如图 2–29（b）所示。圆柱形内孔加工容易，但活塞销的质量较大。两段截锥形内孔的活塞销质量较小，又接近等强度梁的要求（因活塞销所承受的弯矩在中部最大，距中部越远越小），但孔的加工复杂。组合形内孔的结构介于二者之间。

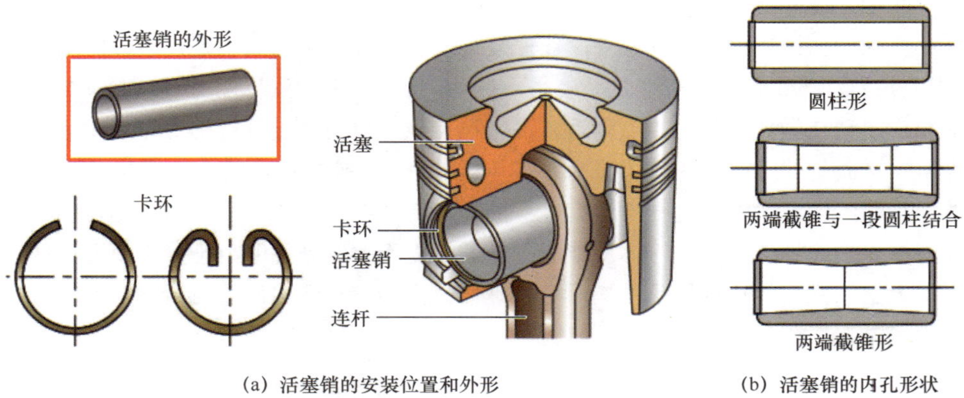

图 2–29 活塞销的安装位置、外形和内孔形状

2. 活塞销的连接

活塞销与活塞销座孔及连杆小头的连接配合方式有全浮式和半浮式两种。

（1）全浮式：在发动机运转时，活塞销不仅可以在连杆小头衬套内，还可在活塞销座孔内缓慢转动，可以使活塞销沿圆周磨损均匀，为了防止活塞销轴向窜动而损伤汽缸壁，在活塞销两端用卡环嵌在销座孔的凹槽中加以轴向定位，如图 2–30（a）所示。

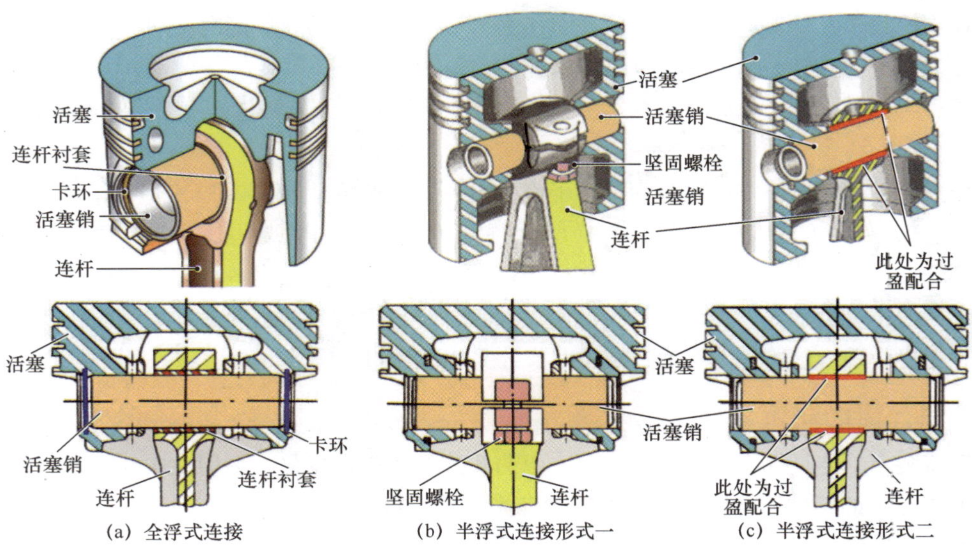

图 2–30 连杆小头与活塞销的连接

（2）半浮式：图 2–30（b）所示的半浮式活塞销是用螺栓将活塞销夹紧在连杆小头孔内，这时活塞销只能在活塞销孔内转动，在连杆小头孔内不能转动。小头孔内不装衬套，销孔中也不装活塞销挡圈。图 2–30（c）所示是目前高速汽油机中普遍采用的另一种半浮式连接方式，这种方式首先将连杆小头加热到 300℃左右，再将活塞销压入小头孔中（连杆小头与活塞销的配合为过盈配合），不用螺栓紧固，从而避免了因过度拧紧螺栓而使活塞销变形的弊病。半浮式活塞销可以降低发动机的噪声，并消除了活塞销挡圈可能引起的事故。

四、连杆组

连杆的作用是连接活塞和曲轴，把活塞的往复直线运动转变为曲轴的旋转运动，并将活塞承受的力传给曲轴。连杆组包括连杆体、连杆盖、连杆衬套、连杆螺栓和连杆轴承等，如图 2–31 所示。

连杆小头与活塞销连接，同活塞一起作往复运动；连杆大头与曲柄销连接，同曲轴一起作旋转运动，因此在发动机工作时连杆作复杂的平面运动。连杆主要承受压缩、拉伸和弯曲等交变载荷。最大压缩载荷出现在做功行程上止点附近，最大拉伸载荷出现在进气行程上止点附近。在压缩载荷和连杆组作平面运动时产生的横向惯性力的共同作用下，连杆体可能发生弯曲变形。

根据连杆组的工作条件，连杆组应有足够的抗疲劳强度和结构刚度，质量尽可能小。若强度不足，连杆螺栓、连杆盖甚至连杆体可能断裂。若刚度不够，则可能由于大头变形而使连杆螺栓弯曲；由于大头失圆而使连杆轴承的润滑遭到破坏；由于杆身弯曲而造成活塞与汽缸壁、连杆轴承与曲柄销偏磨、汽缸漏气和窜机油等弊病。

1. 连杆的结构

连杆由连杆小头、杆身和连杆大头 3 部分组成。连杆小头与活塞销连接。工作时小头与销之间有相对转动，因此小头孔中一般压入减摩的青铜衬套，为了润滑活塞销与衬套，在小头和衬套上有集油孔［图 2–31（a）］，用来收集发动机运转时飞溅上来的机油。有的发动机连杆小头采用压力润滑，在连杆的杆身内钻有纵向的压力润滑油道［图 2–31（b）］。连杆杆身通常做成工字形断面（图 2–31），以求在强度和刚度足够的前提下减小质量。

连杆大头与曲轴的曲柄销相连，一般做成剖分式，被分开的部分叫连杆盖，用特制的连杆螺栓紧固在连杆大头上。连杆盖与连杆大头是组合镗孔的，为了防止装配时配对错误，一般在同一侧刻有配对记号。连杆大头上还铣有连杆轴瓦的定位凹槽。

注意：连杆螺栓连接连杆和连杆盖，它是发动机中极为重要的螺栓，为了保证连接的可靠性，必须按厂家规定的工艺方法和标准拧紧。

连杆大头按剖分面的方向可分为垂直于连杆中心线的平切口［图 2–31（a）］和相对于连杆中心线倾斜 30° ～ 60° 的斜切口［图 2–31（b）两种。无论从受力情况还是从制造角度看，平切口都优于斜切口，所以绝大多数现代发动机的连杆均采用平切口，只有一部分柴油机和强化程度高的汽油机，由于受力较大，相应曲柄销直径尺寸大，连杆大头尺寸也随之增大，而在装拆活塞连杆组件时无法使平切口连杆大头通过汽缸时，才采用斜切口。

2. 连杆盖的定位

连杆盖装合到连杆体上必须严格定位，以防止连杆盖横向位移。平切口连杆大多数是利用连杆螺栓上精加工的圆柱面与精密加工的螺栓孔来实现连杆盖的定位，如图 2–32（a）所示。斜切口连杆上常用的定位方法有如下几种：

（1）止口定位［图 2–32（b）］：利用连杆盖与连杆体大头的止口进行定位，由止口承受横向力。这种方法工艺简单，但连杆大头外形尺寸大，止口变形后定位不可靠。

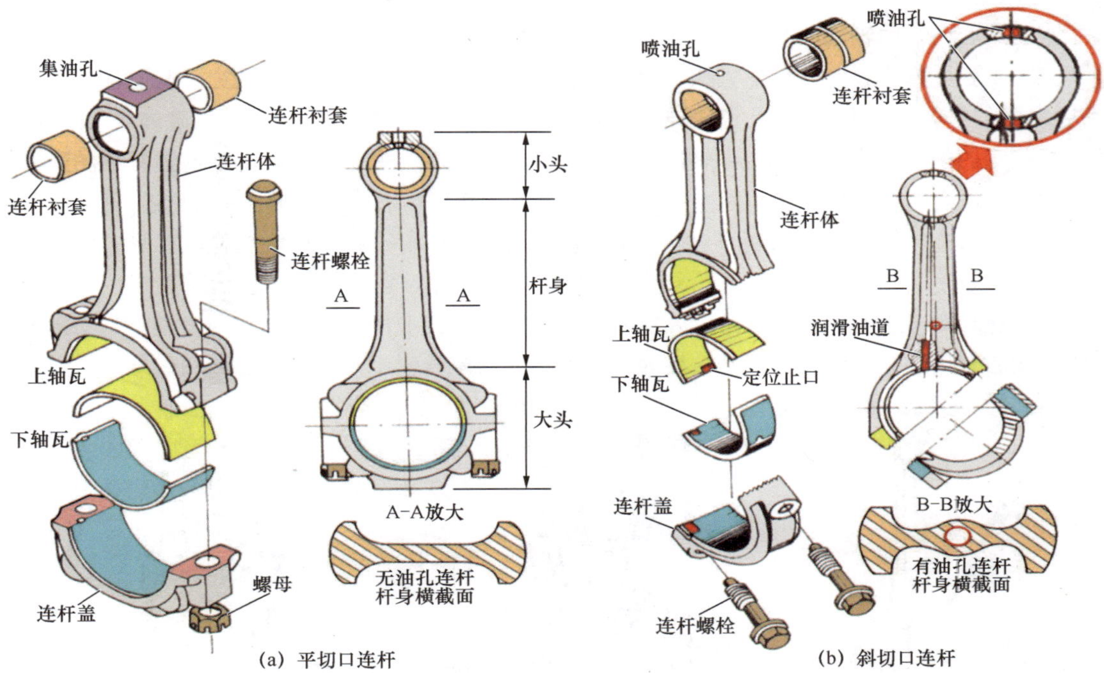

图 2–31　连杆组

（2）套筒定位［图 2–32（c）］：在连杆盖上的每一个连杆螺栓孔中，同心地压入刚度大、抗剪切的定位套筒，套筒外圆与连杆体大端的定位孔为高精度动配合。这种方法是多向定位，定位可靠，缺点是工艺要求高，连杆大头尺寸大。

（3）定位销定位［图 2–32（d）］：这种方法与套筒定位的原理及优缺点基本相同。

（4）锯齿定位［图 2–32（e）］：在连杆体与连杆盖的结合面上拉销出锯齿，依靠锯齿面实现横向定位。这种定位的优点是锯齿接触面大，贴合紧密，定位可靠，结构紧凑，因此在斜切口连杆上应用最多。

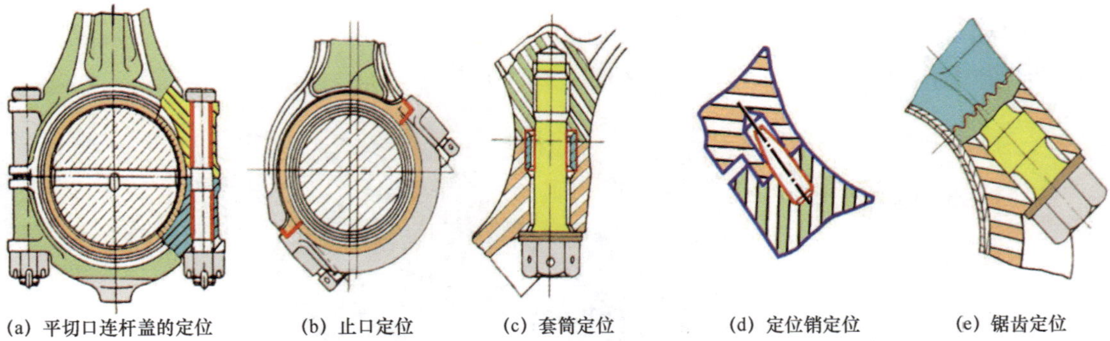

图 2–32　连杆盖的定位方式

3. V 型发动机的连杆

V 型发动机左、右两侧对应的两个汽缸的连杆是共同连接在同一个曲柄销上，它有并列式、主副、叉形 3 种形式，如图 2–33 所示。

（1）并列连杆式：相对应的左、右两个汽缸的连杆一前一后地装在同一个曲柄销上，这样布置的优点是前后连杆可以通用，左、右汽缸的活塞连杆组的运动规律完全相同；其缺点是左、右两个汽缸中心线沿曲轴轴向要错开一段距离，因而使曲轴、机体的长度增加，刚度降低。

（2）主副连杆式：主连杆的大头直接安装在曲柄销的全长上，副连杆的大头与对应的主连杆大头（或连杆盖）的两个凸耳作铰链连接。这种连杆的优点是左、右两个对应汽缸的中心线及主、副连杆位于同一平面内，发动机的轴向长度短；其缺点是左、右两个汽缸的活塞连杆组的运动规律不同，主缸活塞与连杆还受到副连杆施加的附加侧向作用力和附加弯矩，主、副连杆不能互换。

（3）叉形连杆式：左、右两个对应汽缸的两个连杆中，一个连杆的大头做成叉形，跨于另一个连杆厚度较小的片形大头两端。叉形连杆的优点是左、右两个对应汽缸的中心线在同一平面内，机体长度比较紧凑，连杆长度相等，左、右两个对应汽缸活塞的运动规律相同；缺点是叉形连杆大头结构和制造工艺较复杂，而且大头的强度和刚度都较差。

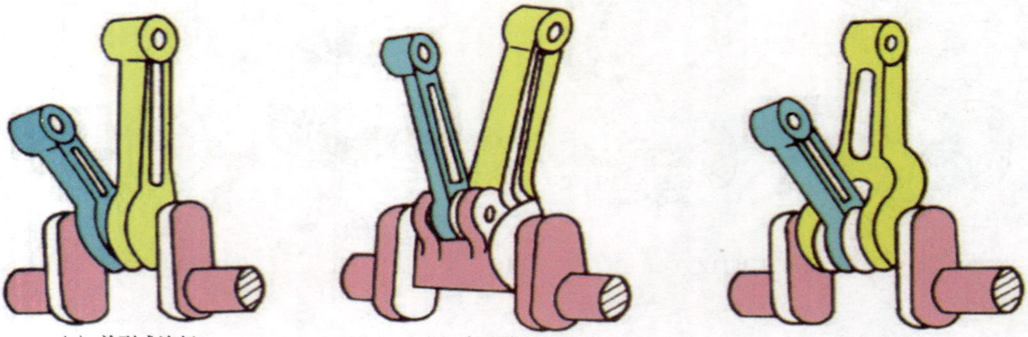
(a) 并列式连杆　(b) 主副连杆　(c) 叉形连杆

图 2–33　V 型发动机连杆结构示意图

第四节 曲轴飞轮组

曲轴飞轮组主要由曲轴、飞轮和其他具有不同作用的零件及附件组成，如图 2–34 所示，其零件和附件的种类和数量取决于发动机的结构和性能要求。

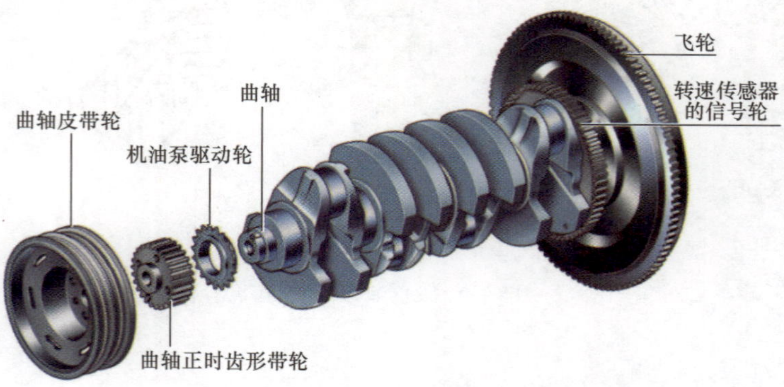

图 2–34　曲轴飞轮组

一、曲轴

曲轴的作用是把活塞、连杆传来的气体力转变为转矩，用以驱动汽车的传动系统和发动机的配气机构以及其他辅助装置。在发动机工作中，曲轴受到旋转质量的离心力、周期性变化的气体压力和往复惯性力的共同作用，使曲轴承受弯曲与扭转载荷。为保证工作可靠，要求曲轴具有足够的刚度和强度，各工作表面要耐磨而且润滑良好。

1. 曲轴的构造

如图 2–35 所示，曲轴主要由以下 3 部分组成：①曲轴前端（或称自由端）轴；②若干个由曲柄销、它左、右两端的曲柄以及前后两个主轴颈组成的曲拐；③曲轴的后端（或称功率输出端）凸缘。

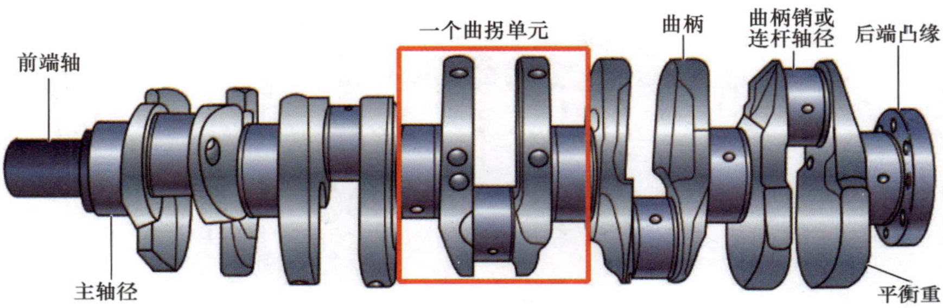

图 2–35　曲轴

曲轴的曲拐数取决于汽缸的数目及其排列方式，直列式发动机曲轴的曲拐数等于汽缸数，V 型发动机曲轴的曲拐数等于汽缸数的一半。

2. 曲轴的支承方式

按照曲轴的主轴颈数，可把曲轴分为全支承曲轴和非全支承曲轴两种，如图 2–36 所示。在相邻的两个曲拐之间都有一个主轴径的曲轴，称为全支承曲轴，否则称为非全支承曲轴。全支承曲轴的优点是可提高曲轴的刚度和强度，并可减轻主轴承的载荷；其缺点是曲轴的加工表面多，主轴承多，使机体加长。汽油机可用这两种曲轴，柴油机因其载荷较大，多采用全支承曲轴。

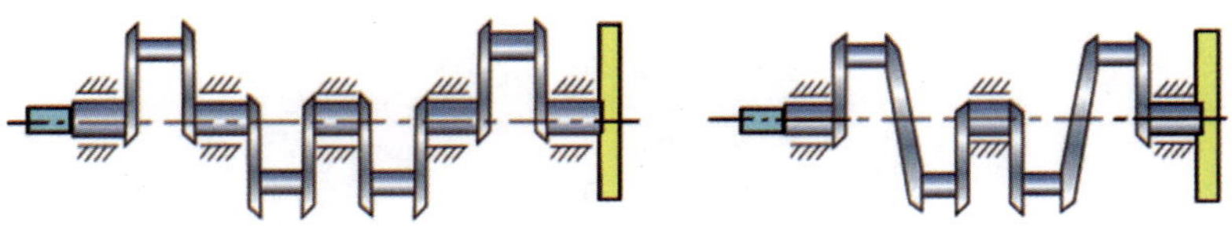

(a) 全支承曲轴　　(b) 非全支承曲轴

图 2–36　曲轴的支承方式

3. 曲轴的平衡重

为了平衡发动机工作时曲轴的旋转惯性力及其力矩，对于曲拐呈镜像对称布置的 4 缸和 6 缸等发动机，其旋转惯性力和旋转惯性力矩是外部平衡的，但是内部不平衡，曲轴仍承受内弯矩的作用。如图 2–37（a）所示，第 1 和第 4 曲拐的旋转惯性力 F_1 和 F_4 与第 2 和第 3 曲拐的旋转惯性力 F_2 和 F_3，大小相等，方向相反，互相平衡。F_1 和 F_2 形成的力矩 M_{1-2} 与 F_3 和 F_4 形成的力矩 M_{3-4} 也互相平衡，但是却给曲轴造成了弯曲载荷。若曲轴刚度不够就会产生弯曲变形，引起主轴颈和轴承偏磨。为了使曲轴达到内部平衡，减轻主轴承负荷，一般在曲柄的相反方向设置平衡重。若在曲轴的每个曲柄臂上都装设平衡重则称完全平衡法，这时平衡重产生的旋转惯性力分别抵消每个曲拐产生的旋转惯性力［图 2-37（b）］，使曲轴不受内弯矩的作用。但完全平衡法的平衡重量较多，曲轴质量增加，工艺性变差。若只在部分曲柄臂上设置平衡重则称分段平衡法，如把曲轴分成两段分别进行平衡，直列 4 缸发动机曲轴采用 4 块平衡重［图 2-37（c）］，利用平衡重 1 和 2 产生反力矩以平衡力矩 M_{1-2}；利用平衡重 3 和 4 产生反力矩以平衡力矩 M_{3-4}，从而可减小整个曲轴的内弯矩。

注意：平衡重的形状多为扇形，使其重心远离曲轴的回转中心，以便在较小的质量下获得较大的旋转惯性力。有的发动机平衡重与曲柄臂锻或铸成一体（图 2-35），有的平衡重是单独制成零件，再用螺钉坚固在曲轴臂上（图 2-38）。

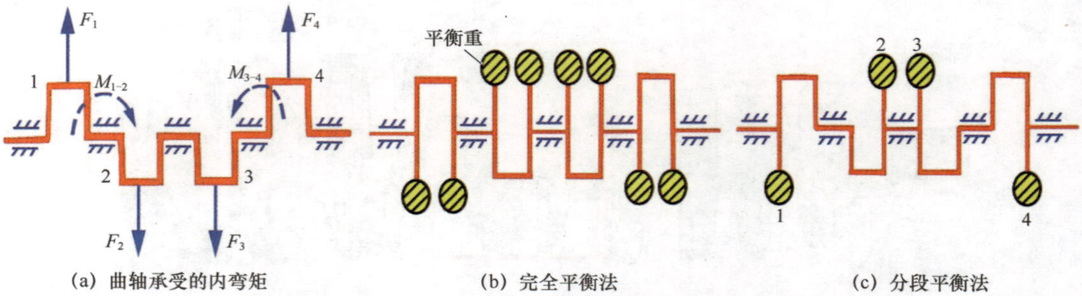

图 2-37　曲轴平衡重的作用

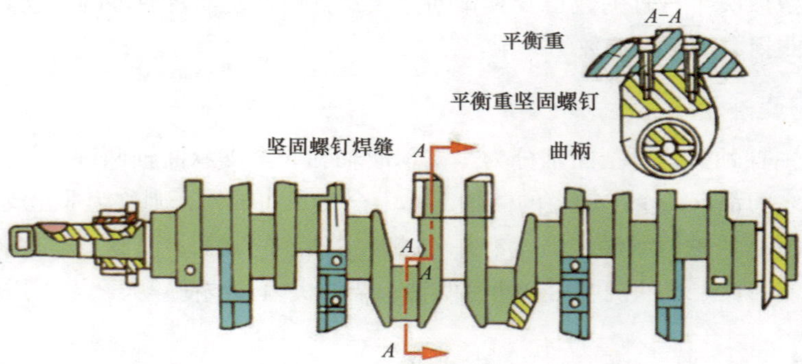

图 2-38　曲轴上的平衡重

二、曲拐的布置与多缸发动机的工作顺序

曲轴的形状和各曲拐的相对位置取决于汽缸数、汽缸排列形式（直列或 V 型排列）和发动机的发火顺序（或工作顺序）。在安排多缸发动机的发火次序时应注意：①让连续做功的两缸相距尽可能远，以减轻主轴承的载荷，同时避免进气行程可能发生的抢气现象（即相邻两缸进气门同时开启）；②做功间隔应力求均匀，即在发动机完成一个工作循环的曲轴转角内，每个汽缸都应发火工作一次，而且各缸发火的间隔时间（以曲轴转角表示，称为发火间隔角）应力求均匀。对缸数为 i 的四冲程直列发动机而言，发火间隔角为 720°/i，即曲轴每转 720°/i 时，就应有一缸做功，以保证发动机运转平稳；③ V 型发动机左、右两列汽缸应交替发火。几种常用的多缸发动机曲拐布置和发火次序如下。

1. 四冲程直列 4 缸发动机

发火间隔角应为 720°/4=180°，其曲拐的布置如图 2–39 所示，4 个曲拐布置在同一平面内。发火次序有两种可能的排列法，即 1–2–4–3 或 1–3–4–2，它们的工作循环见表 2–1 和表 2–2。

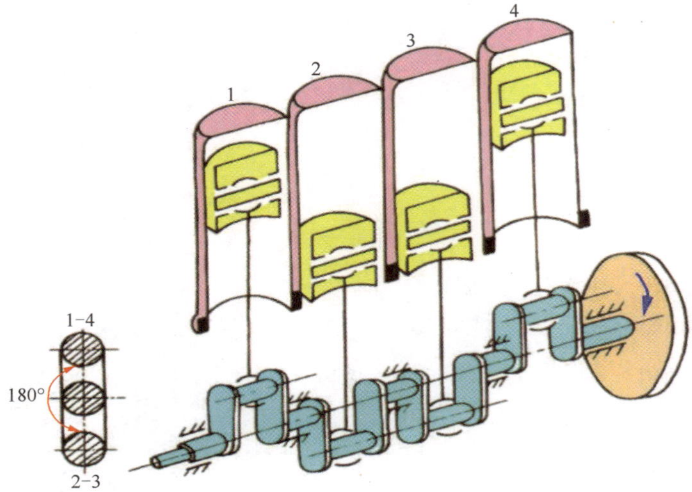

图 2–39 直列 4 缸发动机的曲拐布置

表 2–1 直列 4 缸发动机工作循环（发火次序：1–2–4–3）

曲轴转角 /（°）	第 1 缸	第 2 缸	第 3 缸	第 4 缸
0 ～ 180	做功	压缩	排气	进气
180 ～ 360	排气	做功	进气	压缩
360 ～ 540	进气	排气	压缩	做功
540 ～ 720	压缩	进气	做功	排气

表 2–2 直列 4 缸发动机工作循环（发火次序：1–3–4–2）

曲轴转角 /（°）	第 1 缸	第 2 缸	第 3 缸	第 4 缸
0 ～ 180	做功	排气	压缩	进气
180 ～ 360	排气	进气	做功	压缩
360 ～ 540	进气	压缩	排气	做功
540 ～ 720	压缩	做功	进气	排气

2. 四冲程直列 6 缸发动机

因缸数 i=6，所以发火间隔角为 720°/6=120°，其曲拐的布置如图 2–40 所示，6 个曲拐分别布置在 3 个平面内，各平面的夹角为 120°，发火次序有两种可能的排列法，即 1–5–3–6–2–4 或 1–4–2–6–3–5，前者应用比较普遍，其的工作循环见表 2–3。

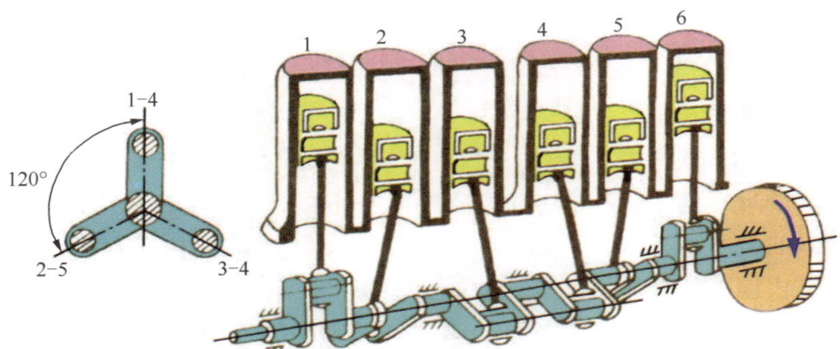

图 2–40 直列 6 缸发动机的曲拐布置

表 2-3　直列 6 缸发动机工作循环表（发火次序：1-5-3-6-2-4）

<table>
<tr><th colspan="2">曲轴转角 / (°)</th><th>第 1 缸</th><th>第 2 缸</th><th>第 3 缸</th><th>第 4 缸</th><th>第 5 缸</th><th>第 6 缸</th></tr>
<tr><td rowspan="3">0 ~ 180</td><td>0 ~ 60</td><td rowspan="3">做功</td><td rowspan="2">排气</td><td>进气</td><td>做功</td><td rowspan="2">压缩</td><td rowspan="3">进气</td></tr>
<tr><td>60 ~ 120</td><td rowspan="3">压缩</td><td rowspan="3">排气</td></tr>
<tr><td>120 ~ 180</td><td rowspan="3">进气</td><td rowspan="3">做功</td></tr>
<tr><td rowspan="3">180 ~ 360</td><td>180 ~ 240</td><td rowspan="3">排气</td><td rowspan="3">压缩</td></tr>
<tr><td>240 ~ 300</td><td rowspan="3">做功</td><td rowspan="3">进气</td></tr>
<tr><td>300 ~ 360</td><td rowspan="3">压缩</td><td rowspan="3">排气</td></tr>
<tr><td rowspan="3">360 ~ 540</td><td>360 ~ 420</td><td rowspan="3">进气</td><td rowspan="3">做功</td></tr>
<tr><td>420 ~ 480</td><td rowspan="3">排气</td><td rowspan="3">压缩</td></tr>
<tr><td>480 ~ 540</td><td rowspan="3">做功</td><td rowspan="3">进气</td></tr>
<tr><td rowspan="3">540 ~ 720</td><td>540 ~ 600</td><td rowspan="3">压缩</td><td rowspan="3">排气</td></tr>
<tr><td>600 ~ 660</td><td rowspan="2">进气</td><td rowspan="2">做功</td></tr>
<tr><td>660 ~ 720</td><td>排气</td><td>压缩</td></tr>
</table>

3. 四冲程 V 型 6 缸发动机

发火间隔角仍为 120°，3 个曲拐互成 120°。工作顺序为 R_1-L_3-R_3-L_2-R_2-L_1。面对发动机的冷却风扇，右列的汽缸用 R 表示，由前向后汽缸号分别为 R_1、R_2、R_3；左列汽缸用 L 表示，汽缸号分别为 L_1、L_2、L_3，工作循环见表 2-4。

表 2-4　四冲程 V6 发动机工作循环表（工作顺序：R_1-L_3-R_3-L_2-R_2-L_1）

<table>
<tr><th colspan="2">曲轴转角 / (°)</th><th>R_1</th><th>R_2</th><th>R_3</th><th>L_1</th><th>L_2</th><th>L_3</th></tr>
<tr><td rowspan="3">0 ~ 180</td><td>0 ~ 60</td><td rowspan="3">做功</td><td rowspan="2">排气</td><td></td><td></td><td rowspan="3">进气</td><td rowspan="2">压缩</td></tr>
<tr><td>60 ~ 120</td><td rowspan="3">压缩</td><td rowspan="3">排气</td></tr>
<tr><td>120 ~ 180</td><td rowspan="3">进气</td><td rowspan="3">做功</td></tr>
<tr><td rowspan="3">180 ~ 360</td><td>180 ~ 240</td><td rowspan="3">排气</td><td rowspan="3">压缩</td></tr>
<tr><td>240 ~ 300</td><td rowspan="3">做功</td><td rowspan="3">进气</td></tr>
<tr><td>300 ~ 360</td><td rowspan="3">压缩</td><td rowspan="3">排气</td></tr>
<tr><td rowspan="3">360 ~ 540</td><td>360 ~ 420</td><td rowspan="3">进气</td><td rowspan="3">做功</td></tr>
<tr><td>420 ~ 480</td><td rowspan="3">排气</td><td rowspan="3">压缩</td></tr>
<tr><td>480 ~ 540</td><td rowspan="3">做功</td><td rowspan="3">进气</td></tr>
<tr><td rowspan="3">540 ~ 720</td><td>540 ~ 600</td><td rowspan="3">压缩</td><td rowspan="3">排气</td></tr>
<tr><td>600 ~ 660</td><td rowspan="2">进气</td><td rowspan="2">做功</td></tr>
<tr><td>660 ~ 720</td><td></td><td></td></tr>
</table>

4. 四冲程 V 型 8 缸发动机

因缸数 i=8，所以发火间隔角为 720°/8=90°。V 型发动机左、右两列中相对应的一对连杆共用一个曲拐，所以V型发动机只有4个曲拐，当它们之间在空间互成90°时，如图2–41所示，发火次序一般为5–1–8–4–2–7–3–6，其的工作循环见表2–5。

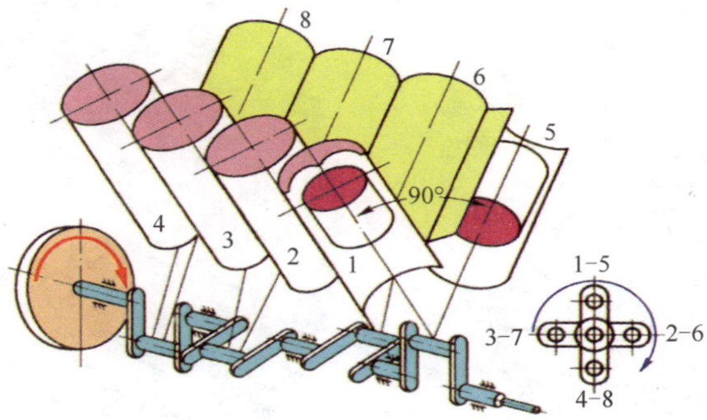

图2–41　V型8缸发动机的曲拐布置

表2–5　V型8缸发动机工作循环表（发火次序：5–1–8–4–2–7–3–6）

<table>
<tr><th colspan="2">曲轴转角/(°)</th><th>第1缸</th><th>第2缸</th><th>第3缸</th><th>第4缸</th><th>第5缸</th><th>第6缸</th><th>第7缸</th><th>第8缸</th></tr>
<tr><td rowspan="2">0～180</td><td>0～90</td><td>压缩</td><td rowspan="2">进气</td><td rowspan="2">排气</td><td>进气</td><td rowspan="2">做功</td><td>做功</td><td>排气</td><td rowspan="2">压缩</td></tr>
<tr><td>90～180</td><td rowspan="2">做功</td><td rowspan="2">压缩</td><td rowspan="2">排气</td><td rowspan="2">进气</td></tr>
<tr><td rowspan="2">180～360</td><td>180～270</td><td rowspan="2">压缩</td><td rowspan="2">进气</td><td rowspan="2">排气</td><td rowspan="2">做功</td></tr>
<tr><td>270～360</td><td rowspan="2">排气</td><td rowspan="2">做功</td><td rowspan="2">进气</td><td rowspan="2">压缩</td></tr>
<tr><td rowspan="2">360～540</td><td>360～450</td><td rowspan="2">做功</td><td rowspan="2">压缩</td><td rowspan="2">进气</td><td rowspan="2">排气</td></tr>
<tr><td>450～540</td><td rowspan="2">进气</td><td rowspan="2">排气</td><td rowspan="2">压缩</td><td rowspan="2">做功</td></tr>
<tr><td rowspan="2">540～720</td><td>540～630</td><td rowspan="2">排气</td><td rowspan="2">做功</td><td rowspan="2">压缩</td><td rowspan="2">进气</td></tr>
<tr><td>630～720</td><td>压缩</td><td>进气</td><td>做功</td><td>排气</td></tr>
</table>

三、曲轴扭转减震器

曲轴是具有一定弹性和旋转质量的轴，即是一种扭转弹性系统，本身具有一定的固有频率。在发动机工作过程中，曲轴上各曲拐承受转矩的大小是周期性变化的，而曲轴后端的飞轮具有很大的惯量，转速可以看成是均匀的，所以各曲拐相对于飞轮就会发生大小和方向作周期性变化的相对扭转振动，也就是扭振。扭振时，曲轴前端的角振幅最大，如果扭振的频率与曲轴系统的固有频率相等或是它的某一整数倍时，就会发生共振。共振不仅会引起很大的噪声，而且影响布置在曲轴前端的正时传动系统的传动精度，严重时甚至造成曲轴断裂。为了消除曲轴的扭振，一般发动机在曲轴的前端装有扭转减震器。汽车发动机常用的曲轴扭转减震器是摩擦式减震器，如图2–42所示，其工作原理是使曲轴扭转能量逐渐消耗于减震器内的摩擦，从而使振幅逐渐减小。

四、飞轮

对于四冲程发动机来说，每4个行程做功一次，即只有做功行程做功，而进气、压缩和排气3个行程都要消耗功。因此，曲轴对外输出的转矩呈周期性变化，曲轴转速也不稳定。为了改善这种情况，在曲轴后端配置了飞轮。

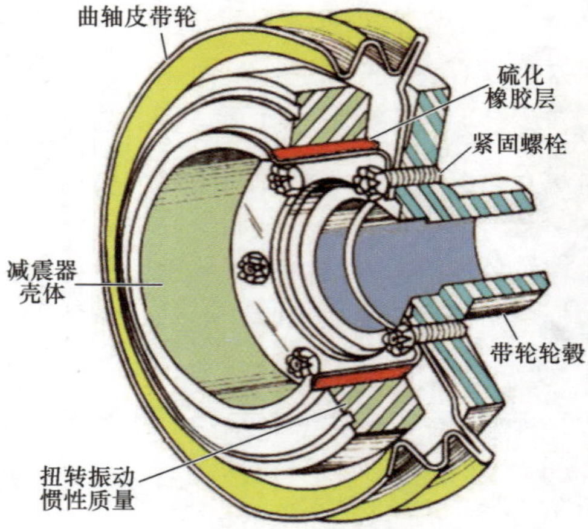

图 2-42　橡胶摩擦式扭转减震器

图 2-43　发动机飞轮

飞轮是一个转动惯量很大的盘形零件，如图 2-43 所示，其作用如同一个能量储存器，在做功行程中发动机传输给曲轴的能量，除对外输出外，还有部分能量被飞轮吸收，从而使曲轴的转速不会升高很多。在进气、压缩和排气 3 个行程中，飞轮将其储存的能量释放出来补偿这 3 个行程所消耗的功，从而使曲轴的转速不致降低过多。除此之外，在结构上飞轮又往往被用做汽车传动系统中摩擦离合器的驱动件。为了保证发动机正时的准确性，在飞轮上都设置了供匹配正时用的记号、定位圆孔等。

为了使飞轮有足够的转动惯量，并尽可能减小质量，一般把飞轮的大部分质量都集中在轮缘上，因而轮缘通常做得宽而厚。为了起动发动机，在飞轮的外缘上有一个与起动机啮合的起动齿圈。为了给发动机电子喷射系统提供发动机转速信号，有的飞轮还设置有一个发动机转速传感器的信号齿圈。

多缸发动机的飞轮应与曲轴一起进行动平衡，否则在旋转时因质量不平衡而产生的离心力，将引起发动机震动并加速主轴承的磨损。为了在拆装时不破坏它们的平衡状态，飞轮与曲轴之间应有严格的相对位置，因而常用定位销或不对称布置螺栓予以保证。

第五节 汽车发动机的滑动轴承

在汽车发动机连杆、曲轴的旋转部位上，因承受较大的负荷，因此普遍使用了滑动轴承。这些滑动轴承有连杆衬套 [图 2-31（a）]、连杆轴承、曲轴主轴承和止推轴承。

一、连杆轴承和主轴承

连杆轴承和主轴承均承受交变载荷和高速摩擦，因此轴承材料必须具有足够的抗疲劳强度，而且要摩擦小、耐磨损、耐腐蚀等。连杆轴承和主轴承都由上、下两片轴瓦对合而成。每一轴瓦都由钢背和减摩合金层（2 层瓦结构）或钢背、减摩合金层和软镀层（3 层瓦结构）构成。

3 层瓦结构如图 2-44 所示，钢背是轴瓦的基体，由 1 ～ 3 mm 厚的低碳钢板制造，以保证较高的机械强度。钢背背面只有很小的粗糙度，以增大与连杆大头孔或主轴承孔的接触面积，以利散热。在钢背上浇铸减摩合金，减摩合金材料主要有白合金（巴氏合金）、铜基合金和铝基合金。含锡 20% 以上的高锡铝合金轴瓦因为有较好的承载能力、抗疲劳强度和减摩性能而被广泛用于汽油机和柴油机。

在轴瓦的结合端冲压出定位唇，在轴承孔中加工有定位槽，以便装配时能正确定位。通过连杆小头喷油孔喷油来冷却活塞的发动机，在主轴承和连杆轴承的上、下轴瓦上均加工有环形油槽和油孔，以便不间断地向连杆小头喷油孔供油。为了保证轴瓦的承载能力，最好不在载荷较大的主轴承下轴瓦和连杆轴承上轴瓦开环形油槽。

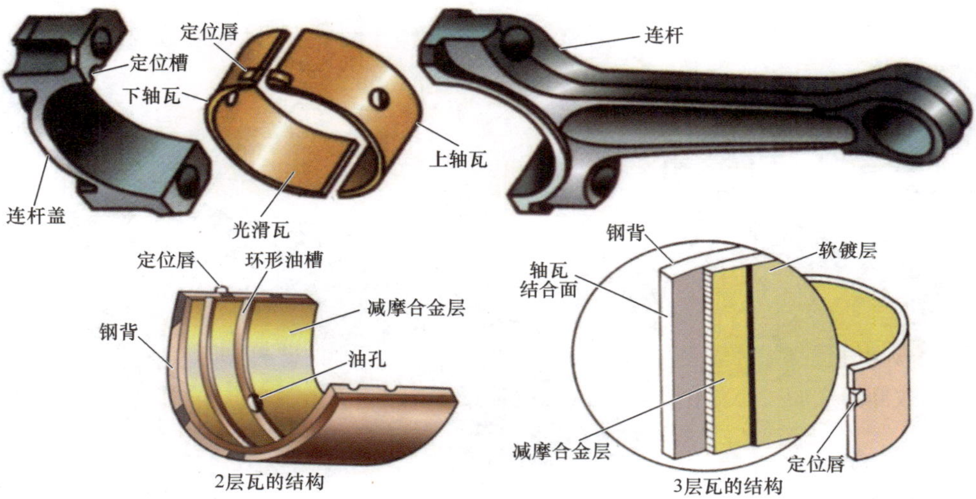

图 2-44　轴瓦及各部分的名称

二、曲轴止推轴承

汽车行驶时由于踩踏离合器而对曲轴施加轴向推力，使曲轴发生轴向窜动。过大的轴向窜动将影响活塞连杆组的正常工作和破坏正确的配气正时和柴油机的喷油正时。为了保证曲轴轴向的正确定位，需装设止推轴承，而且只能在一处设置止推轴承，以保证曲轴受热膨胀时能自由伸长。曲轴止推轴承常用的有翻边轴瓦和半圆环止推片，如图 2-45 所示。

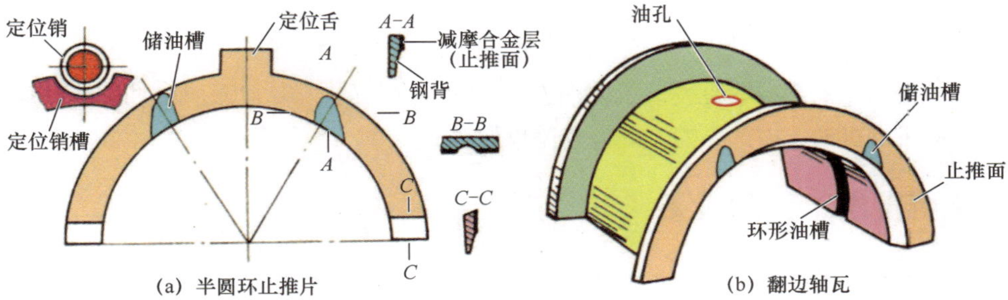

图 2-45　两种形式的止推片

第六节 汽车发动机曲轴的平衡机构

现代轿车特别重视乘坐的舒适性和噪声水平，为此必须将引起汽车震动和噪声的发动机不平衡力和不平衡力矩减小到最低程度。在曲轴的曲柄臂上设置一平衡重只能平衡旋转惯性力及其力矩，而往复惯性力及其力矩的平衡则需采用专门的平衡机构。

雪铁龙 C5 轿车使用的是 2.3 L 四冲程直列 4 缸发动机，该车为了减少或消除发动机的二阶往复惯性力及其力矩，采用齿轮传动双轴平衡机构，如图 2–46 所示。整个平衡装置置于发动机油底壳内，两个平衡轴高度相同，相对汽缸中心线对称布置，平衡轴的旋转速度比曲轴快 2 倍，当 1–4 缸或 2–3 缸活塞在上止点时，平衡重朝下；当发动机位于正时点（此时平衡重朝上）时，才能拆装平衡装置总成。

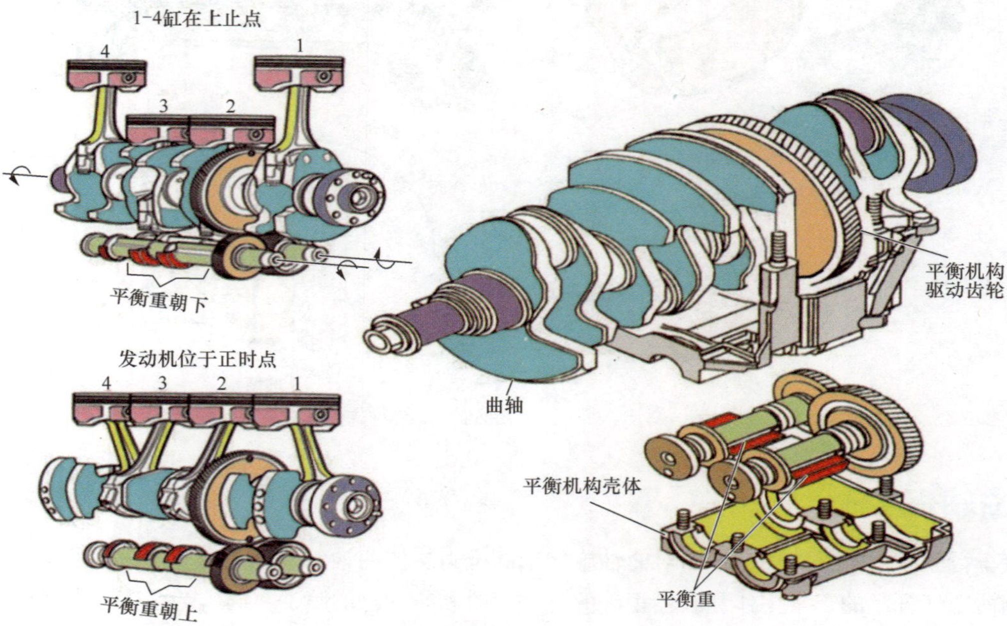

图 2–46　雪铁龙 C5 轿车发动机中的平衡轴系统

【实训操作】

一、曲柄连杆机构的检测流程

发动机烧机油、内部异响是发动机曲柄连杆机构最常见的故障。当发动机曲柄连杆机构有故障，造成发动机烧机油、内部异响时的检查流程如图 2–47 所示。

二、作业所需的工具和设备

作业所需工具如下：

（1）机电维修工常用工具一套，如图 1–23 所示。

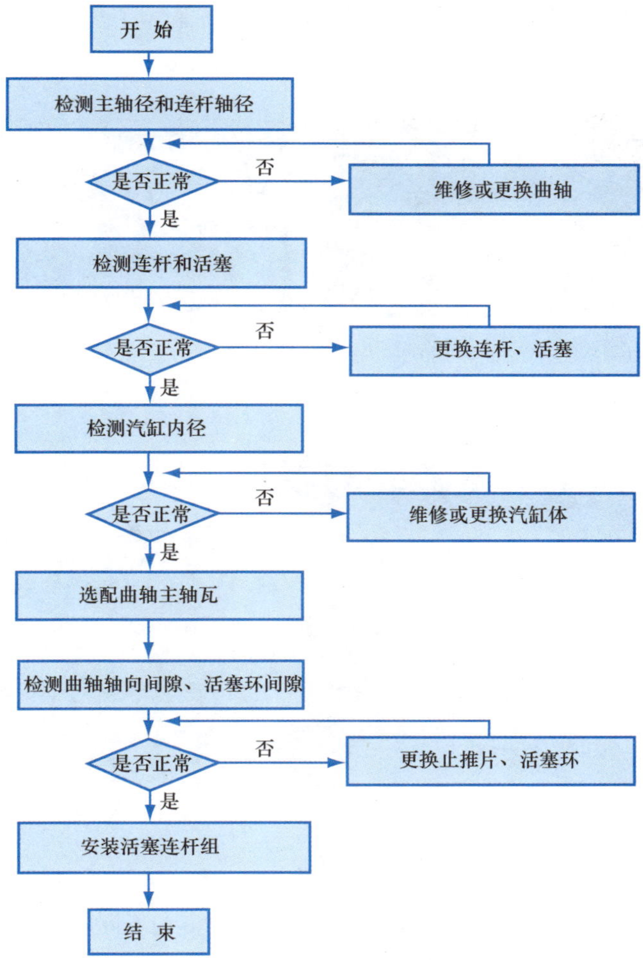

图 2-47　曲柄连杆机构的检测流程

（2）TU5JP4 发动机维修手册，如图 2-48 所示。

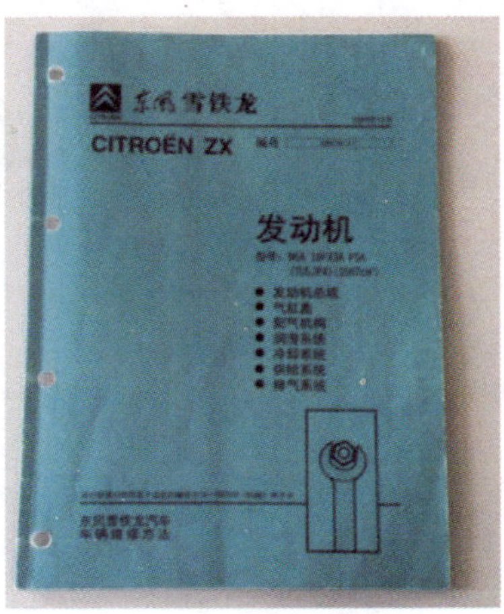

图 2-48　TU5JP4 发动机维修手册

（3）测量工具：游标卡尺、外径千分尺、磁性表座，如图 2-49（a）所示。

（4）专用工具：张紧轮定位销、缸盖拆卸工具，皮带轮固定工具，活塞销拆装专用工具，如图 2–49（b）所示。

(a) 测量工具

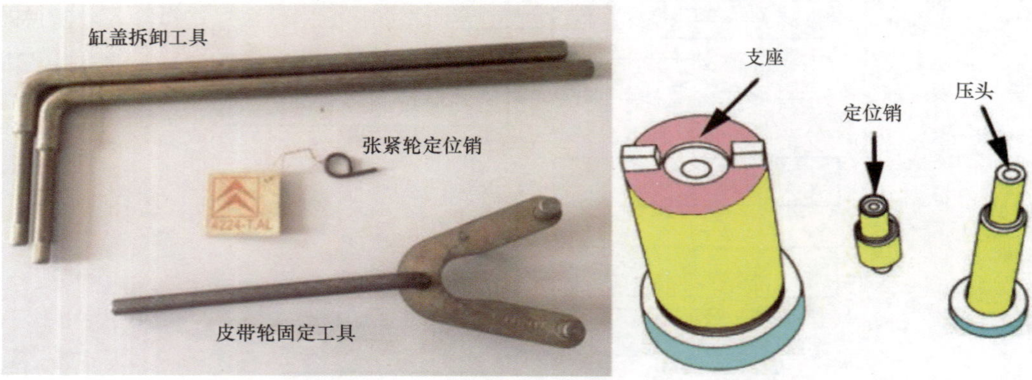

(b) 专用工具

图 2–49　部分测量和专用工具

（5）汽缸内径测量表，如图 2–50（a）所示（图中 1 ～ 6 为不同规格的替换杆）。

（6）活塞环环拆装工具，如图 2–50（b）所示。

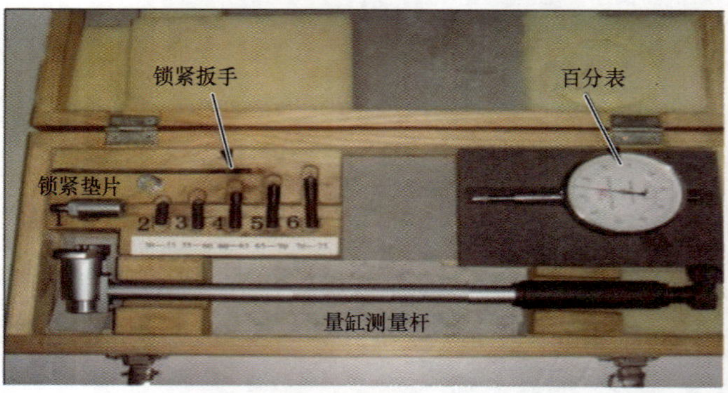

(a) 内径测量百分表

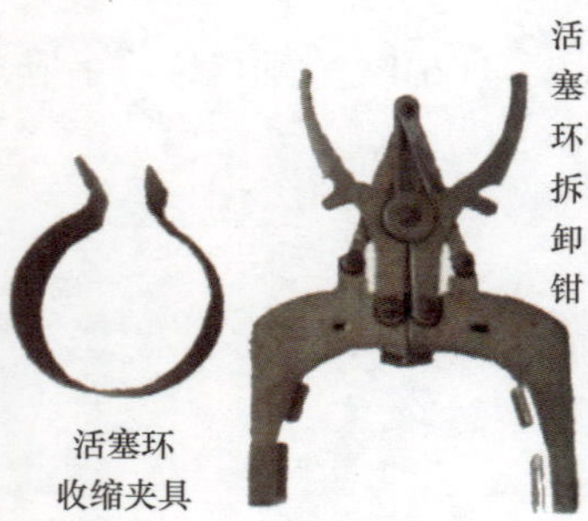

(b) 活塞环拆装工具

图 2–50　百分表和活塞环拆卸工具

三、曲柄连杆机构相关部件的检测与更换

步骤如下：

（1）解体 TU5JP4 发动机。

（2）检测曲轴主轴颈直径，如图 2–51 所示；检测曲轴连杆轴直径，如图 2–52 所示。

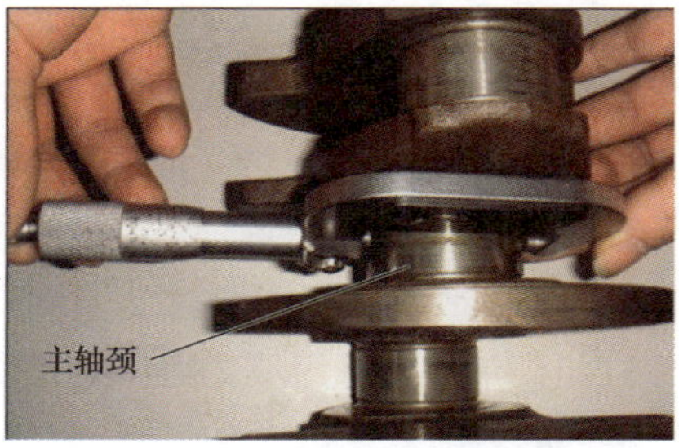

图 2–51　检测主轴颈直径

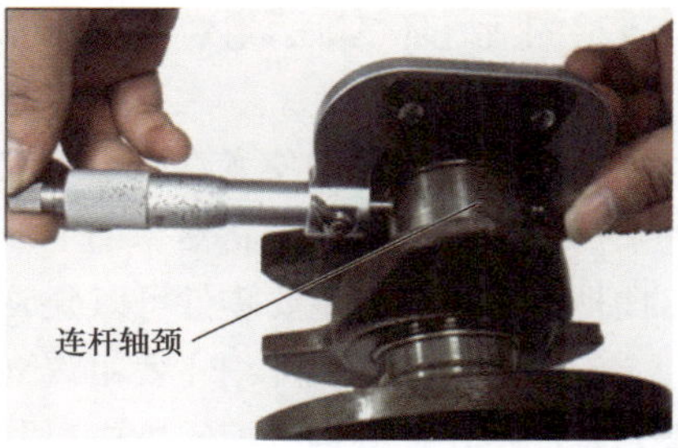

图 2–52　检测连杆轴颈直径

（3）活塞、连杆的检测与更换，如图 2–53 ～图 2–56 所示。

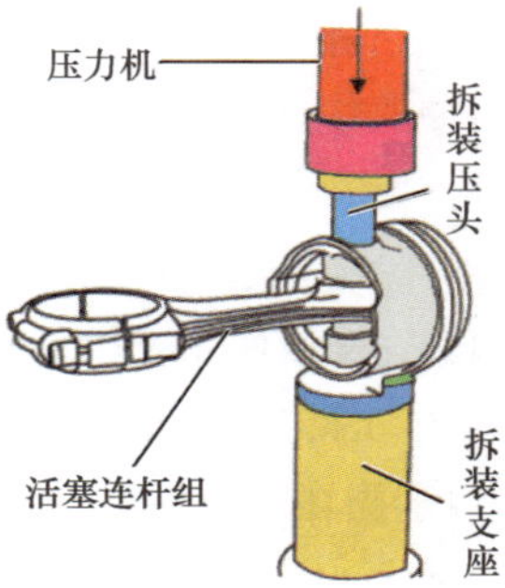

图 2–53　分离活塞销与连杆

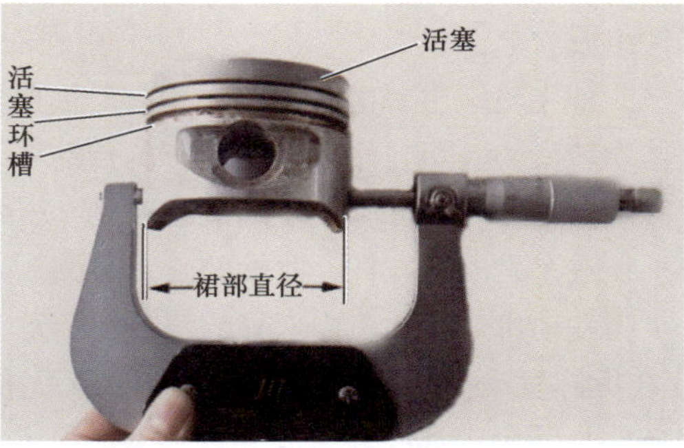

图 2–54　测量活塞裙部直径

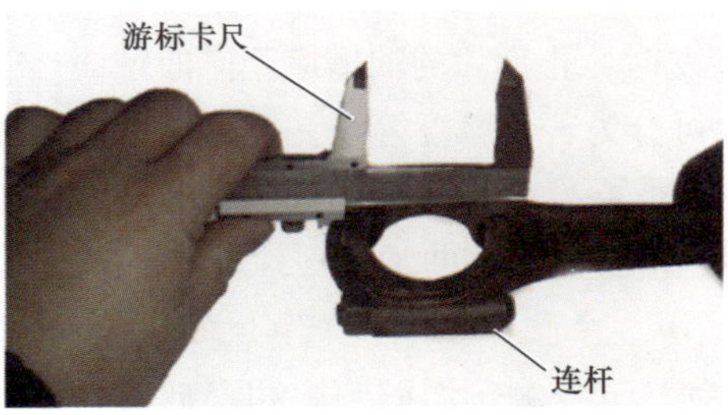

图 2–55　测量连杆大端孔

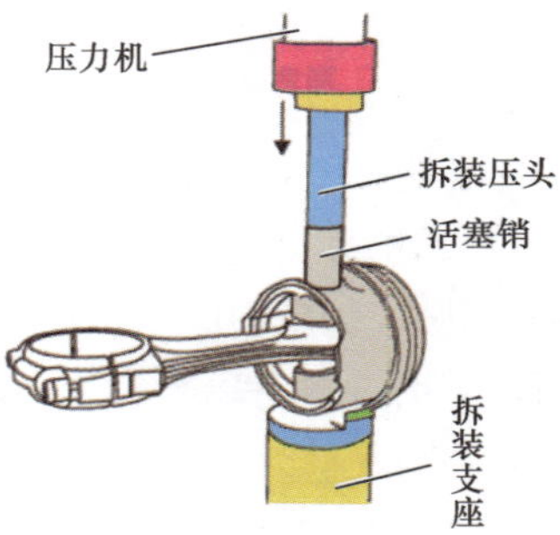

图 2–56　压入活塞销

（4）测量汽缸直径，如图 2–57 所示。

（5）选配主轴瓦，检测曲轴轴向间隙，如图 2–58 所示。

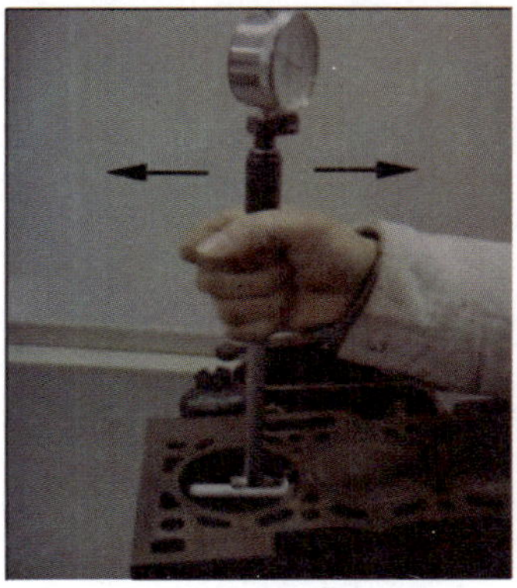
图 2–57　测量汽缸直径

图 2–58　测量曲轴轴向间隙

（6）检测活塞环三隙，组装活塞连杆组。

【小结】

（1）曲柄连杆机构是使发动机实现工作循环，完成能量转换的传动机构。它的作用是将燃料燃烧的热能转换成机械能，将活塞的上下直线运动转变为曲轴的旋转运动，并向工作机械输出机械能。曲柄连杆机构的主要零件可以分成机体组、活塞连杆组和曲轴飞轮组 3 组。

（2）汽车发动机的机体组主要由汽缸体、汽缸盖、汽缸垫、油底壳等组成。机体组是发动机的支架，是曲柄连杆机构、配气机构和发动机各系统主要零件的装配基体。

（3）活塞连杆组将活塞的往复运动转变为发动机曲轴的旋转运动，同时将作用于活塞上的力转变为曲轴对外输出的转矩，以驱动汽车车轮的转动。活塞连杆组由活塞、活塞环、活塞销、连杆等部件组成。

（4）曲轴飞轮组主要由曲轴、飞轮、曲轴扭转减震器等组成。曲轴的作用是把活塞、连杆传来的气体力转变为转矩，用以驱动汽车的传动系统和发动机的配气机构以及其他辅助装置。飞轮是一个能量储存器，它可以使发动机在进气、压缩、做功和排气过程中转速平稳变化。

（5）在汽车发动机连杆、曲轴的旋转部位上，因承受较大的负荷，故普遍使用了滑动轴承。

（6）当发动机烧机油、内部异响等，怀疑发动机曲柄连杆机构有故障时，应注意如下问题：

① 在拆卸发动机时，应注意相关零件是否在拆卸前已经损坏，对于损坏的元件应及时记录，并将此零件与其余正常零件区分放置，以免混淆。发动机内部的易损件（如油封、密封圈等）在每次进行拆装时，都必须更换。

② 在进行活塞连杆组的拆卸时，一定要对各缸的活塞连杆做好相应的标记，避免在装配过程中各缸活塞之间发生混淆。

③ 曲轴止推片一般安装在二号主轴颈两侧，在装配时，止推片的油槽应朝向曲轴面，如果装配错误，发动机会出现严重故障。另外，曲轴止推片可分为若干厚度等级，可以通过止推片调整曲轴轴向间隙，如轴向间隙过小，曲轴工作时由于热膨胀会发生抱死；如轴向间隙过大，曲轴会轴向进行窜动，产生异响。在曲轴轴向间隙不正确时，应首先调整曲轴止推片。

④ 在检测汽缸内径时，一定要从汽缸的上、中、下 3 个测量面，每个测量面有 4 个测量点，共有 12 个测量位置测量。通过这些测量值，可以得到汽缸各测量面的圆度和汽缸的圆柱度，通过这两个参数可以知道汽缸的磨损程度，以此可以判断发动机工作性能的好坏。

⑤ 检测活塞及活塞环时，一定要按照维修工艺上的要求进行全面检测。将检测得到的参数与维修参数相比较，来判断活塞与活塞环是否磨损。如果汽缸、活塞和活塞环磨损较大，发动机极有可能存在烧机油的现象。

⑥ 在进行轴瓦选配时，一定要按照发动机上的配瓦标记，根据维修工艺上的配瓦表选配轴瓦。不同颜色的轴瓦，代表其厚度等级不同。上下轴瓦形状可能存在不同，注意安装方向，不能装反。

（7）严禁长时间在缺少机油、高温、充满灰尘等情况下使用车辆。定期更换合格的机油和机油滤清器等，可避免发动机的早期磨损，延长发动机使用寿命。

本学习任务描述案例的检测结果：由于曲柄连杆机构中的汽缸、活塞和活塞环严重磨损，造成了机油窜入到燃烧室进行了燃烧，从而车辆出现了烧机油现象，机油严重偏少。

【学习思考与拓展】

1．简述曲柄连杆机构的作用，并将各零件的名称写入下图括号内。

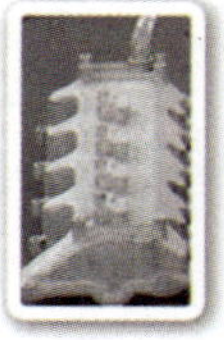 (　　)
 (　　)
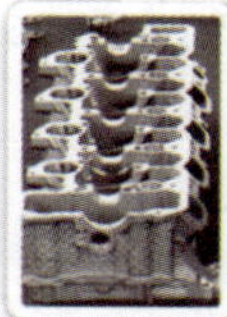 (　　)
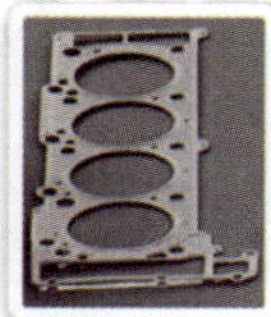 (　　)
 (　　)

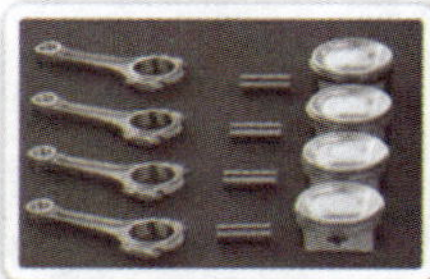 (　　)
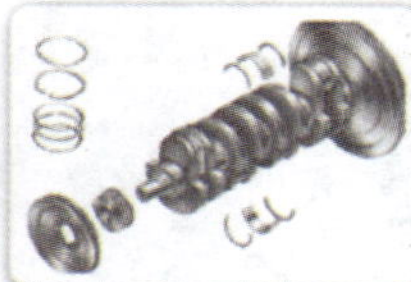 (　　)

2. 在活塞上，有几道活塞环？分别叫什么名字？在检测活塞环间隙时，一般检测哪几个参数？怎么检测？

3. 请说明曲轴轴瓦和曲轴止推片上油槽的作用，如果不按照要求进行装配，会产生什么后果？

4. 根据所学知识，你认为装配发动机平衡机构时，需要对其进行定位吗？为什么？

5. 请查阅爱丽舍轿车发动机维修手册，如果曲轴上的标记从左到右依次是 BHQTZ，汽缸体上的标记从左到右依次是 EKPSY，请将你所选配的曲轴主轴瓦等级和颜色填入下表。

	上轴瓦	下轴瓦
1 缸		
2 缸		
3 缸		
4 缸		

6. 在教师的指导下，选择一台发动机汽缸体，测量汽缸内径，并完成下表。

测量方向 汽缸截面	横向	纵向	圆度
上			
中			
下			
圆柱度：			

7. 简述测量曲轴轴向间隙的步骤，根据所述步骤实际测量曲轴轴向间隙。

8. 请说明怎样测量曲轴主轴颈间隙。根据下图请将测得的曲轴主轴颈直径写到括号内。

（　　　　　）单位：mm

9. 通过本任务的学习，你认为从哪些方面可以预防发动机早期磨损，延长使用寿命？

学习任务三

配气机构的检修

【学习目标】

1. 掌握配气机构的组成和作用。
2. 熟悉配气机构的结构形式和各部件的作用。
3. 掌握配气正时的工作原理。
4. 能进行发动机气门间隙的调整和液压挺杆排气。
5. 能更换液压挺杆，检测气门及气门弹簧。

建议完成本学习任务的时间为 8 课时。

【学习情境描述】

一辆大众桑塔纳轿车在冷车启动时，发动机上部异响。要求查明发动机异响的原因并进行处理。

【学习内容】

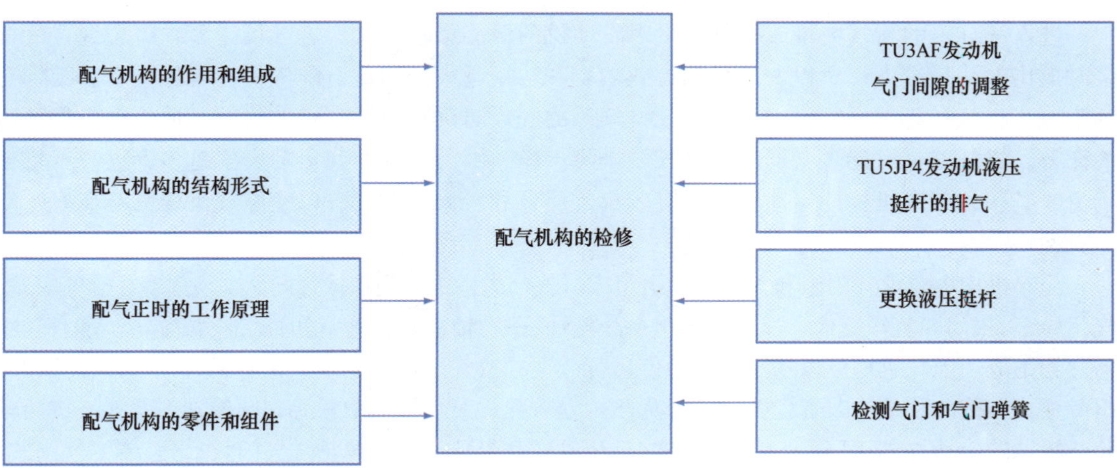

【知识链接】

第一节 配气机构的作用和组成

图 3-1 所示为目前四冲程汽车发动机普遍采用的气门式配气机构的组成。配气机构的作用是按照发动机每一汽缸内进行的工作循环和发火次序的要求，开启和关闭进、排气门，使新气（汽油机为可燃混合气，柴油机为空气）及时进入汽缸，将废气及时从汽缸中排出。

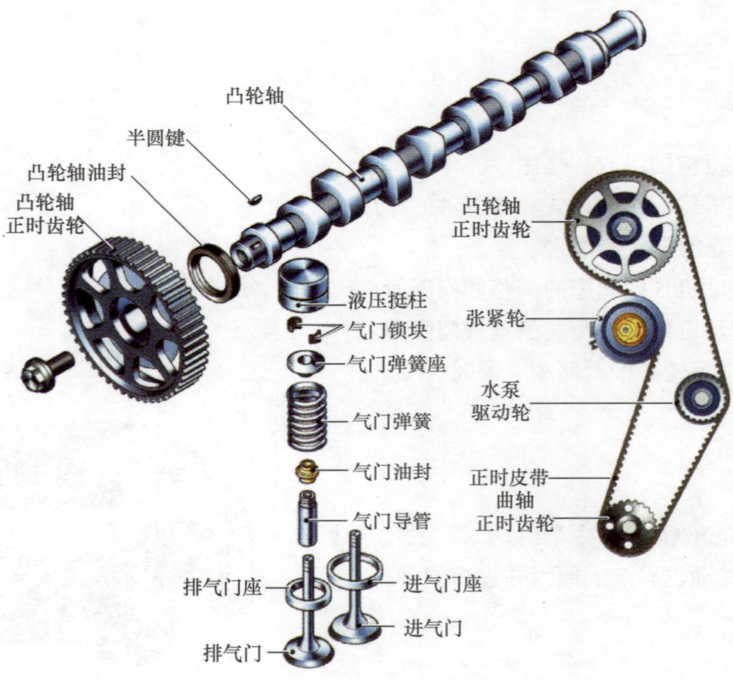

图 3-1　配气机构的组成

进入汽缸内的新气数量或称进气量对发动机的性能影响很大。进气量越多，可燃混合气燃烧时放出的热量越大，所以发动机的有效功率和转矩越大。因此，配气机构首先要求其结构有利于减小进气和排气的阻力，而且进、排气门的开启时刻和持续开启的时间要适当，以保证进气充分，进气量尽可能多；同时，废气要排除干净，因为汽缸内残留的废气越多，进气量将会越少。其次，配气机构的运动件应具有较小的质量和较大的刚度，以使配气机构具有良好的动力特性。

配气机构主要由气门组和气门传动组组成。气门组由进气门、排气门、进气门座、排气门座、气门导管、气门弹簧等组成。气门传动组由凸轮轴、凸轮轴正时齿轮、正时皮带、张紧轮、气门挺柱、摇臂等组成。配气机构可以从不同的角度进行分类，按气门的布置形式，主要有气门顶置式和气门侧置式；按凸轮轴的布置位置，可分为凸轮轴下置式、凸轮轴中置式和凸轮轴上置式；按曲轴和凸轮轴的传动方式，可分为齿轮传动式、链传动式和带传动式；按每缸气门数目分，有二气门式、四气门式和五气门式等。

第二节 配气机构的结构形式

一、按气门的安装位置分类

按气门的安装位置不同，配气机构可分为顶置气门式和侧置气门式，如图 3–2 所示。由于顶置气门具有进气阻力小，燃烧室结构紧凑等优点，所以现代发动机均采用顶置式配气机构，而侧置气门式目前已被淘汰。

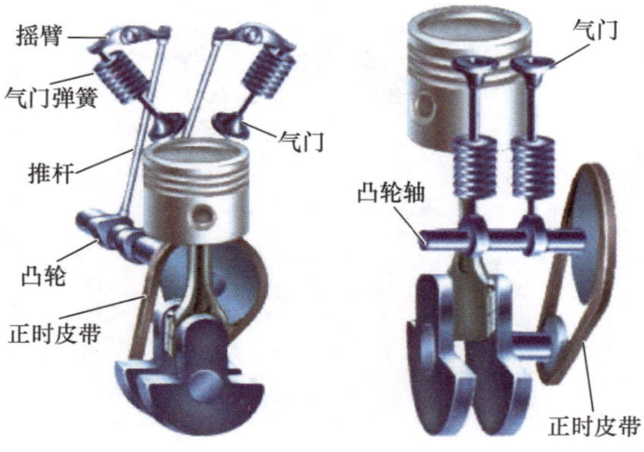

(a) 气门顶置式　(b) 气门侧置式

图 3–2　顶置式和侧置式气门配气机构

二、按凸轮轴的布置形式分类

根据凸轮轴的位置不同，配气机构可分为凸轮轴上置式、凸轮轴中置式和凸轮轴下置式，如图 3–3 所示。由于凸轮轴上置时，配气机构的运动件少，传动链短，整个机构的刚度大，因此这种配气机构被现代轿车广泛采用。

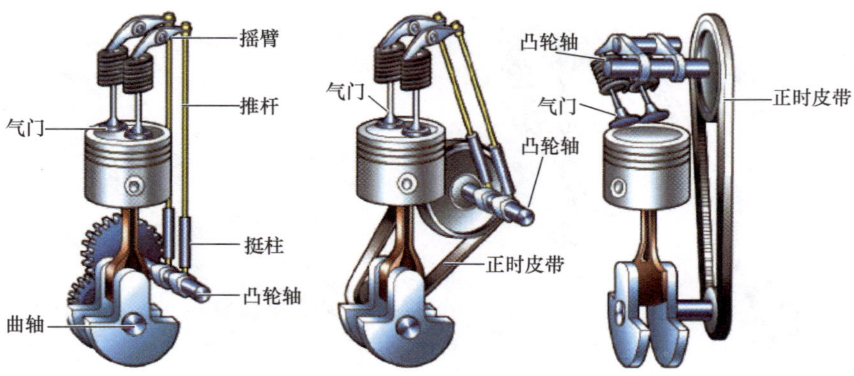

(a) 凸轮轴下置式　(b) 凸轮轴中置式　(c) 凸轮轴上置式

图 3–3　凸轮轴的布置形式

三、按气门的数目分类

根据发动机每缸气门的数目不同，配气机构可为二气门式、三气门式、四气门式和五气门式，如图 3-4 所示。对输出功率要求不高的发动机，采用二气门就能获得满足要求的发动机输出功率与转矩性能。对于排量较大、功率较高的发动机而言，只有使用多气门才能满足发动机的动力要求。三气门是由两个进气门和一个排气门组成；四气门是由两个进气门和两个排气门组成；五气门是由 3 个进气门和两个排气门组成。从理论上来说，进、排气越充分，发动机的功率越高。

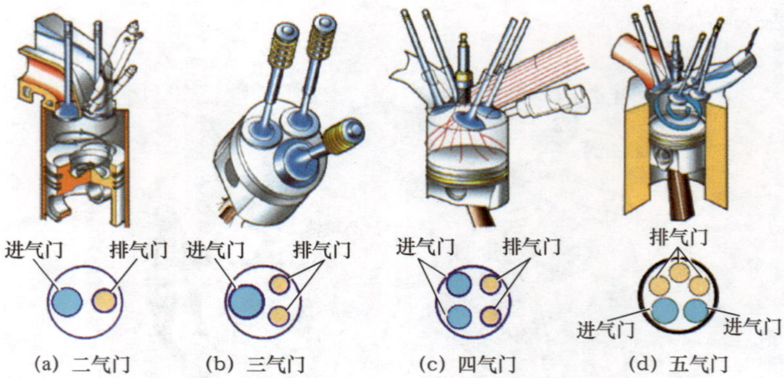

图 3-4　气门的数量和排列形式

四、按气门的驱动方式分类

按气门驱动方式的不同，配气机构可分为摇臂式和直接驱动式，如图 3-5 所示。摇臂式配气机构的凸轮轴通过摇臂驱动气门的开启；直接驱动式配气机构没有摇臂装置，凸轮轴通过液压挺柱直接驱动。通过液压挺柱直接驱动气门，因液压挺柱可以自动补偿气门间隙，维修中不需要调整气门间隙，且发动机工作时，基本无气门噪声，所以这种配气机构现在广泛应用在中、高档轿车上。

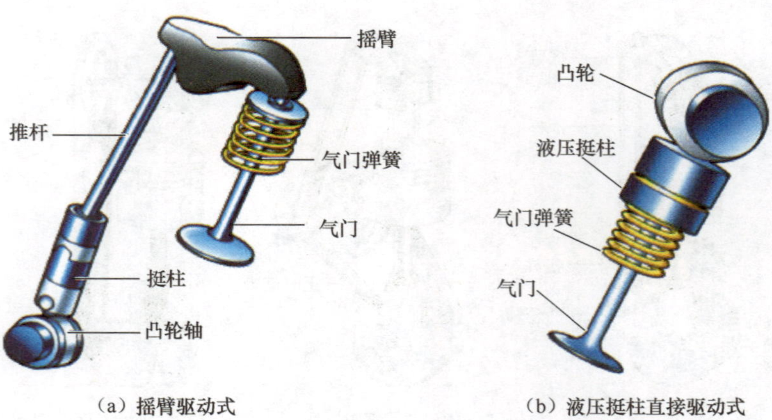

图 3-5　气门的驱动方式

五、按凸轮轴的数目分类

根据发动机中凸轮轴的数目的不同，配气机构可分为单凸轮轴式（图 3–2）、双凸轮轴式和四凸轮轴式（图 3–6）。单凸轮轴配气机构的汽缸盖上只有一根凸轮轴，进、排气门由一根凸轮轴驱动。双凸轮轴配气机构的汽缸盖上有两根凸轮轴，一根凸轮轴驱动进气门，一根凸轮轴驱动排气门。四凸轮轴配气机构一般用于 V 型发动机，其中两根凸轮轴用于驱动进气门，两根凸轮轴用于驱动排气门。

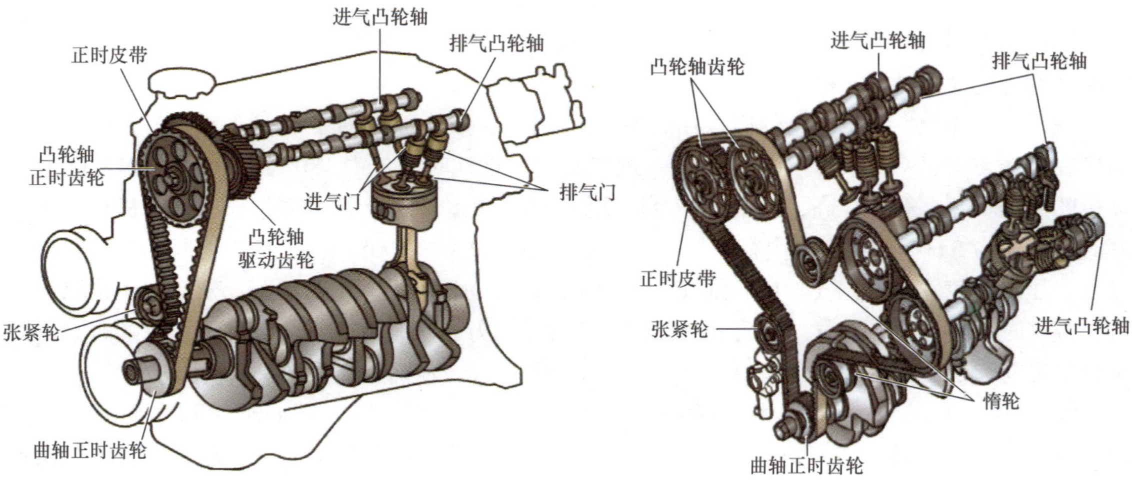

(a) 双凸轮轴配气机构　　(b) 四凸轮轴配气机构

图 3–6　双凸轮和四凸轮配气机构

六、按曲轴到凸轮轴的传动方式分类

根据曲轴到凸轮轴的传动方式不同，配气机构可分为齿轮传动、链条传动和皮带传动，如图 3–7 所示。凸轮轴下置和中置的配气机构，由于传动路线短一般采用齿轮传动；凸轮轴上置的配气机构，由于传动路线长一般采用链条传动或皮带传动。齿轮传动精度高，但结构复杂。链传动可靠性好，但需要润滑和定期张紧。齿形皮带传动平衡、噪声小，但传动精度低。

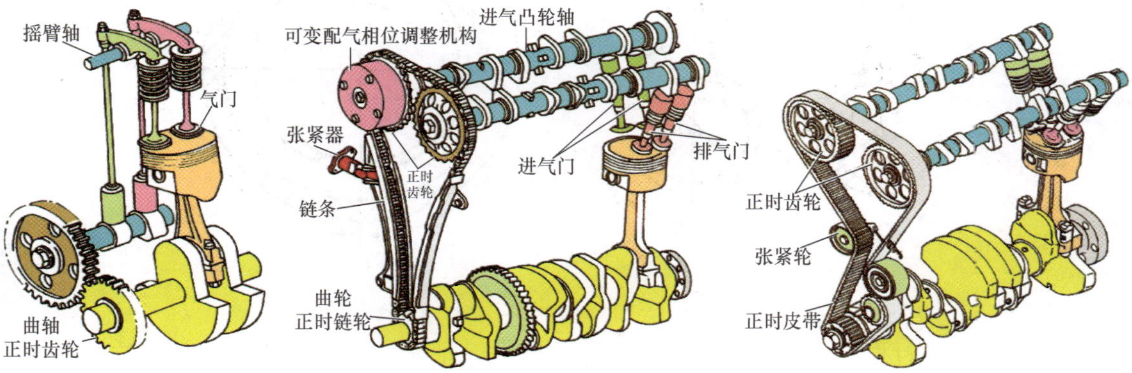

(a) 齿轮传动　　(b) 链条传动　　(c) 皮带传动

图 3–7　曲轴到凸轮轴的传动方式

第三节 配气正时的工作原理

一、配气正时的工作原理

进入发动机汽缸内的新气量越多，发动机的动力性越好。影响进气量的因素很多，而进、排气门开启和关闭的时刻便是其中的重要因素之一。以曲轴转角表示的进、排气门开启时刻及其持续时间称为配气正时（又称配气相位）。

理论上四冲程发动机的进气门应在曲拐位于上止点时开启，在曲拐转到下止点时关闭；排气门则在下止点时开启，在上止点时关闭。进气时间和排气时间各占 180° 曲轴转角。但实际上发动机的曲轴转速一般都很高，活塞每一个行程历时都很短，例如上海桑塔纳轿车发动机在最大功率时的转速为 5 600 r/min，一个行程历时仅为 60/（56002）s=0.0054 s。这样短时间的进气和排气过程，往往会使发动机充气不足和排气不净，从而使发动机功率下降。因此，发动机都采取延长进、排气时间的方法，即气门开启和关闭的时刻并不正好是曲拐处在上止点和下止点的时刻，而是分别提前和延迟一定的曲轴转角，以改善进、排气状况，从而提高发动机的动力性。

如图 3–8 所示，在排气行程接近终了，活塞到达上止点之前，即曲轴转到曲拐离上止点的位置还差一个角度 α 时，进气门便开启，直到活塞过了下止点重又上行，即曲轴转到曲拐超过下止点以后一个角度 β 时，进气门才关闭。这样整个进气行程持续时间所对应的曲轴转角为 $180°+\alpha+\beta$。α 角一般为 10° ～ 30°，β 角一般为 40° ～ 80°。进气门提前开启的目的是为了保证进气行程开始时进气门已打大，新鲜气体能顺利地充入汽缸。当活塞到达下止点时，汽缸内的压力仍低于大气压，在压缩行程开始阶段，活塞上移速度较慢的情况下，仍可利用气流惯性和压力差继续进气，因此进气门晚关一点是有利于充气的。

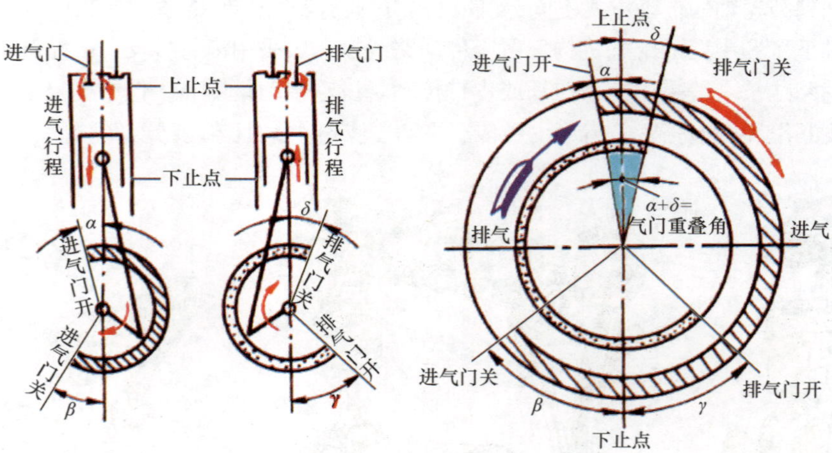

图 3–8 配气正时（相位）图

同样，在做功行程接近终了，活塞到达下止点之前，排气门便开始开启，提前开启的角度 γ 一般为 40° ～ 80°。经过整个排气行程，在活塞越过上止点一段时间后，排气门才关闭，排气门关闭的延迟角 δ 一般为 10° ～ 30°。整个排气过程持续的时间相当于曲轴转角为 $180°+\gamma+\delta$。排气门提前开启的原因是，当做功行程的活塞接近下止点时，汽缸内的气压虽有 0.3 ～ 0.4 MPa 的压力，但就推动活塞做功而言，作用不大，这时若稍开排气门，大部分废气在此压力作用下可迅速自汽缸内排出；当活塞到达下止点时，汽缸内压力已大大下降（约为 0.015 MPa），这时排气门的开度进一步加大，从而减少了活塞上行时的排气阻力，高温废气迅速排出，还可防止发动机过热。当活塞到达上止点时，燃烧室内的废气压力仍高于大气压力，加之排气时气流有一定的惯性，所以排气门迟关一点，可以使废气排放得较干净。

由于进气门在上止点前即开启，而排气门在上止点后才关闭，于是出现了在一段时间内排气门和进气门同时开启的现象，这种现象称为气门重叠，重叠时期的曲轴转角称为气门重叠角（见图 3-8 中的 $\alpha+\delta$= 气门重叠角）。由于新鲜气流和废气气流的流动惯性都比较大，在短时间内是不会改变气流流向的，因此只要气门重叠角选择适当，就不会有废气倒流入进气管和新鲜气体随废气排出的可能性，这对换气是有利的。但气门重叠角过大，当汽油机小负荷运转，进气管内压力很低时，就可能出现废气倒流，使进气量减少。

注意：对于不同的发动机，由于结构形式、转速特性各不相同，因此配气相位也不相同。对于不同的发动机来说，必须根据发动机的性能要求，经过反复试验才能确定合理的配气相位。

二、可变配气正时机构

尽管不同的发动机配气正时是根据试验而确定的最佳配气定时，从而成为设计配气凸轮轮廓外形以及确定各汽缸进、排气凸轮在凸轮轴上相对位置的依据。但实际上，当配气凸轮轴外形制成后，发动机的配气相位也就被确定下来了，在发动机运转过程中是不能改变的。然而，发动机转速的高低对进、排气流动以及汽缸内燃烧过程是有影响的。如转速高时，进气流速高，惯性能量大，所以希望进气门早些打开，晚些关闭，以便尽量多进气；反之在发动机转速较低时，进气流速低，流动惯性能量小，如果进气门过早开启，由于此时活塞正在上行排气，很容易把新鲜气体挤出汽缸，使进气反而减少，发动机工作更趋不稳定。因此在低转速时，希望进气门稍晚些开启。所以，发动机转速不同，对配气定时的要求是不同的。从图 3-9 可知：如果一个发动机凸轮轮廓所确定的配气定时适用于低速，那么在高速时性能就不会太好；反之它适用于高速时，那么在低速时性能就不会太好；要想发动机在高、低速时性能都好，必须在发动机上装备可变配气定时机构。

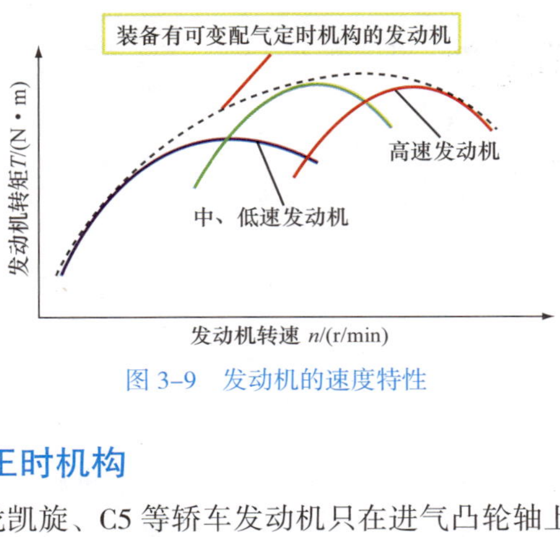

图 3-9　发动机的速度特性

1. VVT 可变配气正时机构

马自达 6 轿车、雪铁龙凯旋、C5 等轿车发动机只在进气凸轮轴上装置了可变配气相位调整机构，其机构简称为 VVT，它的主要部件如图 3-10 所示。该机构能够根据发动机转速和负荷的变化，连续不断地调整进气凸轮轴与曲轴间的相位（如将进气门打开的时刻，提前或推后 0° ~ 20° 曲轴转角）。

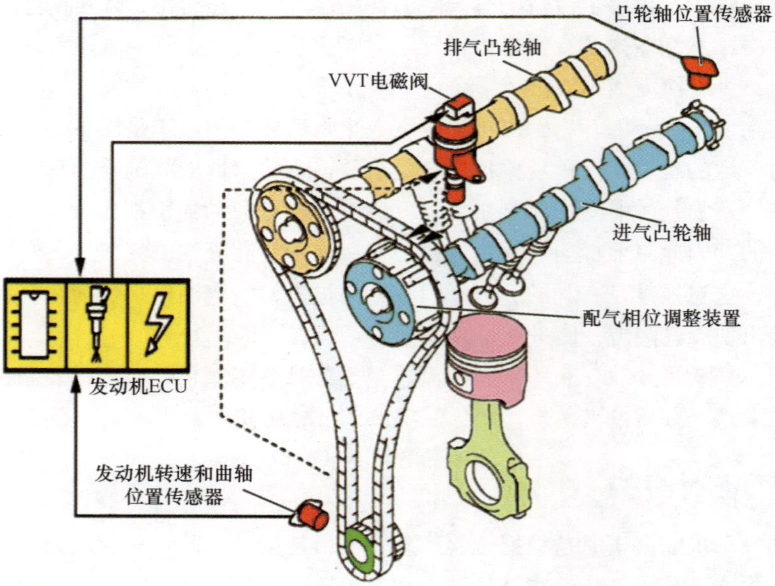

图 3-10　可变配气正时调整机构（VVT）

该机构的工作原理如图 3-11 所示：发动机转速和凸轮轴位置传感器将发动机转速信号、曲轴和凸轮轴位置信号传递给发动机 ECU，发动机 ECU 则根据这些传感器的信号控制 VVT 电磁阀，将具有一定压力的发动机机油送入配气相位调整装置，配气相位调整装置则控制进气凸轮轴顺时针或逆时针转动，将进气门打开的时刻，提前或推后 0° ~ 20° 曲轴转角，使配气相位适应发动机的转速和负荷的变化，以提高发动机工作效率。

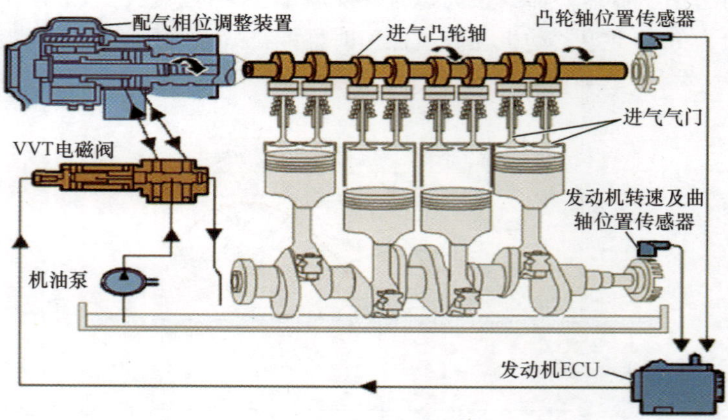

图 3-11　可变配气正时调整示意图

2. VTEC 可变配气定时机构

VTEC 可变配气定时机构属于另一种类型的可变配气定时机构，它可以同时改变进、排气门的配气定时，而且在改变配气定时的同时，改变气门的升程。

本田轿车 VTEC 可变配气定时机构的组成如图 3–12 所示，在该机构中，进、排气凸轮轴上均设置高速凸轮和低速凸轮。两个低速凸轮分别驱动主摇臂和副摇臂，高速凸轮则驱动中间摇臂。主摇臂和副摇臂为发动机低转速时用，中间摇臂为发动机高转速时用。3 根摇臂内部装有液压控制机构可移动柱销。低速时，主、副摇臂与中间摇臂分离，主、副摇臂通过两个低速凸轮来驱动进气门；高速时发动机 ECU 通过电磁阀控制 VTEC 液压元件工作，推动摇臂内的柱销，使 3 根摇臂锁成一个整体，由高速凸轮驱动（这时低速凸轮空转不起作用）进气门，由于高速凸轮比低速凸轮轮廓大，所以进气门开启时间延长，升程加大。当发动机的转速降低到某一设定的低转速时，发动机 ECU 控制 VTEC 电磁阀停止工作，摇臂内的液压作用力也随之消失，柱销在复位弹簧的作用下回位，3 根摇臂分开，进气门又恢复由低速凸轮驱动。

VTEC 可变配气定时机构能根据发动机转速的高低，自动转换不同的凸轮来驱动气门启闭。由于高、低速凸轮的轮廓不同，该机构在改变配气定时的同时，也改变了气门的升程。

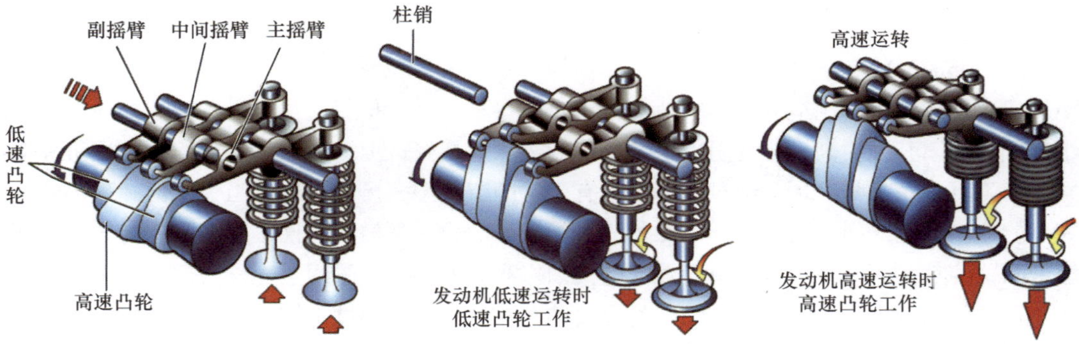

图 3–12　本田 VTEC 可变配气机构的组成和工作原理

第四节　配气机构的零件和组件

一、气门组

气门组包括气门、气门导管、气门座、气门弹簧等零件，如图 3–13 所示。有的进气门还设有气门旋转机构。对气门组的要求有：①气门头部与气门座贴合严密；②气门导管与气门杆的上下运动有良好的导向；③气门弹簧的两端面与气门杆中心线垂直，以保证气门头在气门座上不偏斜；④气门弹簧的弹力足以克服气门及其传动件的惯性，使气门能及时关闭，并保证气门压在气门座上。

1. 气门

气门由头部和杆部组成，头部的工作温度很高（进气门高达 300 ～ 400℃，排气门可高达 700 ～ 900℃），而且还要承受气体压力、气门弹簧力以及传动零件惯性力的作用，其冷却和润滑条件较差，因此要求气门必须有足够的强度、刚度、耐热和耐磨能力。

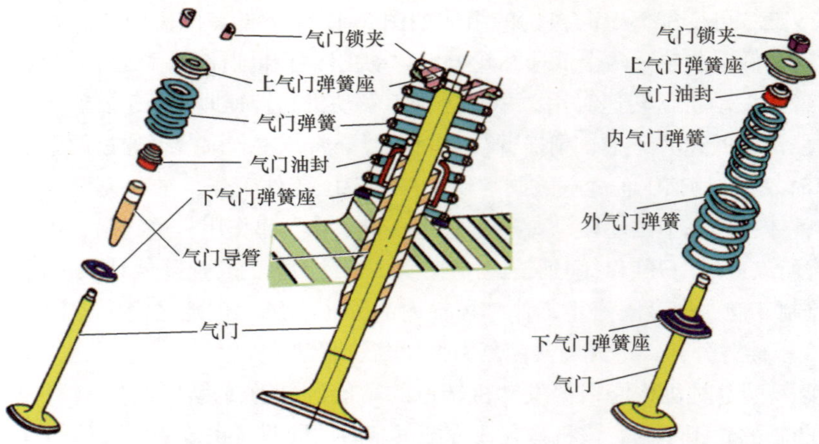

(a) 单气门弹簧　　(b) 双气门弹簧

图 3–13　气门组

气门头部的形状有平顶、球面和喇叭形顶等，如图 3–14 所示。目前使用最多的是平顶气门，平顶气门头结构简单，制造方便，吸热面积小，质量小，进、排气门都可采用。球面顶气门头适用于排气门，因其强度高，排气阻力小，废气的清除效果好；但球形的受热面积大，质量和惯性力大，加工复杂。喇叭形顶头部过渡部分具有一定的流线型，可减小进气阻力；但其顶部受热面积大，故适用于进气门。气门头部的热负荷是相当高的，而且散热条件很差，仅靠与气门座圈的接触来间歇传热，因此在一些热负荷较大的汽油机和柴油机上，采用了充钠气门，即把气门做成空心，在气门空腔内充以熔点为 97.8℃的金属钠，在气门工作温度下钠处于液态，当气门往复运动时钠剧烈晃动，将气门的热量迅速传给杆部，再经气门导管传给冷却介质。试验证明，充钠气门可使排气门头部温度下降 150 ～ 200℃。

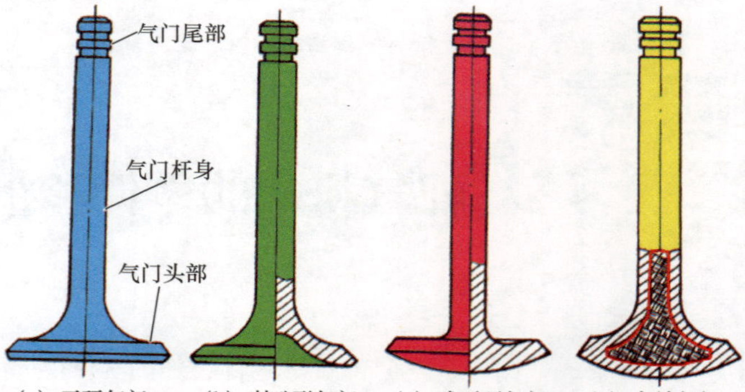

(a) 平顶气门　(b) 喇叭形气门　(c) 球面顶气门　(d) 充钠气门

图 3–14　气门头部的结构形式

气门与气门座或气门座圈之间靠锥面密封，气门锥面与气门顶面之间的夹角称为气门锥角，一般为 45°，少数发动机的进气门锥角为 30°，如图 3–15（a）所示。气门头部接受的热量一部分经气门座圈传给了汽缸盖，另一部分则通过气门杆和气门导管也传给了汽缸盖，最终被汽缸盖水套中的冷却液带走。为了增强传热，气门与气门座圈的密封锥面必须严密贴合。为此，二者要配对研磨，研磨后不能互换。

气门杆身的形状为圆柱形，它在气门导管中不断上、下往复运动。气门杆尾部结构取决于气门弹簧座的固定方式。常见的结构有锁片、锁销式、马蹄式，如图 3–15（b）所示。

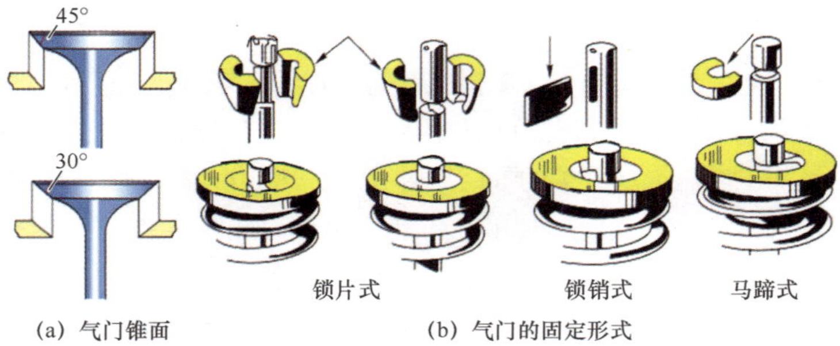

图 3-15　气门锥面和气门的固定形式

加油站：一般每个汽缸有一个进气门和一个排气门，进气门头部直径比排气门大 15% ~ 30%，目的是增加进气门通过断面的面积，减小进气阻力，增加进气量。排气门直径略小，排气阻力稍大，但是排气阻力对发动机性能的影响比进气阻力小得多。凡是进、排气门数量相同时，进气门头部直径总比排气门大。现代高性能的发动机普遍采用了 4 个气门。四气门发动机每缸两个进气门和两个排气门，其优点是气门通过断面面积大，进、排气充分，进气量增加，发动机的转矩和功率提高。其次，每缸 4 个气门，每个气门的头部直径较小，质量减轻，运动惯性力减小，有利于提高发动机的转速。另外，四气门发动机多采用篷形燃烧室，火花塞布置在燃烧室中央，有利于燃烧。缺点是发动机零件数量多，制造成本高。

2. 气门座与气门座圈

汽缸盖上与气门锥面相贴合的部位称为气门座。气门座的温度很高，又承受频率极高的冲击载荷，容易磨损。因此，铝汽缸盖和大多数铸铁汽缸盖均镶嵌由合金铸铁、粉末冶金等制成的气门座圈。在汽缸盖上镶嵌气门座圈可延长汽缸盖的使用寿命。也有一些铸铁汽缸盖不镶气门座圈，直接在汽缸盖上加工出气门座。气门座圈是单独制成的零件，以一定的过盈压入汽缸盖的座孔中，其结构如图 3-16 所示。

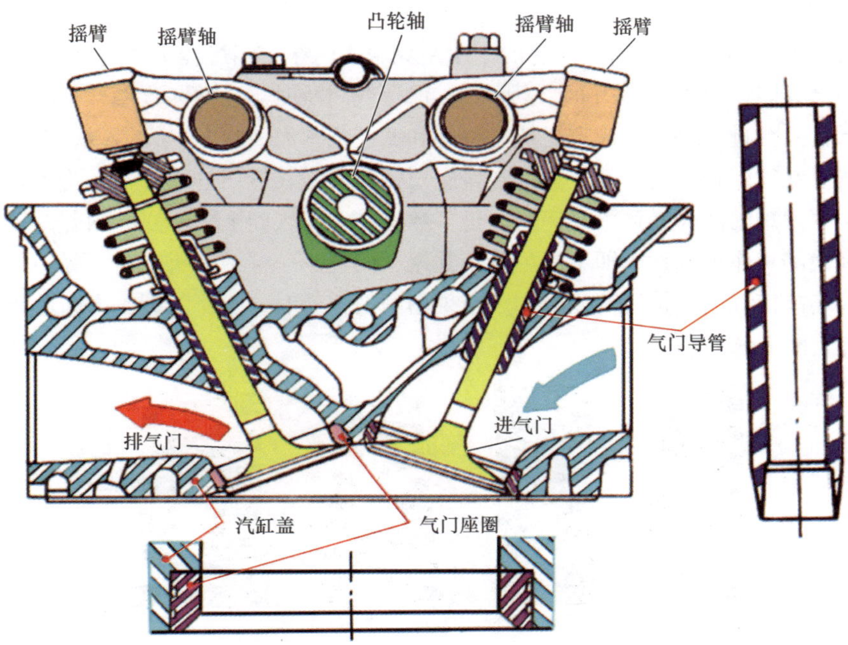

图 3-16　气门座圈和气门导管

3. 气门导管

气门导管的作用是对气门的运动导向，保证气门作直线往复运动，使气门与气门座能正确贴合。此外，它还将气门杆接受的热量部分地传给汽缸盖。气门导管的结构如图 3–17（a）所示。导管内、外圆柱面经加工后压入汽缸盖的气门导管孔中，然后再精铰气门导管内孔。为了防止气门导管在使用过程中松落，有的气门导管用卡环进行定位，如图 3–17（b）所示。气门杆与气门导管之间一般留有 0.05 ～ 0.12 mm 的间隙，使气门杆能在导管中自由运动。气门导管的工作温度高达 200℃左右，气门在导管中运动时，气门杆与气门导管孔需要润滑，靠配气机构飞溅出来的机油进行润滑，但进入导管孔内的机油又不能太多，否则机油消耗量增加。为了控制和减少机油的消耗量，在气门导管上方装有气门油封（图 3–13），气门油封组件的构造如图 3–17（c）所示。

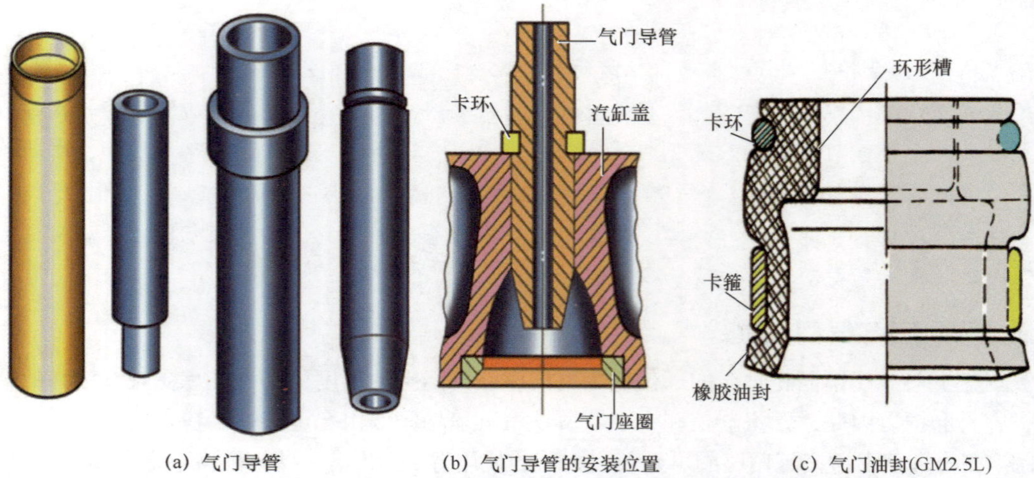

图 3–17　气门导管、气门座圈和气门油封

4. 气门弹簧

气门弹簧的类型如图 3–18 所示。它的作用是克服气门在关闭过程中气门及传动件的惯性力，防止各传动件之间因惯性力的作用而产生间隙，保证气门及时落座并紧紧贴合，防止气门发生跳动，破坏其密封性。为此气门弹簧应有足够的刚度和安装预紧力。气门弹簧的一端支撑在汽缸盖上，而另一端则压靠在气门杆端的弹簧座上，弹簧座用锁片固定在气门杆的末端。为了防止弹簧发生共振，可采用变螺距的圆柱弹簧。高速发动机多数是在一个气门上同心安装内外两根弹簧，这样能提高气门弹簧的工作可靠性，即不但可防止共振，而且当一根弹簧折断时，另一根弹簧还可维持工作。此外还能使气门弹簧的高度减小。当采用两根弹簧时，弹簧的螺旋方向应相反，这样可防止折断的弹簧圈卡入另一根弹簧内。

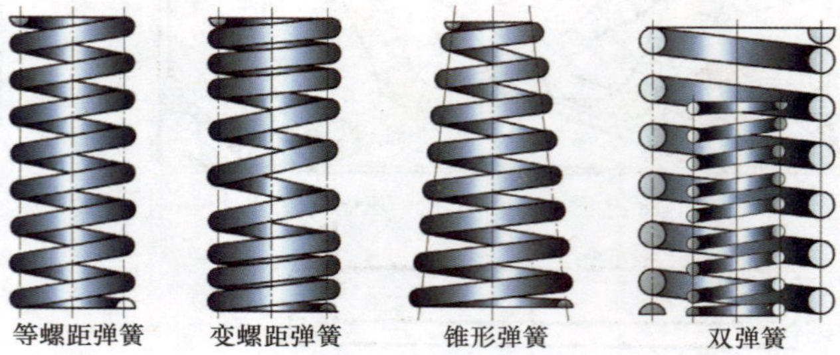

图 3–18　气门弹簧的类型

二、气门传动组

气门传动组主要包括凸轮轴、正时齿轮、挺柱、推杆、摇臂、摇臂轴等，如图 3–19 所示。其作用是使进、排气门能按规定的时刻开闭，且保证气门有足够的开度。

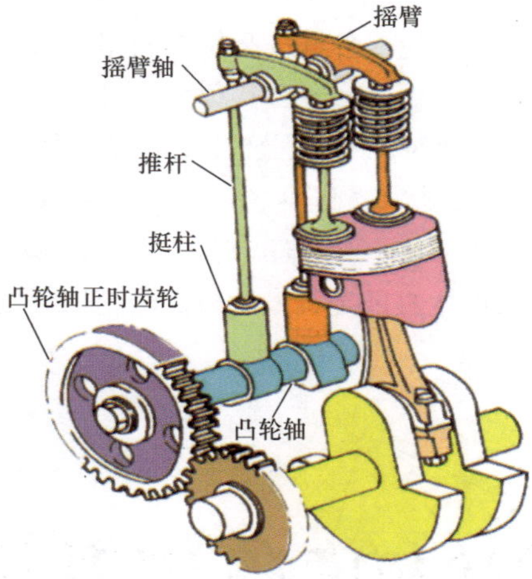

图 3–19　气门传动组的元件

1. 凸轮轴

凸轮轴上主要配置有各缸进、排气凸轮，使气门按一定的工作次序和配气定时及时开闭，并保证气门有足够的升程。凸轮受到气门间歇性开启的周期性冲击载荷，因此凸轮表面要求有足够的韧性和刚度。

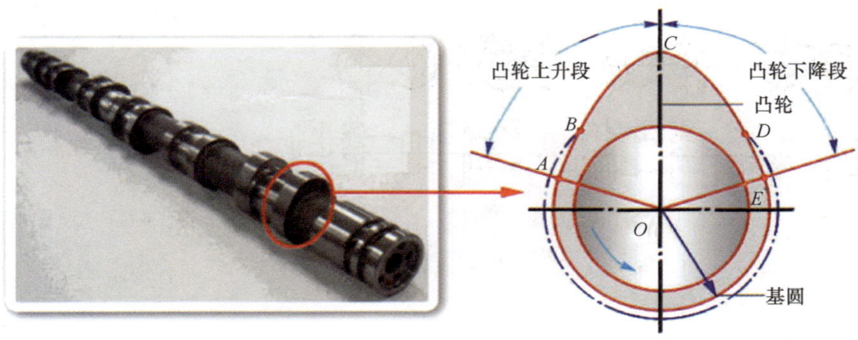

(a) 凸轮轴的外形　　(b) 凸轮的轮廓

图 3–20　凸轮轴的外形和凸轮的轮廓

发动机工作时，凸轮轴的变形会影响配气定时，因此有的发动机凸轮轴采用全支撑以减小其变形。但是支撑数多，加工工艺较复杂，所以一般发动机的凸轮轴是每隔两个汽缸设置一个支承点。为了安装方便，凸轮轴的各轴径直径是做成从前向后依次减小的。

进、排气门开启和关闭的时刻、持续时间以及开闭的速度等分别由凸轮轴上的进、排气凸轮控制。凸轮轮廓如图 3–20 所示。转速较低的发动机，其凸轮轮廓由几段圆弧组成，这种凸轮称为圆弧凸轮。高转速发动机则采用函数凸轮，其轮廓由某种函数曲线构成。图中 O 点为凸轮轴的回转中心，凸轮轮廓上的 AB 段和 DE 段为缓冲段，BCD 段为工作段。挺柱在 A 点开始升起，在 E 点停止运动，凸轮转到 AB 段内某一点处，气门间隙消除，气门开始开启。此后随着凸轮继续转动，气门逐渐开大，至 *C* 点气门开度达到最大。再后气门逐渐关闭，在 *DE* 段内某一点处气门完全关闭，接着气门间隙恢复。气门最迟在 *B* 点开始开启，最早在 *D* 点完全关闭。由于气门开始开启和关闭落座时均在凸轮升程变化缓慢的缓冲段内，其运动速度小，从而可以防止强烈的冲击。

凸轮轴上各同名凸轮（各进气凸轮或各排气凸轮）的相对角位置与凸轮轴旋转方向、发动机工作顺序及汽缸数或做功间隔角有关。就 4 缸四冲程发动机而言，每完成一个工作循环，曲轴旋转两周而凸轮轴只旋转一周，在此期间，每个汽缸都要进行一次进（或排）气，且各缸进（或排）气的时间间隔相等，即各缸进（或排）气凸轮之间的夹角为 360°/4=90°。由图 3-21 可见，该 4 缸四冲程发动机的点火次序为 1-3-4-2（凸轮轴旋转方向，从前端向后看，如箭头所示）。图 3-22 所示是点火次序为 1-5-3-6-2-4 的 6 缸四冲程发动机的凸轮轴，任何两个相继发火的汽缸进（或排）气凸轮间的夹角均为 360°/6=60°。

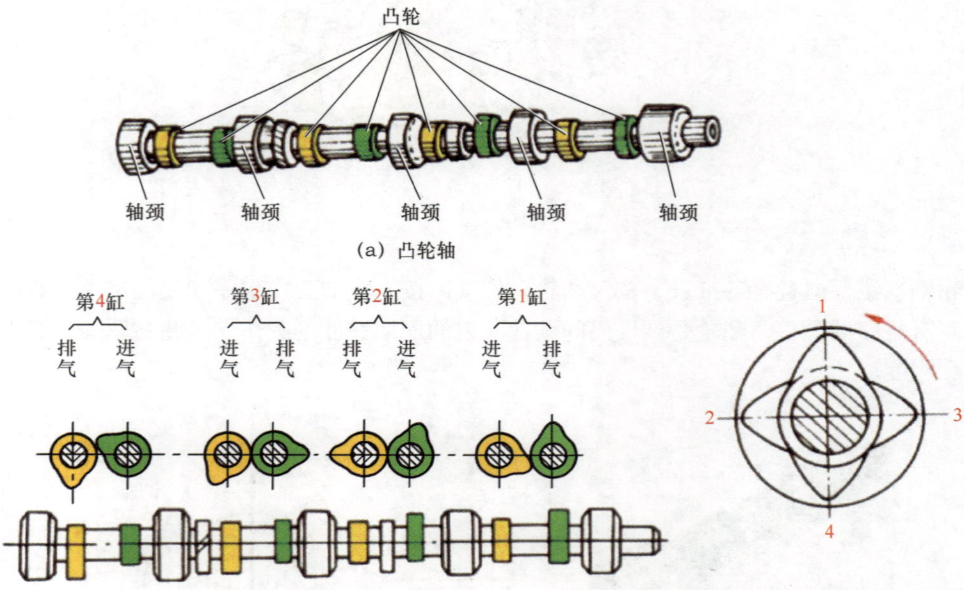

(a) 凸轮轴

(b) 各凸轮的相对角位置　(c) 进（或排）气凸轮的投影

图 3-21　4 缸四冲程汽油机凸轮轴

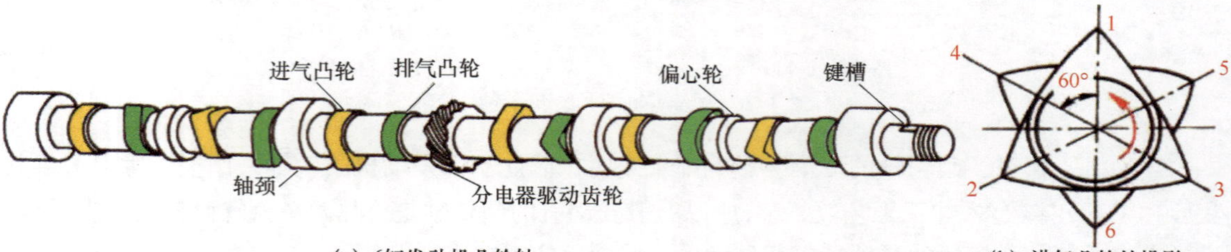

(a) 6缸发动机凸轮轴　(b) 进气凸轮的投影

图 3-22　6 缸四冲程汽油机凸轮轴

2. 气门挺柱

气门挺柱是凸轮的从动件，其作用是将来自凸轮的运动和作用力传给推杆或气门，同时还承受凸轮所施加的侧向力，并将其传给机体或汽缸盖。挺柱工作时，其底面与凸轮接触。由于接触面积小，接触应力较大，摩擦和磨损都相当严重，因此挺柱工作面应耐磨损并得到良好的润滑。挺柱可分为机械挺柱和液压挺柱两大类，每一类中又有平面挺柱和滚子挺柱等多种结构形式。

（1）机械挺柱：几种机械挺柱的结构，如图 3–23 所示。平面挺柱由于结构简单，质量轻，在中、小型发动机中应用较多。为了减轻机械挺柱工作面的磨损，可采取下列结构措施：

① 挺柱轴线偏离凸轮的对称轴线，偏心距 e=1 ～ 3 mm，如图 3–23（a）所示。发动机工作时凸轮与挺柱底面的摩擦力可使挺柱围绕其自身的轴线旋转，从而使挺柱底面磨损均匀。

② 将挺柱底面做成半径 R=500 ～ 1 000 mm 的球面，将凸轮工作面制成锥角很小的锥面，如图 3–23（b）所示。这样，即使在挺柱轴线与凸轮对称轴线重合的情况下，由于凸轮与挺柱的接触点偏离挺柱轴线，在工作时接触点处的摩擦力也可使挺柱绕其自身轴线转动。

③ 在挺柱底面镶嵌耐磨合金，如图 3–23（c）所示。

④ 采用滚轮式挺柱，如图 3–23（d）所示。

在机械气门挺柱上一般装有调节螺钉，用来调节气门间隙，如图 3–23（b）所示。

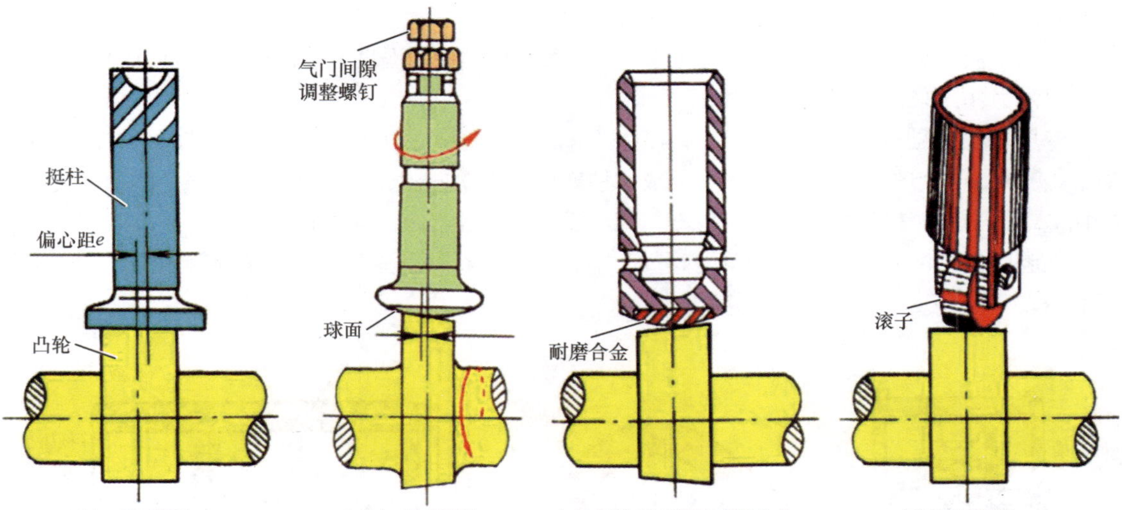

(a) 平面挺柱　(b) 环面挺柱　(c) 挺柱底面镶嵌耐磨合金　(d) 滚子挺柱

图 3–23　机械挺柱的形状

加油站： 发动机工作时，配气机构的各个零件，如气门、挺柱、推杆等都会受热膨胀而伸长，如气门及其传动件之间不留间隙，则在热态时，各个零件都会因热膨胀而顶开气门，造成发动机在压缩和做功行程中漏气，致使发动机功率下降。为了消除这一现象，通常在配气机构常温装配时预留一定间隙，这个间隙称为气门间隙。凸轮下置式的气门间隙是指气门杆尾端与摇臂之间的间隙，凸轮上置式（直接驱动式）的气门间隙是指凸轮与挺柱之间的间隙，如图 3–24 所示。气门间隙过大和过小都会影响发动机的功率。如气门间隙过大，进、排气门开启的持续时间减小，缩短了进、排气时间，降低了气门的开启高度，改变了正常的配气相位，使发动机因进气不足、排气不净而降低功率，此外还使配气机构零件撞击增加，加快磨损。如气门间隙过小，发动机工作后，零件受热膨胀，将气门推开，使气门关闭不严，造成漏气，降低功率，并使气门的密封表面严重积炭或烧坏，甚至气门撞击活塞。

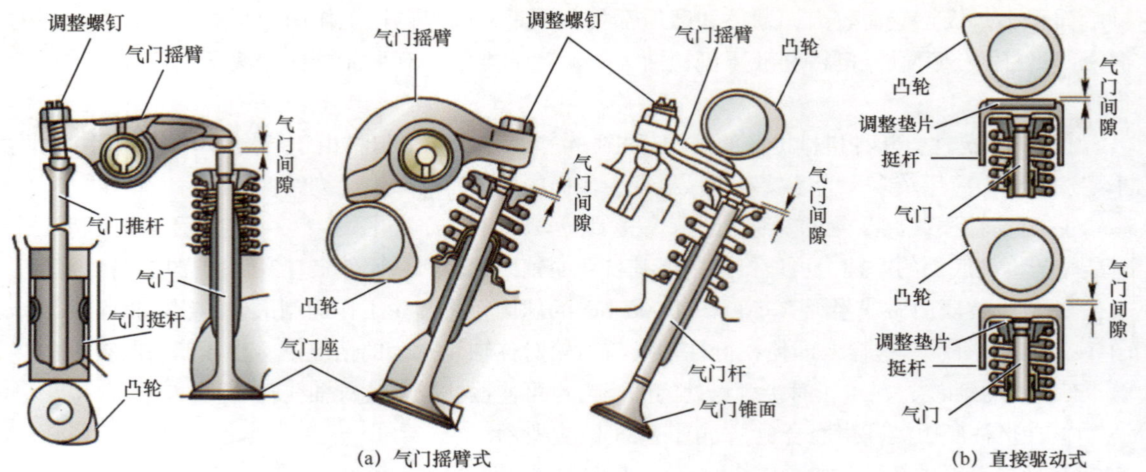

图 3-24　不同驱动形式的气门间隙

（2）液压挺柱：为了解决热膨胀造成的气门关闭不严的问题，必须预留气门间隙。但由于气门间隙的存在，配气机构在工作时将产生冲击而发出噪声。为了消除这一弊端，现代轿车发动机广泛采用了液压挺柱，实现了零气门间隙。气门及其传动件因温度升高而膨胀，或因磨损而缩短，都会由液力作用来自行调整或补偿。

液压挺柱的结构如图 3-25 所示，它主要由液压挺柱体、柱塞、单向阀等组成，柱塞与柱塞油缸是一对精密组件，二者相互研配而成，柱塞中装有单向阀，单向阀下的柱塞补偿弹簧使液压挺柱上端面与凸轮保持紧密接触。发动机润滑系统的机油经汽缸盖上的进油道可进入液压挺柱的低压油腔，低压油腔的油可推开单向阀进入高压油腔，而高压油腔的油被单向阀阻隔不能进入低压油腔。

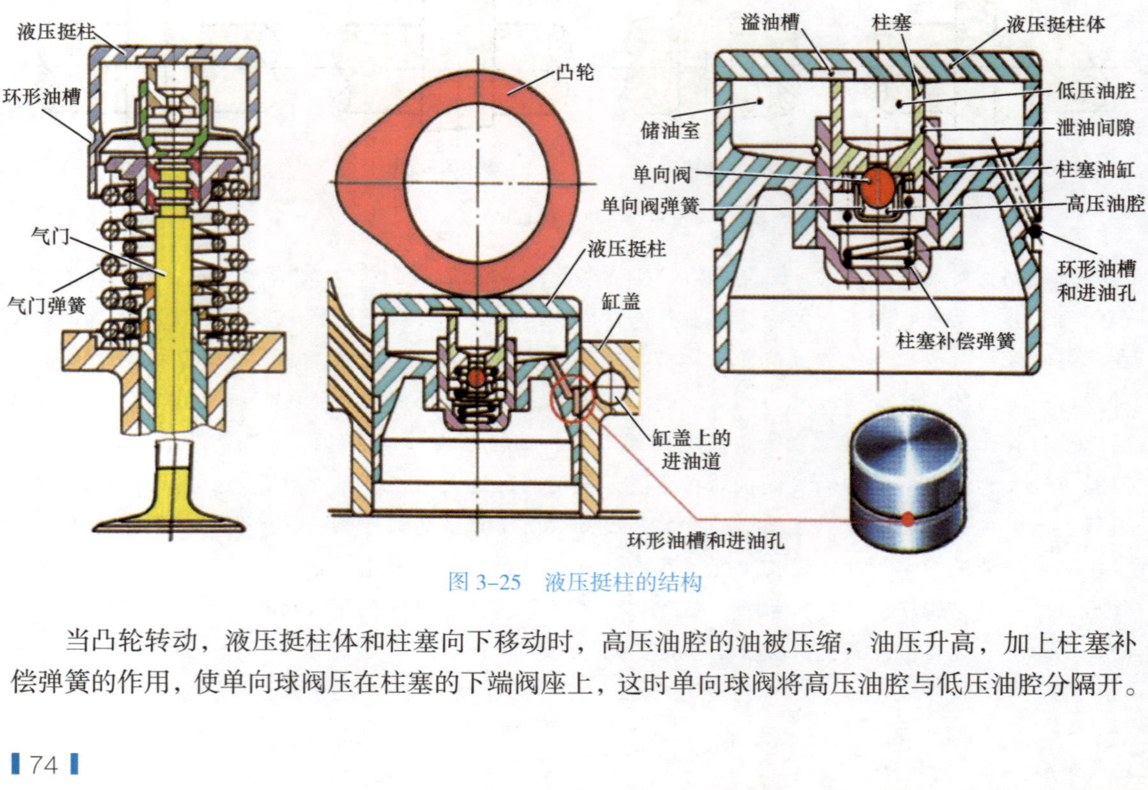

图 3-25　液压挺柱的结构

当凸轮转动，液压挺柱体和柱塞向下移动时，高压油腔的油被压缩，油压升高，加上柱塞补偿弹簧的作用，使单向球阀压在柱塞的下端阀座上，这时单向球阀将高压油腔与低压油腔分隔开。

由于液体具有不可压缩性，整个液压挺柱如同一个刚体一样下移，推开气门并保证了气门应达到的升程。此时，液压挺柱体外圆环形油槽上的进油孔已离开了进油的位置，停止了进油。当液压挺柱到达下止点后开始上行时，在气门弹簧上顶和凸轮下压的作用下，高压油腔的油压上升，单向阀保持关闭，这时高压油腔与低压油腔仍被分隔开，整个液压挺柱仍为一个刚性挺柱，随气门上升到凸轮的基圆，使气门关闭。

当气门受热膨胀伸张，使得高压油腔的压力过高时，少量油液通过柱塞与柱塞油缸之间的泄油间隙外泄，保证气门能与气门座圈良好密合。当气门开始关闭或冷却收缩时，柱塞补偿弹簧伸张，推动柱塞上移，使高压腔体积增大压力降低形成真空，于是低压腔的机油推开单向球阀进入高压腔，弥补间隙的变化，从而使液压挺柱与气门之间保持零间隙。因此，使用液压挺柱时不需要预留气门间隙，液压挺柱具有自动消除或补偿因热胀冷缩而产生的气门间隙，保证发动机工作时，气门与气门座的紧密贴合。

注意：从上述分析可知，只有当发动机的机油压力达到正常值时，液压挺柱才具有自动补偿、调整和实现零气门间隙的作用。在发动机冷机起动并开始运行的一段时间内，由于机油压力还未达到规定值，液压挺柱与气门之间会产生响声，待发动机机油压力上升到规定值后，这种响声才能随之消除。

3. 推杆

推杆处在挺柱和摇臂之间，如图 3–19 所示，它的作用是将挺柱传来的运动和作用力传给摇臂。在凸轮轴下置式的配气机构中，推杆是一个细长的杆件，如图 3–26 所示，加上传递的力很大，它是气门机构中最易弯曲的零件，要求有很高的刚度。在动载荷大的发动机中，推杆应尽量做得短些。推杆一般用冷拔无缝钢管制造，两端焊上球头和球座，也可用中碳钢制成实心推杆，两端的球头或球座与推杆锻成一个整体。对于机体和汽缸盖都是用铝合金制造的发动机，宜采用锻铝或硬铝制造的推杆，并在两端压入球头和球座，其目的是当发动机温度变化时，不致因材料热膨胀系数不同而引起气门间隙的改变。推杆两端的球头或球座都需淬硬和磨光，以提高其耐磨性。

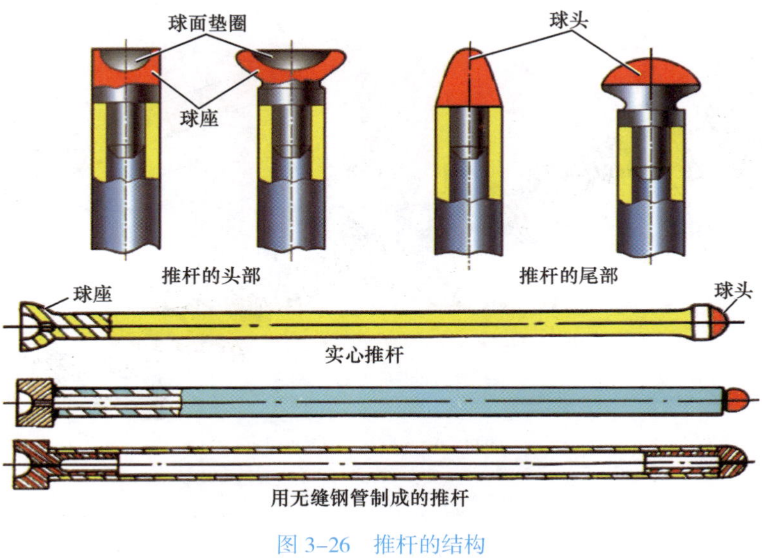

图 3–26　推杆的结构

4. 摇臂

不同形状的摇臂如图 3–27 所示，摇臂及其支架的结构如图 3–28 所示。摇臂的作用是将推杆和凸轮传来的运动和作用力，改变方向传给气门使其开启。摇臂在摆动过程中承受很大的弯矩，因此它应有足够的强度、刚度和较小的质量。为使摇臂在尽可能小的质量下有较大的强度和刚度，特将摇臂制成 T 字形或工字形断面。摇臂是一个双臂杠杆，以摇臂轴为支点，两臂不等长。摇臂两边臂长的比值（称为摇臂比）一般为 1.2 ～ 1.8。其中，长臂一端是推动气门的工作面，摇臂的工作表面一般制成圆柱形，当摇臂摆动时可沿气门端面滚滑，这样可以使二者之间的力尽可能沿气门的轴线作用。在摇臂的短臂端加工有螺纹孔，用来拧入气门间隙调整螺钉，螺钉的球头与推杆顶端的凹球座相接触。

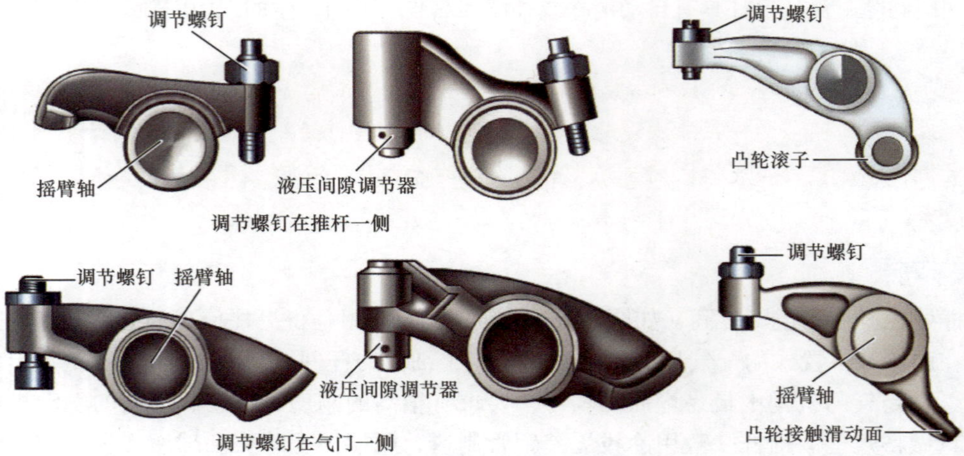

图 3–27　不同形状的摇臂

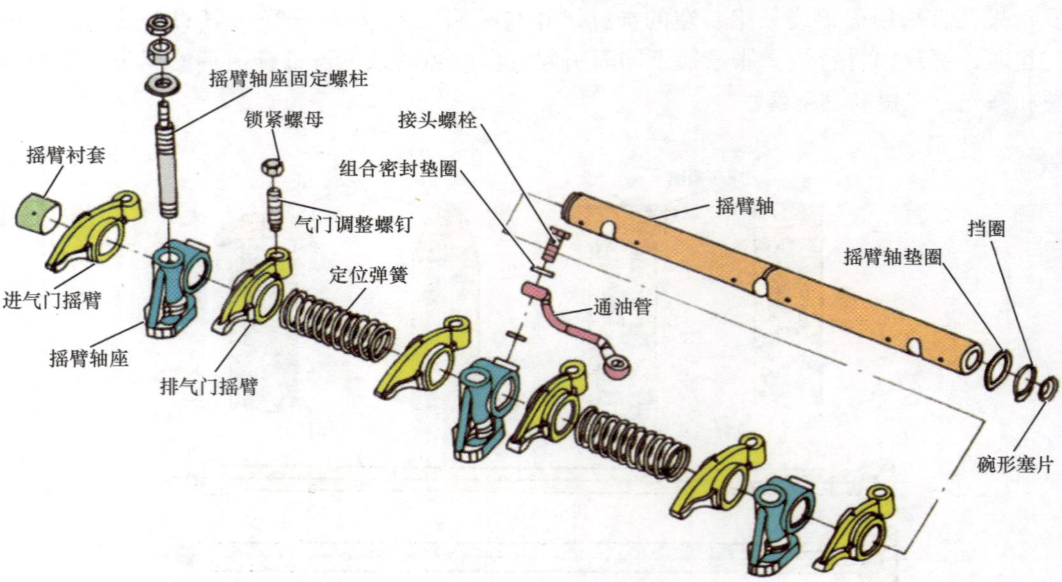

图 3–28　摇臂及其支架

摇臂内还钻有润滑油道和油孔，摇臂通过摇臂衬套空套在摇臂轴上，摇臂轴支撑在摇臂座上，摇臂轴为空心管状结构，机油从摇臂轴座的油道经摇臂轴内腔和摇臂中的油道流向摇臂两端进行润滑。为防止摇臂窜动，在摇臂轴上每两摇臂之间都装有定位弹簧。

【实训操作】

一、配气机构的检测流程

发动机上部异响、气门间隙过大等是发动机配气机构最常见的故障。当发动机配气机构有故障，造成发动机上部异响、气门间隙过大时的检修流程如图 3–29 所示。

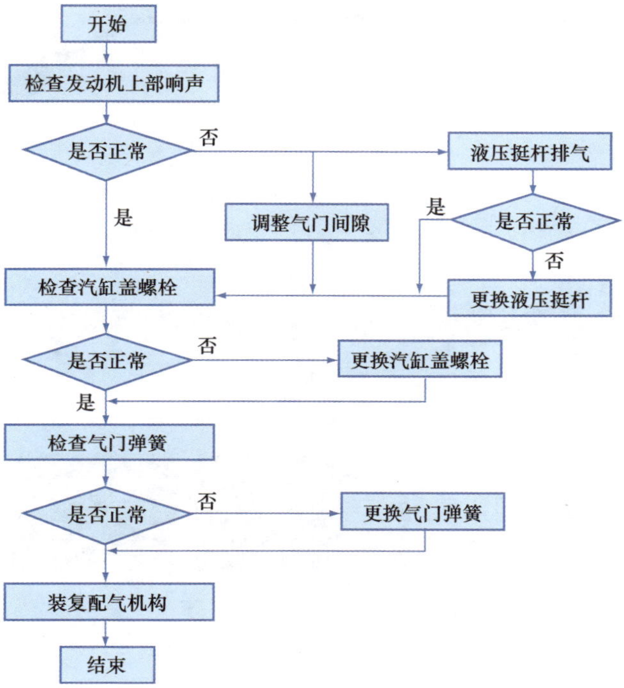

图 3–29　配气机构的检修流程

二、作业所需的工具和设备

作业所需工具如下：

（1）机电维修工常用工具一套，如图 1–23 所示。

（2）TU3AF、TU5JP4 发动机维修手册，如图 3–30 所示。

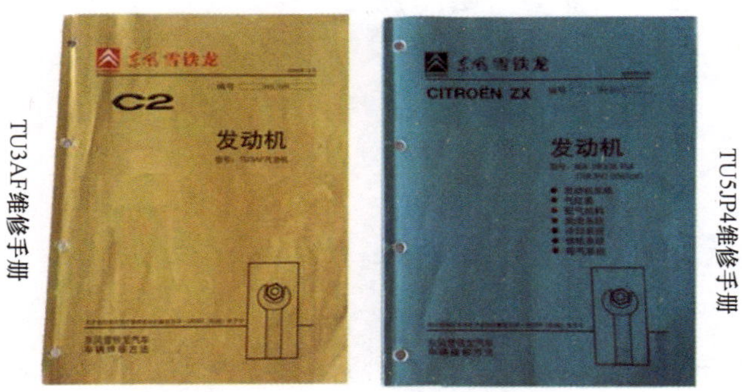

图 3–30　TU5JP4/ TU3AF 维修手册

（3）TU3AF 发动机正时安装定位工具，如图 3–31 所示。

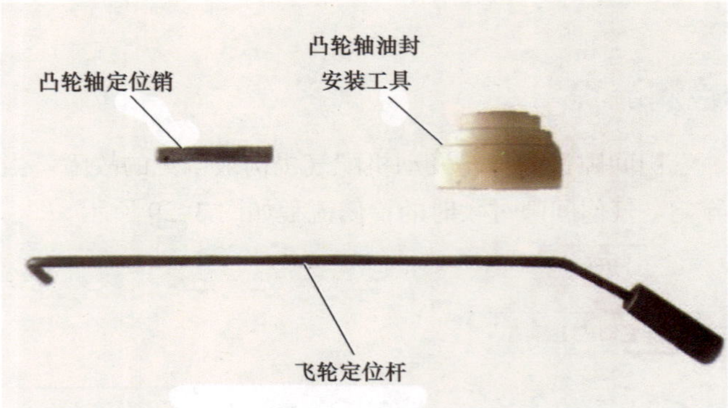

图 3–31　正时定位安装工具

（4）扭力扳手、塞尺、游标卡尺、外径千分尺，如图 3–32 所示。

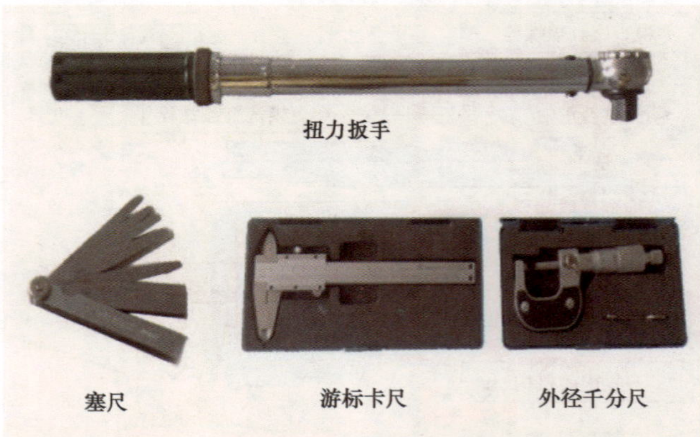

图 3–32　扭力扳手、塞尺

（5）气门拆装工具，如图 3–33 所示。

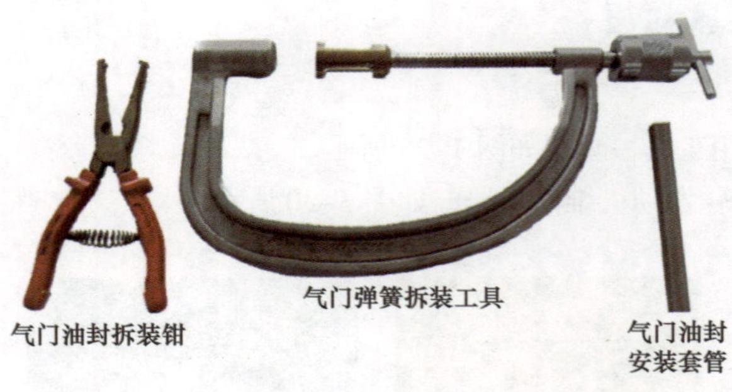

图 3–33　气门拆装工具

三、配气机构相关部件的检测与更换

步骤如下：

（1）调整 TU3AF 发动机气门间隙，操作方法见表 3–1。

表 3-1 TU3AF 发动机气门间隙调整方法（注：在发动机冷态时调整）

步骤	操作条件	调整方法	
1	1 缸排气门全开	调 3 缸进气门间隙为 0.2 mm	调 4 缸排气门间隙为 0.4 mm
2	3 缸排气门全开	调 4 缸进气门间隙为 0.2 mm	调 2 缸排气门间隙为 0.4 mm
3	4 缸排气门全开	调 2 缸进气门间隙为 0.2 mm	调 1 缸排气门间隙为 0.4 mm
4	2 缸排气门全开	调 1 缸进气门间隙为 0.2 mm	调 3 缸排气门间隙为 0.4 mm

（2）TU5JP4 发动机液压挺杆排气。

注意：如进行排气后，液压挺杆处仍然有噪声，则需要更换液压挺杆。

（3）检测气门及气门弹簧，如图 3-34 ～图 3-39 所示。

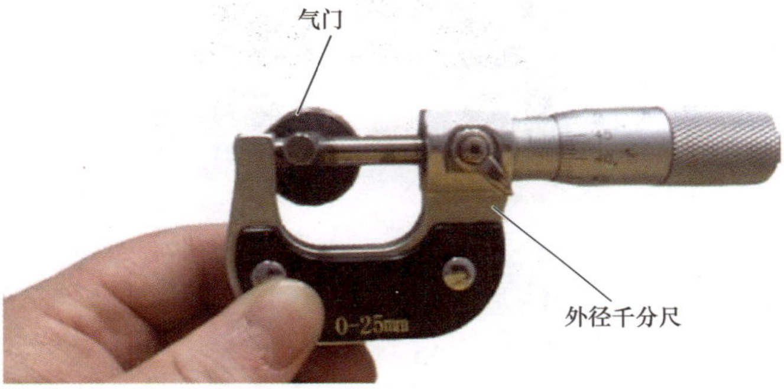

图 3-34　测量气门杆直径

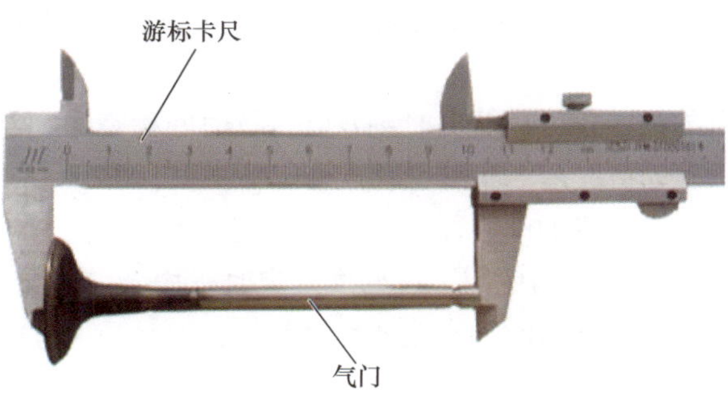

图 3-35　测量气门长度

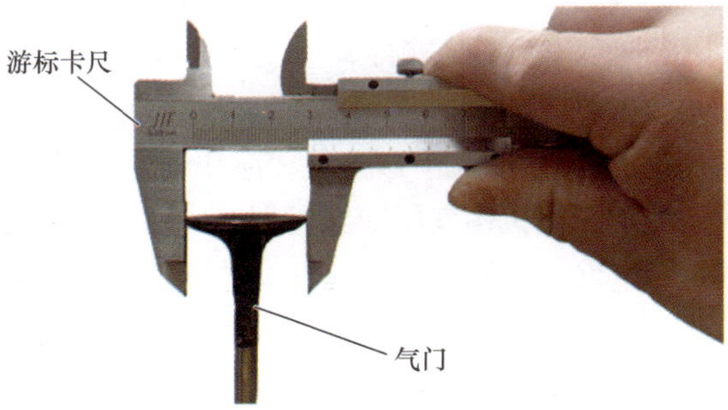

图 3-36　测量气门头部直径

图 3-37　测量气门弹簧直径 1

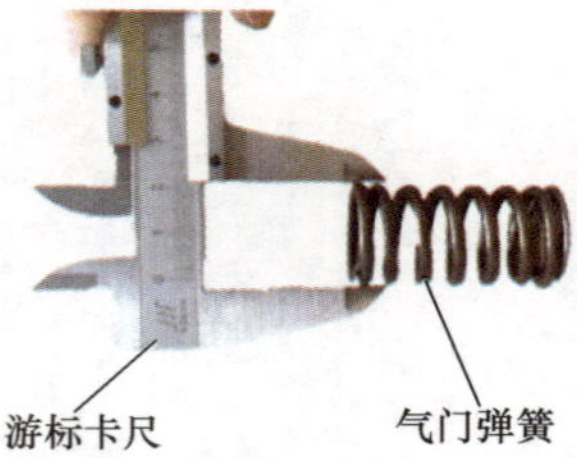

图 3-38　测量气门弹簧直径 2

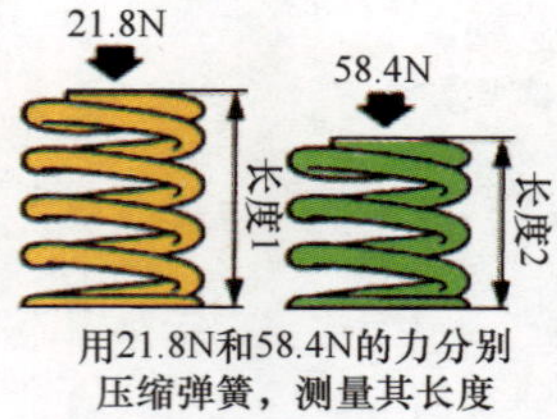

图 3-39　测量气门弹簧长度

（4）装配 TU5JP4 发动机液压挺杆，如图 3-40 所示。

注意：装配完毕后，确保液压挺杆能在缸盖中自由转动。

图 3-40　装配液压挺杆

【小结】

（1）配气机构的作用是按照发动机每一汽缸内进行的工作循环和发火次序的要求，开启和关闭进、排气门，使新气（汽油机为可燃混合气，柴油机为空气）及时进入汽缸，将废气及时从汽缸中排出。

（2）配气机构主要由气门组和气门传动组组成。气门组由进气门、排气门、进气门座、排气门座、气门导管、气门弹簧等组成。气门传动组由凸轮轴、凸轮轴正时齿轮、正时皮带、张紧轮、气门挺柱、摇臂等组成。

（3）以曲轴转角表示的进、排气门开启时刻及其持续时间称为配气定时，又称配气相位。配气凸轮轴外形制成后，则发动机的配气相位也就被确定下来了。

（4）进、排气越充分，发动机的动力性越好。为了使发动机在低、中、高速时，都能获得较好的进气和排气性能，现在轿车普遍使用了可变配气定时机构。可变配气定时机构有两种类型：一种是通过改变进气门、排气门开启时刻来改变配气相位；一种是通过改变进气门、排气门升程来改变配气相位。

（5）为了防止热胀冷缩造成气门关闭不严，通常在配气机构常温装配时预留一定间隙，这个间隙称为气门间隙。摇臂驱动式气门间隙需要进行手动调整；液压挺杆直接驱动式气门，由于气门间隙可以由液压挺杆内的液压油自动进行补偿，所以不需要进行调整，故在现代轿车中广泛应用。

（6）当发动机上部异响、气门间隙过大等，怀疑发动机配气机构有故障时，应注意如下问题：

① 在实际维修作业中，发动机上部异响，多数是由于配气机构气门间隙过大造成的。特别是在冷车起动时气门间隙更大，产生的“嗒嗒”响声会更严重，这种声音会随着发动机工作温度的升高，逐渐减弱或者消失。

② 对于直接驱动液压挺杆式配气机构，若是由于液压挺杆产生的异响，可以先对其进行排气。如果排气后异响未消除，则考虑是液压挺杆或配气机构其他部件故障。

③ 配气机构中包含的组件较多，随着车辆使用时间的增加，如正时皮带、张紧轮、凸轮轴，气门组件等都会产生异响，所以在实际维修中要根据具体各部件工作原理和故障现象去判断故障点。

④ 维修作业完毕后，一定要按照车辆维修工艺将配气机构完全恢复，如果不按照维修标准进行操作或配气机构装配错误，有可能造成发动机的严重故障。

本学习任务描述案例的检测结果：发动机冷车起动后，发动机上部异响，对液压挺杆进行排气后，异响消除，车辆恢复正常。

【学习思考与拓展】

1. 简述配气机构的组成和作用，并完成下表。

部　件	作　用
凸轮轴	
气门	
气门弹簧	
液压挺杆	
摇臂	

2. 根据图 3–8，请说明气门重叠角的含义和作用。

3. 拆卸液压挺杆和气门时，为什么要做好相应记号，不能混淆安装位置？

4. 为什么要预留气门间隙？请说明液压挺杆驱动的气门、自动补偿气门间隙的原理。

5. 在进行凸轮轴安装时为什么要对准相应位置？通过本任务的学习，你觉得在车上进行哪些作业时还需要进行定位，为什么？

学习任务四

发动机供给部分的检修

【学习目标】

1. 掌握发动机供给与排放部分的组成和各元件的作用。
2. 熟悉发动机的燃料和性能。
3. 了解发动机缸内直接喷射系统。
4. 能更换汽油滤清器、燃油泵和喷油器。
5. 能检测发动机的燃油压力。
6. 能用发动机燃油供给部分的元件进行检测。

建议完成本学习任务的时间为 10 课时。

【学习情境描述】

一辆丰田卡罗拉轿车在使用过程中，由于发动机供给部分有故障，造成发动机运行抖动。要求查明故障原因并进行处理。

【学习内容】

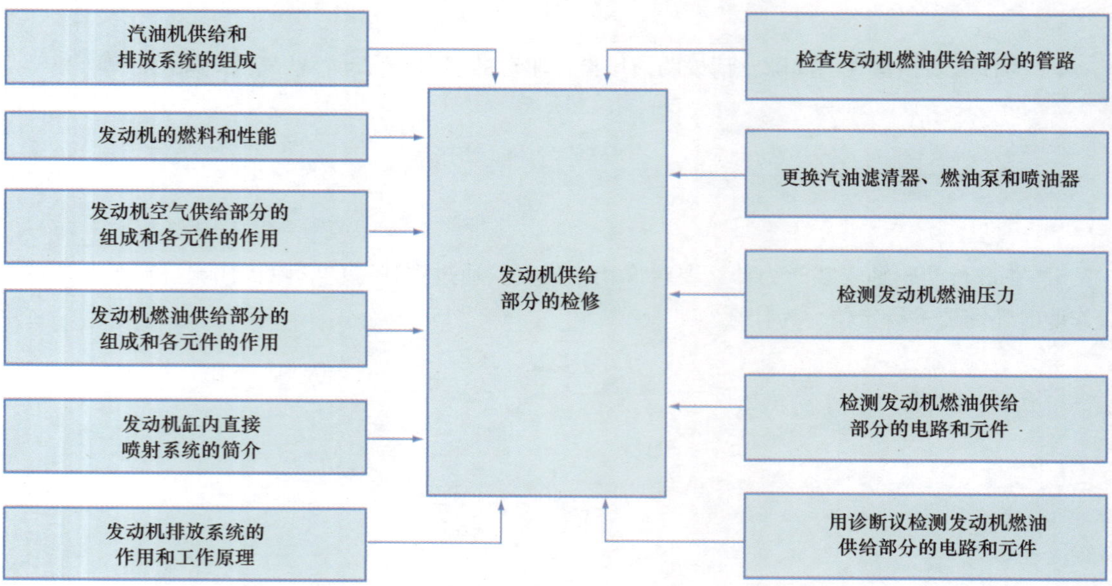

【知识链接】

第一节 汽油机供给和排放系统的组成

汽油机所用的燃料是汽油。汽油在输入汽缸前，需雾化和蒸发，并按一定的比例与空气混合形成均匀的混合气。汽油与空气混合并处于能着火燃烧的浓度界限范围内的混合气称为可燃混合气。可燃混合气中燃油含量的多少，称为可燃混合气的浓度。

汽油机供给系统的任务是，根据发动机的各种工况要求，配制出一定数量和浓度的可燃混合气供入汽缸，使之在临近压缩终了时点火燃烧而膨胀做功。发动机排放系统的任务是，将燃油箱蒸发的燃油蒸气引入发动机中燃烧，并对发动机排出的废气进行处理后排入大气中。发动机供给系统和排放系统的组成如图 4–1 和图 4–2 所示。

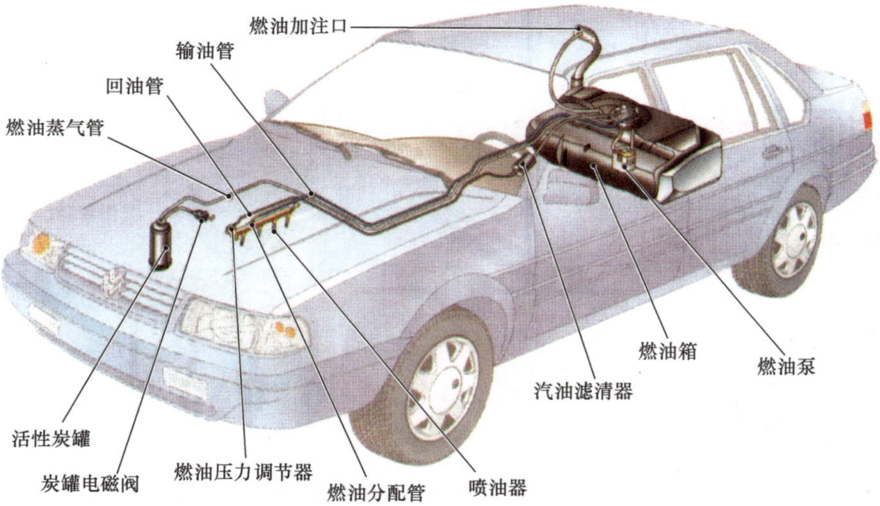

图 4–1　发动机供给系统的组成

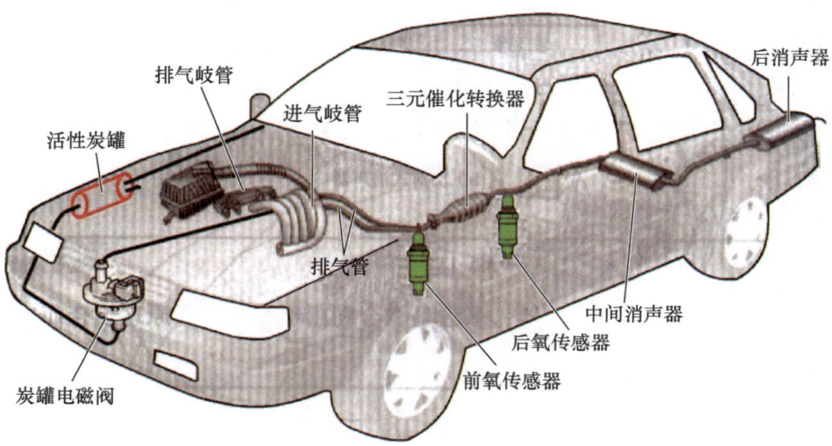

图 4–2　发动机排放系统的组成

第二节 发动机的燃料

一、汽油

汽油电喷发动机目前所用的燃料主要是汽油。汽油是由石油提炼而得的密度小又易挥发的液体燃料，由多种碳氢化合物组成，它的主要化学成分是碳和氢。汽油在汽缸里燃烧时，如果氧气充足且与空气形成的混合气均匀，则燃烧完全，其燃烧产物为二氧化碳（CO_2）和水（H_2O）；如缺氧或汽油与空气混合不均匀，则燃烧不完全，会产生一氧化碳（CO）、氮氧化合物（N_xO）和碳氢化合物（HC）。CO、N_xO 和 HC 都是有害排放物，污染环境。汽油的使用性能指标主要是蒸发性、热值和抗爆性，它们对发动机的性能有很大的影响。

1. 汽油的蒸发性

在发动机中，汽油只有先从液态蒸发成蒸气，并与一定比例的空气混合成为可燃混合气后，才能在发动机汽缸中燃烧。对于目前普遍使用的高速发动机，形成可燃混合气的时间很短，一般只有百分之几秒。因此，汽油蒸发性的好坏，对于所形成的混合气质量有很大影响。汽油的蒸发性过高，气温高时易在发动机的输油管路中产生“气阻”。气阻妨碍液态汽油的流动，使汽油流量减少到不足以维持发动机正常运转的流量，导致发动机熄火或无法起动。蒸发性过低的汽油，易滞留在发动机汽缸壁上，不仅使燃油消耗量增加，还会稀释发动机润滑油，使汽缸壁磨损加快，缩短发动机的使用寿命。

2. 汽油的热值

燃料的热值是指 1 kg 燃料完全燃烧后所产生的热量。汽油的热值约为 43.49 MJ/1 kg。

3. 汽油的抗爆性

汽油的抗爆性是指汽油在发动机汽缸中燃烧时，阻止产生爆燃的能力，即抗自燃的能力，是汽油的一项主要性能指标。爆燃是汽油机的一种异常燃烧的现象，会引起发动机过热、排气管冒烟、油耗增大、功率下降，伴有明显的敲缸声，甚至损坏机件。发动机选用抗爆性能好的汽油，就可采用较高的压缩比而不会发生爆燃。汽油抗爆性的好坏程度用辛烷值表示。辛烷值越高，抗爆性能越好。

测定辛烷值最常用的方法有马达法和研究法。用马达法测定的辛烷值称为马达法辛烷值（MON），用研究法测定的辛烷值称为研究法辛烷值（RON）。汽油牌号数与辛烷值有关，我国车用汽油分类主要以辛烷值为基础。现在汽油牌号采用研究法辛烷值表示。按研究法命名的汽油牌号有 90 号、93 号、95 号、97 号等。

选用汽油牌号时，应根据汽车使用说明书推荐的辛烷值范围去选择相应牌号的汽油。汽油机还可按照发动机的压缩比选择汽油的辛烷值，一般压缩比高的汽油机应选用辛烷值高的汽油。

加油站：汽油成分中含有腐蚀性物质，如硫、硫化物、有机酸、水溶性酸、碱等，其含量超标时将引起腐蚀。汽油中硫含量高，使汽车尾气排放污染严重，硫还会使三元催化剂中毒，使催化剂活性降低，甚至失效，因此在排气系统中安装了三元催化器的发动机对汽油中的硫含量有严格的要求。

二、压缩天然气

压缩天然气（compressed natural gas, CNG）的主要成分是甲烷（所占体积在 85% ～ 97%）。它是把天然气加压后装在高压储气瓶中放在车上的后备箱中，如图 4–3 所示，相当于普通汽车的燃油箱，气瓶的压力一般为 21 MPa。天然气的热值（50.05 MJ/kg）和辛烷值（RON130）均比汽油（热值 43.49 MJ/kg，辛烷值 RON100）高，作为发动机的代用燃料，除能保持原发动机的功率外,还有利于提高发动机的压缩比。以天然气和汽油为燃料的双燃料发动机(如东风雪铁龙爱丽舍、世嘉轿车)，一般以汽油机作为基础，当用气体燃料时，汽油就起引燃的作用。天然气是一种清洁能源，排放低、燃料经济性好，输送和使用比较方便。以天然气和汽油为燃料的双燃料发动机在我国应用日益广泛。

三、液化石油气

液化石油气（liquefied petroleum gas, LPG）的缩写,是炼油厂的副产品,相比汽油,价格便宜。液化石油气的主要成分是丙烷和丁烷，另外含有少量的丙烯和丁烯及其他烃类物质。其特点与天然气相似，具有辛烷值高（RON111.5）、低热值高（低热值为 46.4 MJ/kg）、着火温度高（丙烷自燃点为 470 ℃，丁烷自燃点为 365 ℃）、容易与空气混合、排放低等。它在加压下常以液态储存。

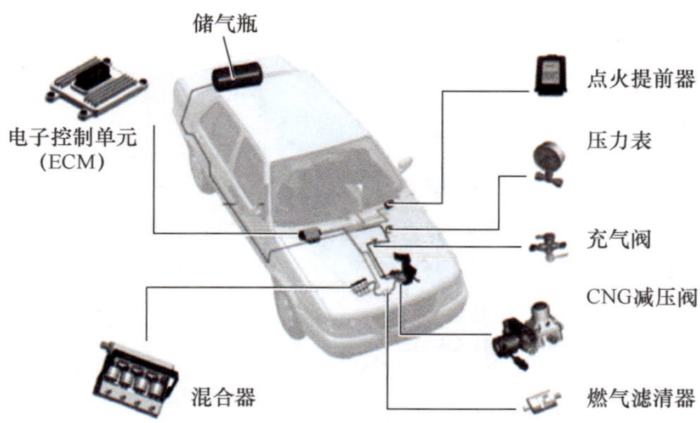

图 4–3　双燃料发动机中 CNG 系统的主要部件

液化石油气本身是无色无味的，但因它泄漏后不易扩散，为了确保安全使用，一般在液化石油气中添加臭味剂，以便在发生泄漏时容易被觉察，及时采取消防措施。液化石油气中的丁二烯对橡胶有较强的腐蚀作用，因此在液化石油气的储存、输送、减压等设备中的膜片、密封圈和软管等均需采用耐腐蚀的橡胶。

四、醇类燃料

醇类燃料包括甲醇和乙醇。甲醇是通过煤或天然气制成的产品，性能与天然气相似，在不对发动机改造的前提下，可使用甲醇与汽油混合燃料。乙醇是从玉米、小麦、甘蔗等农作物中经过发酵提炼而成的。醇类燃料具有辛烷值高（甲醇 RON112，乙醇 RON111）、汽化潜热大（甲醇 1 101 MJ/kg，乙醇 862 MJ/kg）、低热值低、蒸气压和沸点低、着火极限宽和燃烧速度快等特点。醇类燃料燃烧时，排放污染物较少，是一种环保、清洁、理想的代用燃料。

五、氢气

通过将水分解成氢和氧，可以得到足够的氢气。氢作为燃料具有很多优点，它燃烧后变成水，不会产生烟雾和有害气体，是最清洁的燃料之一。氢气的辛烷值高，自燃温度高（585 ℃），易与空气混合且混合均匀，因此发动机的热效率高，是汽车最有发展前途的代用燃料之一。

第三节 可燃混合气的成分及对发动机性能的影响

可燃混合气是指燃料经过雾化、蒸发并与空气按一定比例混合的混合物。可燃混合气中汽油的含量称为混合气的浓度。可燃混合气的浓度通常用空燃比（R）和过量空气系数（α）表示。

一、空燃比

将吸入发动机中空气的质量与燃料质量的比值称为空燃比，用符号 R 表示，空燃比就是燃烧 1 kg 燃料实际供给的空气量。理论上 1 kg 汽油完全燃烧需 14.7 kg 空气，故对汽油发动机而言，将空燃比为 14.7 的可燃混合气称为理论混合气；如空燃比＜ 14.7 则说明汽油有余，称为浓混合气；如空燃比＞ 14.7 则说明空气有余，称为稀混合气。

二、过量空气系数

将燃烧 1 kg 燃料实际供给的空气质量与理论上 1 kg 燃料完全燃烧所需的空气质量之比称为过量空气系数，用符号 α 表示。根据上述定义，$\alpha=1$ 的可燃混合气为理论混合气，$\alpha<1$ 的为浓混合气，$\alpha>1$ 的则为稀混合气。

三、可燃混合气成分对发动机性能的影响

可燃混合气的成分对发动机动力性、经济性与排放性等都有很大的影响。

1. 理论混合气（$\alpha=1$）

当 $\alpha=1$ 时，理论上汽缸中所含空气中的氧正好能使其中的燃料完全燃烧。但实际上由于汽缸中可燃混合气的成分不可能绝对均匀地分布，以及残余废气的存在而影响火焰中心的形成和火焰的传播，而使 $\alpha=1$ 的可燃混合气不可能完全燃烧。

2. 稀混合气（$\alpha>1$）

当 $\alpha>1$ 时，可使所有的汽油分子获得足够的氧气而完全燃烧。对应于燃料消耗最低时的可燃混合气称为经济混合气。对不同的汽油机，经济混合气的成分一般在 $\alpha=1.05\sim1.15$ 范围内。然而空气过量后，因燃烧速度降低、热损失增加而使平均有效压力和发动机的功率略有下降。如混合气过稀（图 4-4 中 $\alpha>1.11$），会因燃烧速度进一步降低而造成加速性能变坏，发动机的输出功率下降，甚至出现进气歧管回火的现象。因此，不能对发动机供给过稀的混合气。

3. 浓混合气（$\alpha<1$）

当$\alpha<1$时，因可燃混合气中汽油分子较多而使燃烧速度加快，热损失减小。将发动机输出最大功率时的混合气称为功率混合气，对不同的汽油机，功率混合气的成分一般在α=0.85～0.95范围内。但这时的混合气中空气含量不足，造成燃烧不完全，经济性较差。如混合气过浓（图4–4中$\alpha<0.88$），因燃烧很不完全，汽缸中将产生大量的一氧化碳，在高温高压的作用下析出游离的碳粒，造成燃烧室、活塞、气门、火花塞等积炭，排气管冒黑烟，排气管中的一氧化碳被高温废气引燃，发生排气管放炮。另外，因此浓度的混合气的燃烧速度较低而造成发动机功率下降，燃油消耗率显著增大。

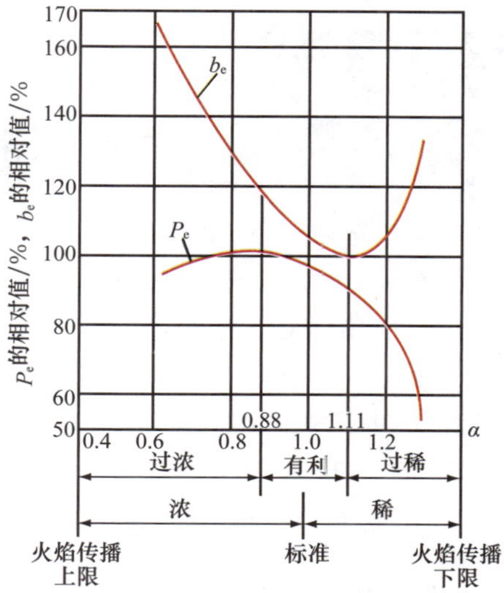

图4–4　混合气成分对发动机性能的影响

4. 燃烧极限

当可燃混合气太稀（$\alpha\geqslant1.4$）和太浓（$\alpha\leqslant0.4$）时，虽然火花塞可将混合气点燃，但火焰无法传播，导致发动机运转不稳定，直到熄火。于是将α=1.4的值称为火焰传播下限，将α=0.4的值称为火焰传播上限。通过试验获得的可燃混合气成分对发动机性能的影响如图4–4所示，该图表明：

（1）发动机最大功率点与燃油消耗最低点并不对应，当α=1.11时燃油消耗最低，经济性最好；而当α=0.88时，发动机输出功率最大。

（2）可燃混合气过浓（$\alpha<0.8$）、过稀（$\alpha>1.05\sim1.15$）时，发动机的动力性和经济性均不好。

（3）为兼顾发动机的动力性和经济性，可燃混合气的浓度在α=0.88～1.11范围内比较好。

以上对图4–4的分析，列于表4–1中。

表4–1　可燃混合气成分对发动机性能的影响

可燃混合气种类	过量空气系数α	发动机功率P_e	耗油率b_e	备　注
火焰传播上限	0.4	–	–	混合气不燃烧，发动机不工作
过浓混合气	0.43～0.87	减小	显著增大	燃烧室积炭，排气管冒黑烟，消声器放炮
功率混合气	0.88	最大	增大18%	–
标准混合气	1.0	减小2%	增大4%	–
经济混合气	1.11	减小8%	最小	–
过稀混合气	1.13～1.33	显著减小	显著增大	发动机过热，加速性变坏
火焰传播下限	1.4	–	–	混合气不燃烧，发动机不工作

第四节 发动机各工况对可燃混合气浓度的要求

由于汽车在使用中的实际装载质量是经常变化的，路面性质和道路坡度也是多种多样的，路上车流和人流情况十分复杂，这就使得汽车的行驶速度和牵引力经常需要作大幅度的变化。发动机工况是发动机工作情况的简称。汽车用汽油机工况的特点是：①工况变化范围大，负荷可从0变到100%，转速可从最低稳定转速变到最高转速，而且有时工况变化非常迅速；②在汽车行驶的大部分时间内，发动机是在中等负荷下工作的。轿车发动机负荷经常是40%～60%，而货车则为70%～80%。

车用汽油机各种使用工况以混合气成分的要求各不相同，现简述如下。

一、冷起动

发动机冷起动时，因汽缸温度低，汽油不易蒸发汽化，且发动机转速低，空气在进气管道中流速低，使汽油雾化不良，汽缸内汽油蒸气过少，可燃混合气过稀，发动机不能着火燃烧。因此，为了使发动机能顺利起动，要求供给 α=0.2～0.6 极浓的混合气。

二、怠速小负荷

发动机怠速是在发动机不对外输出功率的情况下维持稳定运行的最低转速。汽油机怠速转速一般为600～800 r/min。怠速工况节气门接近关闭，发动机吸入的空气量很少，且汽油雾化蒸发不良，并有废气的稀释，发动机燃烧速度减慢。这时，为保证品质不良而且被废气稀释过的混合气能正常燃烧，必须供给发动机 α=0.6～0.8 较浓的混合气。当节气门略开而转入小负荷工况时，新鲜混合气的品质逐渐改善，废气对混合气的稀释作用也逐渐减弱，因而混合气的浓度可减小到 α=0.7～0.9。

注意: *在汽车使用过程中，为减少怠速排气中的有害成分，应采用适当提高的发动机怠速转速。*

三、中等负荷

车用汽油机在大部分工作时间内处于中等负荷状态。在此情况下，节气门有足够的开度，废气的稀释作用可忽略不计。此时，燃料经济性要求是首要的，应供给发动机 α=0.9～1.1 浓度的混合气，其中主要是 $\alpha>1$ 的稀混合气。

四、大负荷及全负荷

当节气门接近全开或达到全开时，为发动机的大负荷或全负荷。当汽车需要克服较大阻力，如上陡坡或在艰难的道路上行驶时，需要发动机能发出尽可能大的功率，此时驾驶员往往将加速踏板踩到底，使节气门全开，发动机在全负荷下工作。此时，动力性要求是首要的，应供给发动机能输出最大功率的浓混合气（α=0.85～0.95）。

五、加速

发动机加速是指负荷突然增加的过程。当加速时，驾驶员猛踩加速踏板，使节气门开度突然加大，希望发动机的功率迅速增大，但是，液体燃料的惯性远大于空气的惯性，其燃料流量的增长比空气要慢得多，再加上雾化汽油的颗粒大，跟不上气流的流速，使得一部分附着在进气管的内壁上，因此在加速瞬间，汽缸内的混合气瞬间变稀，不易点燃。为了改善汽油发动机的加速性能，发动机供给系统应能在节气门突然开大时，及时自动地增加供油量，补偿加速时混合气瞬间变稀的现象。

第五节 发动机空气供给部分的组成和各元件的作用

一、发动机空气供给部分的组成

发动机空气供给部分主要由空气滤清器、进气总管、空气流量计（或进气压力传感器）、节气门、进气歧管、发动机汽缸等组成，如图 4-5 所示。发动机空气供给部分的作用是为发动机可燃混合气的形成提供清洁和适量的空气，并计量和控制燃油燃烧时所需要的空气量。

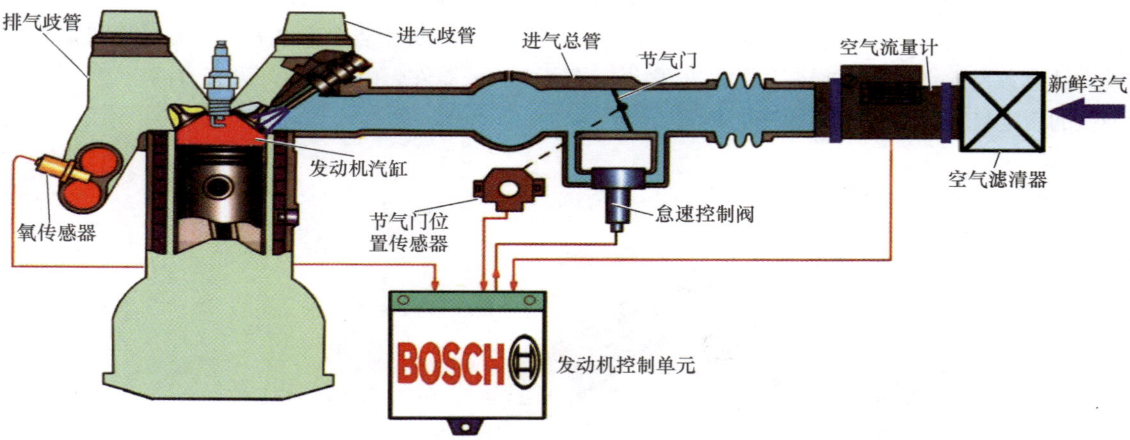

图 4-5　发动机空气供给部分的主要部件

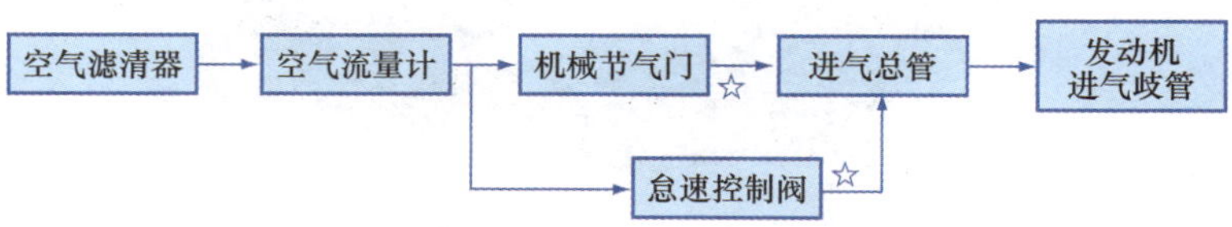

(a) L型电喷（机械节气门）空气供给部分示意图

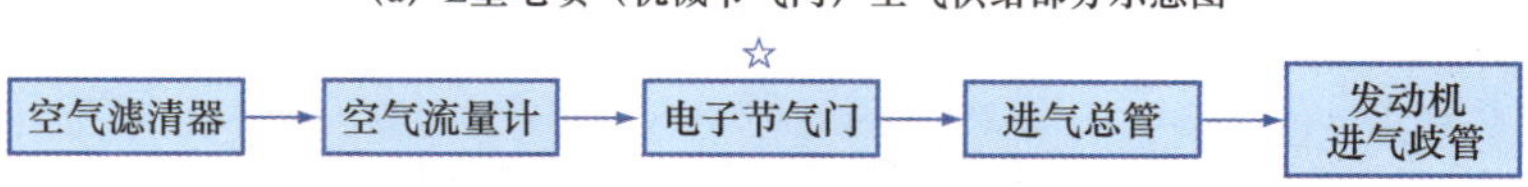

(b) L型电喷（电子节气门）空气供给部分示意图

图 4-6　L 型电喷的空气供给部分框图

用空气流量计（又称空气流量传感器）来检测发动机进气量的电喷系统称为 L 型电喷系统；用进气压力传感器来检测发动机进气量的电喷系统称为 D 型电喷系统。这两种电喷发动机的空气供给系统的组成框图如图 4–6 和图 4–7 所示。

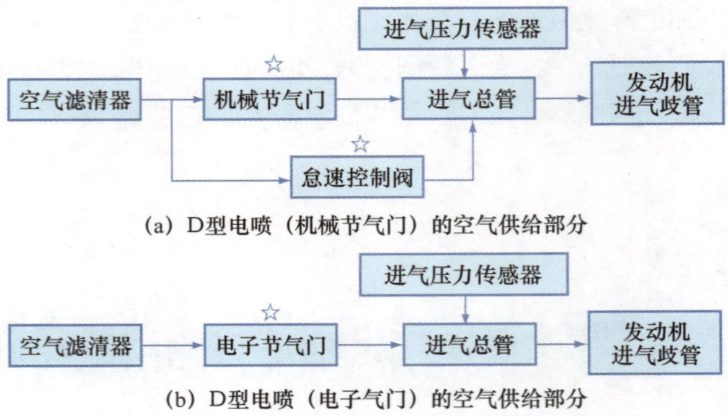

图 4–7　D 型电喷的空气供给部分框图

二、发动机空气供给部分各元件的作用

1. 空气滤清器

大众轿车空气滤清器的外形如图 4–8 所示。空气滤清器的作用是将进入发动机汽缸的空气中的灰尘、杂质过滤，以防止损坏发动机缸体、活塞等，同时防止灰尘、杂质污染发动机机油，造成发动机各润滑部位的磨损。现代汽车发动机的空气滤清器外壳内，一般都设有过滤空气中灰尘、杂质的粗滤装置和降低进气噪声的装置。

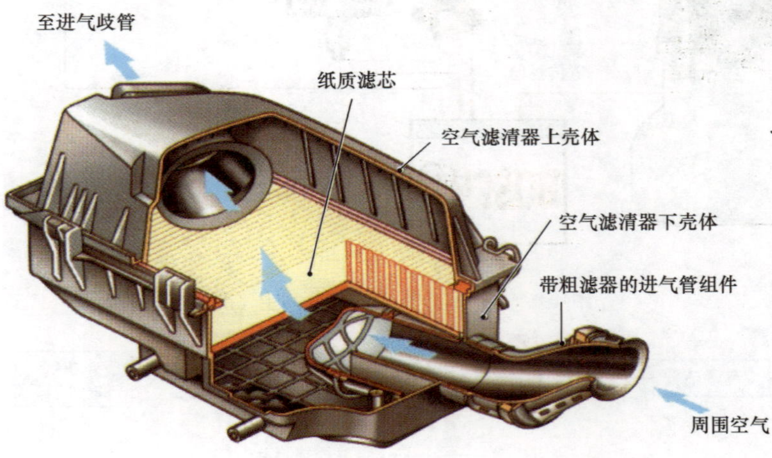

图 4–8　大众轿车的空气滤清器及外壳

2. 节气门

节气门的作用是控制进入发动机汽缸的空气流量，有机械节气门和电子节气门两种类型，机械节气门的空气供给部分如图 4–9（a）所示，电子节气门的空气供给部分如图 4–9（b）所示。

因节气门的开度反映发动机的负荷，一般节气门开度大，则表示发动机负荷大。发动机电喷系统要根据节气门开度来修正喷油量和点火提前角。为检测节气门开度的大小，在机械和电子节气门上都装有节气门位置传感器，如图 4-10 和图 4-11 所示。

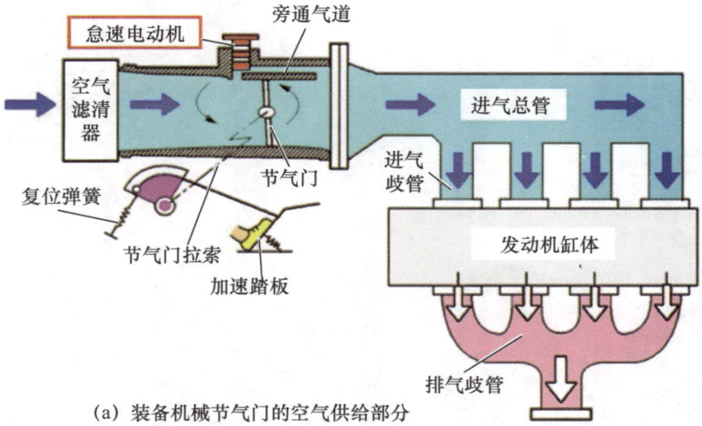

(a) 装备机械节气门的空气供给部分

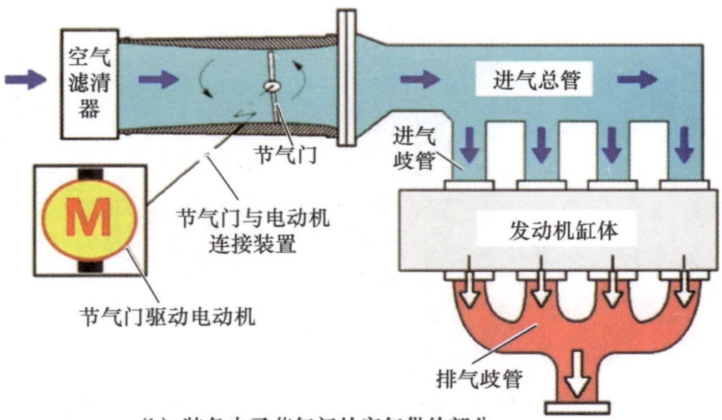

(b) 装备电子节气门的空气供给部分

图 4-9 装备机械节气门和电子节气门的空气供给部分

图 4-10 机械节气门位置传感器

图 4–11　电子节气门位置传感器

为提高燃油的雾化效果，在节气门体上设置有加热装置，图 4–10 中机械节气门的加热装置为加热电阻；桑塔纳 3000 轿车节气门体的加热装置为加热水管，如图 4–12 所示，加热水管中的热水来自发动机的冷却水。加热装置对节气门体加热，节气门体对流入节气门的空气加热，喷油器喷出的燃油与热空气混合后，雾化效率提高。

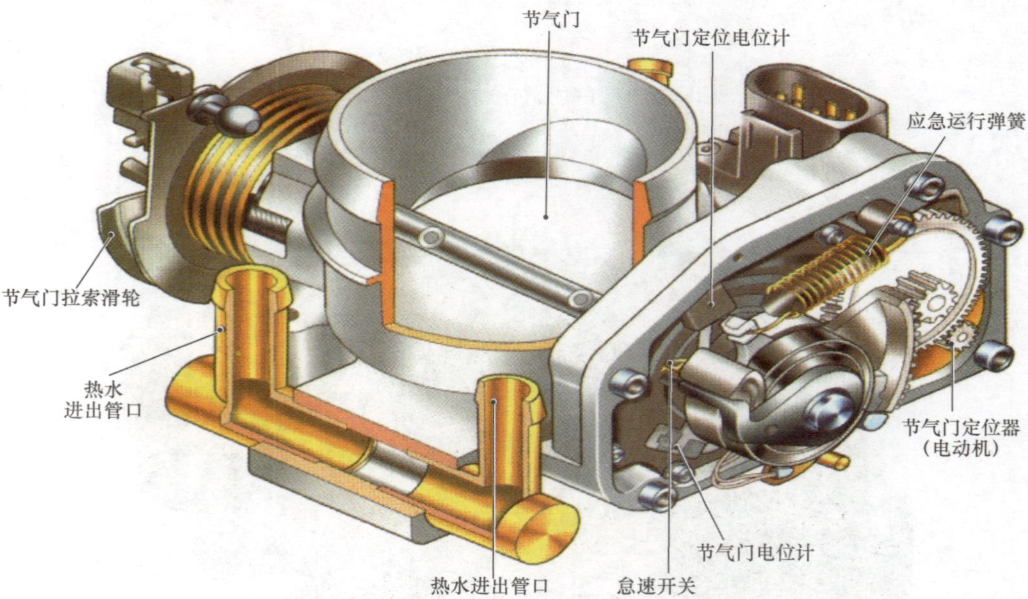

图 4–12　桑塔纳轿车的节气门体

3. 进气总管和进气歧管

进气总管和进气歧管的外形如图 4–13 所示。进气总管相当于一个大储气罐，可以存储大量的空气，缓和进气气流的脉冲，保证各缸有充足的进气；进气歧管的作用是将可燃混合气引入各汽缸，保证进气充分和各缸进气量均匀一致。

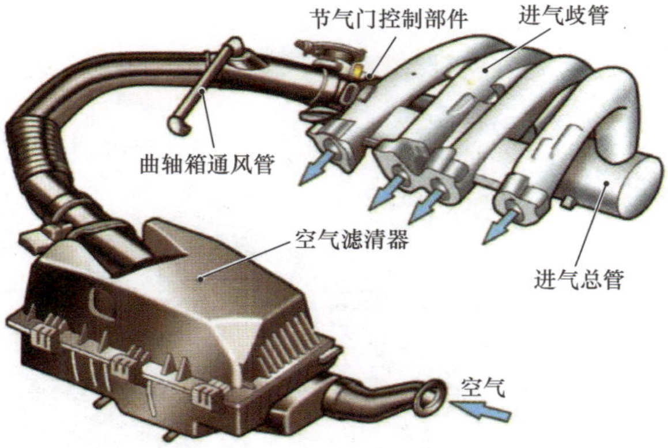

图 4–13　桑塔纳轿车的进气总管和进气歧管

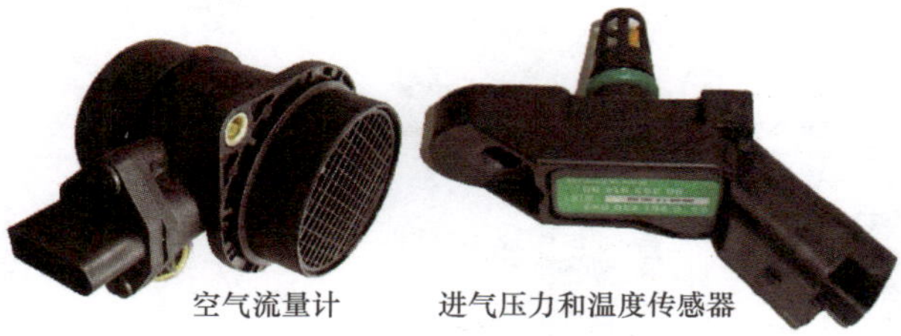

图 4–14　空气流量计和进气压力传感器的外形

4. 空气流量计和进气压力传感器

空气流量计和进气压力传感器分别是L型和D型电喷系统中用来检测发动机进气量的传感器，其外形如图 4–14 所示。进气温度传感器（由热敏电阻制成）一般集成在进气压力传感器或空气流量计内，当该传感器电路有故障时，将造成发动机转速不稳定。

第六节 发动机怠速的控制方式

汽车挂空档，起动发动机后，发动机不对外输出功率，此时发动机产生的功率只用于维持发动机稳定运行，这时发动机的转速称为怠速。对于一台发动机来说，维持发动机稳定运行的怠速越低，发动机越省油。

现代汽车发动机电喷系统，控制怠速的方法一般有两种：一是用怠速控制阀（或步进电机）控制；二是用电子节气门直接控制。

采用机械节气门的发动机，怠速时由于不踩加速踏板，节气门处于完全关闭状态。为了将怠速所需的一定量的空气引入发动机汽缸，在发动机的空气供给系统中设置了一个旁通气道，如图 4–15 和图 4–16 所示。维持发动机怠速运转所需的空气由旁通气道进入发动机，在旁通气道上，设置了一个怠速控制阀（或步进电机），怠速控制阀（或步进电机）专门用来控制旁通气道开口的大小，如怠速控制阀（或步进电机）将旁通气道开口调大，进入发动机的空气量就加大，于是发动机ECU就控制多喷油,发动机怠速就升高；如怠速控制阀(或步进电机)将旁通气道开口调小，进入发动机的空气量就减少，于是发动机ECU就控制少喷油，发动机怠速就降低。

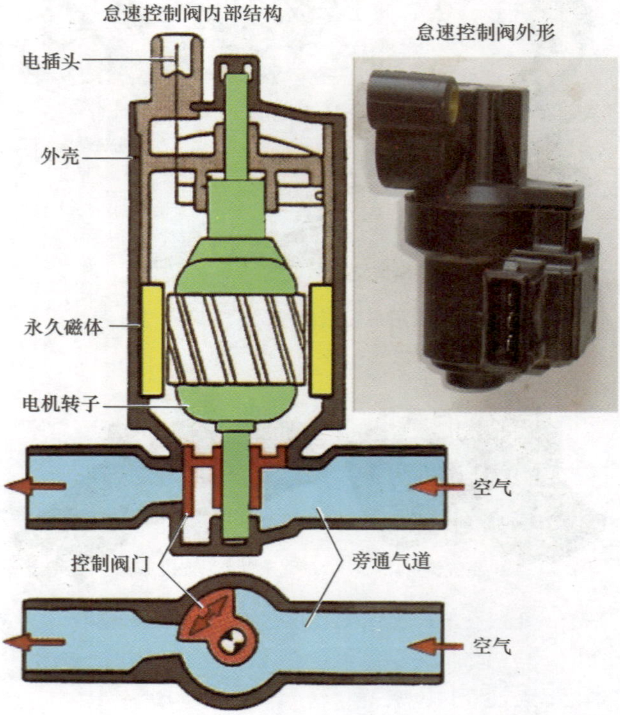

图4-15　怠速控制阀外形和结构

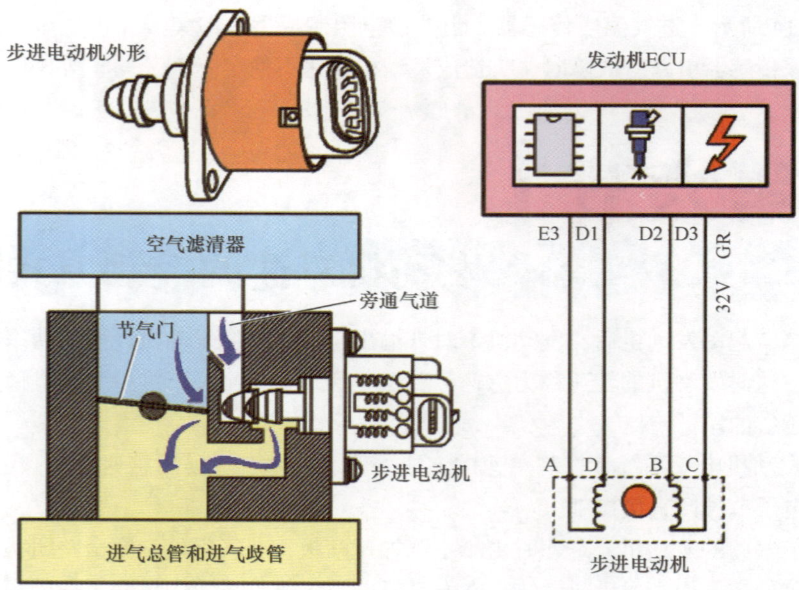

图4-16　步进电机的外形和结构

采用电子节气门的发动机，取消了供怠速使用的旁通气道和怠速阀（或步进电机），由发动机 ECU 通过操纵电子节气门来控制怠速时发动机所需要的进气量，如图 4-6 和图 4-7 所示。

第七节 发动机燃油供给部分的组成和各元件的作用

一、发动机燃油供给部分的组成

发动机燃油供给部分的作用是将燃油从燃油箱中泵出，并经过滤清、调压后提供给喷油器，然后由喷油器喷入发动机汽缸参与燃烧。发动机燃油供给部分一般由燃油箱、电动燃油泵、汽油滤清器、油压调节器、喷油器等组成。图 4-17 是桑塔纳轿车的燃油供给部分示意图，它的油压调节器装在燃油分配管上；图 4-18 是丰田轿车的燃油供给部分示意图，它的油压调节器装在燃油泵上。

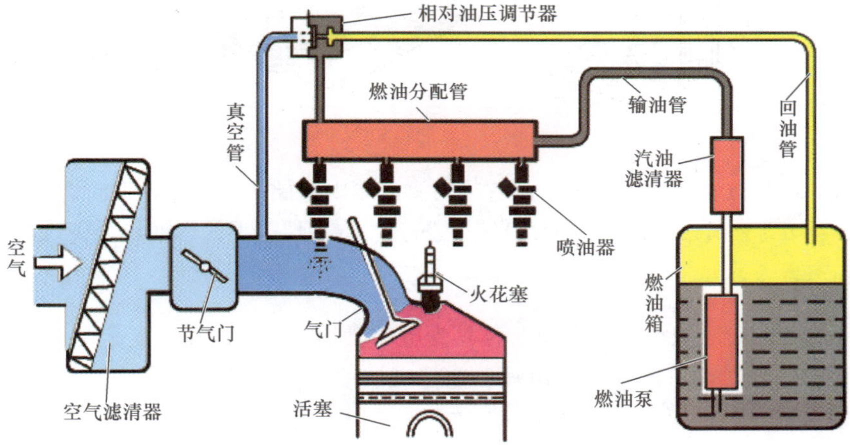

图 4-17 桑塔纳轿车发动机燃油供给部分示意图

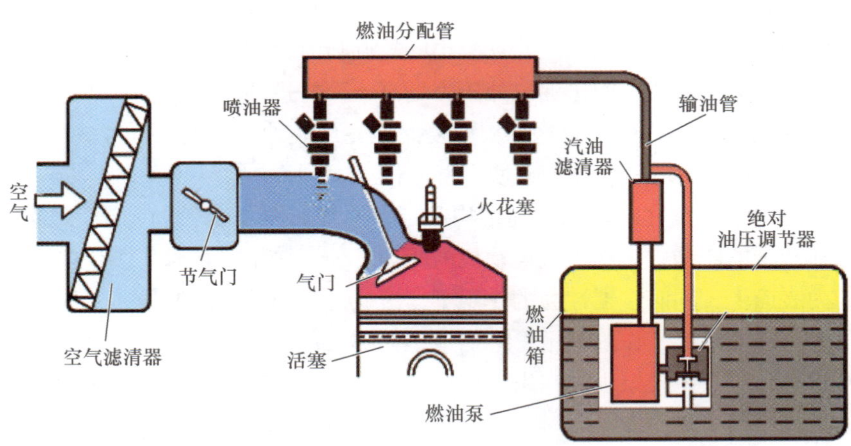

图 4-18 丰田轿车发动机燃油供给部分示意图

二、发动机燃油供给部分各元件的作用

1. 燃油箱

燃油箱的作用是储存一定量的燃油，其容积大小与车型和发动机的排量有关，其形状随车型不同而各异，这主要是为了适应在车上的布置安装，轿车燃油箱一般布置在座舱内后排乘客座椅下。现代轿车燃油箱内一般都装有燃油泵，如图 4–19 所示。

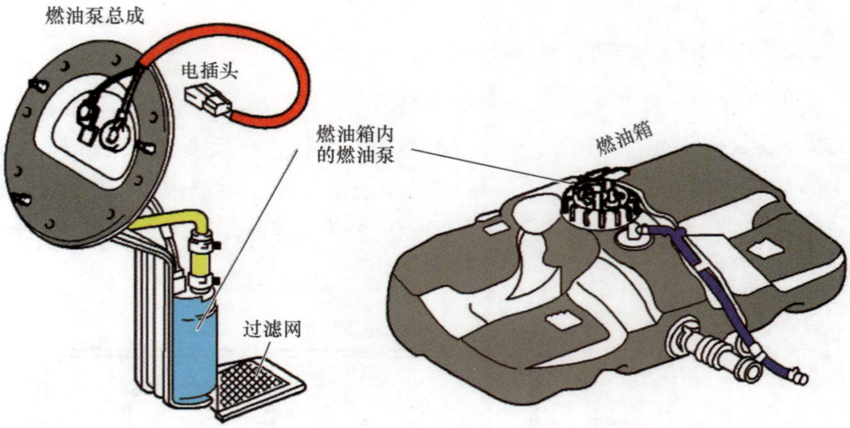

图 4–19　燃油箱和燃油泵

燃油箱内一般装有燃油量传感器，用它来检测油箱内存储的燃油量，并将燃油量信息传递给仪表显示，以告知驾驶员燃油量的多少；当燃油量过低时，仪表上的燃油量报警灯还会点亮报警。

2. 燃油泵

燃油泵一般为永磁电机驱动，所以又称其为电动燃油泵。它的作用是把燃油从油箱内吸出，并通过输油管输送到燃油分配管，再由喷油器将燃油喷入发动机各汽缸。在电控燃油喷射系统中最常用的是内置式燃油泵，即燃油泵安装在燃油箱内。内置式燃油泵不易产生气阻和漏油现象，对泵的自吸性能要求低。内置式燃油泵主要有叶片式和滚柱式两种，对它们的工作原理简述如下。

（1）叶片式燃油泵：叶片式燃油泵的结构和工作原理如图 4–20 所示。叶轮是一个圆平板，在平板的圆周上加工有小槽，形成泵油叶片。当叶轮旋转时，圆周上小槽内的燃油随同叶轮一起高速旋转。由于离心力的作用，使出油口处压力增高，而在进油口处产生真空，从而使燃油在进油口处被吸入，在出油口处被排出，这样周而复始地完成燃油的输送。叶片式燃油泵的特点是，运转噪声小，泵油压力高，叶片磨损小，使用寿命长。

（2）滚柱式燃油泵：滚柱式燃油泵的结构和工作原理如图 4–21 所示。转子偏心地安装在泵体内，滚柱装在转子的凹槽中。在永磁电动机的驱动下，当转子旋转时，滚柱在离心力的作用下紧压在泵体的内表面上，同时在惯性力的作用下，滚柱总是与转子凹槽的一个侧面贴紧，从而形成密封的工作腔。在油泵的工作过程中，进油口一侧的工作容积因增大而产生真空，成为低压吸油腔，燃油经进油口被吸入油泵内；在出油口一侧因工作容积减小而成为高压压油腔，经油泵加压的燃油从出油口排出。油泵转子每转一圈，其排出的燃油就要产生与滚柱相同的压力脉动，故在出油口处装有油压缓冲器，以减小出口处的油压脉动和运转噪声。

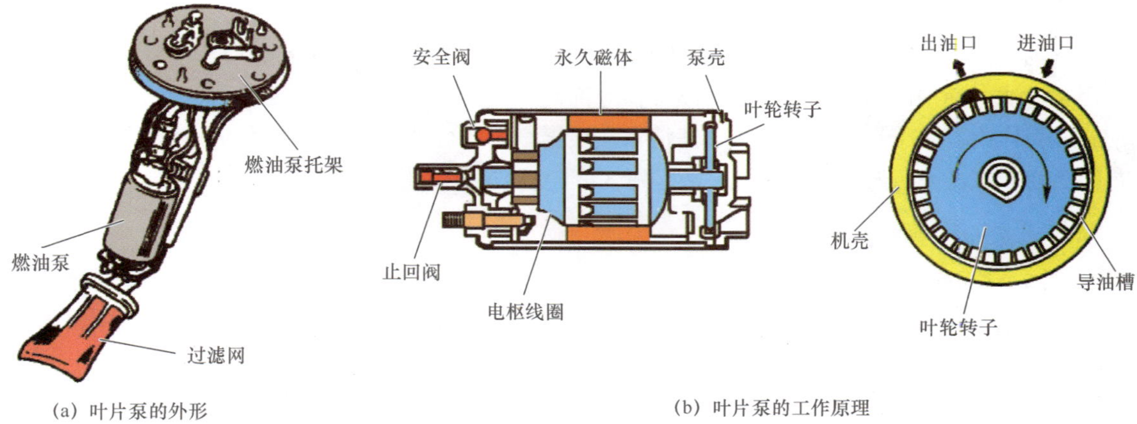

图 4-20 叶片式燃油泵的外形与原理

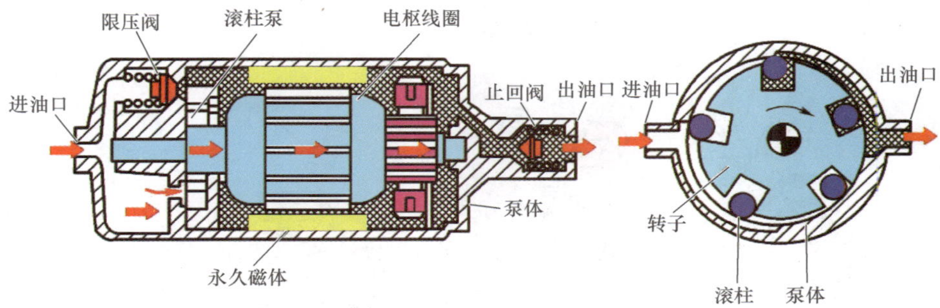

图 4-21 滚柱式燃油泵的结构与原理

燃油泵中的止回阀是一个单向阀，单向阀的开启压力一般大于 100 kPa。它的作用是防止发动机熄火后，油泵泵出的燃油倒流回油箱，并可保持输油管中有一定的残余压力，以便发动机熄火后容易再次起动，同时防止由于温度较高时输油管路中产生“气阻”现象（注：在发动机工作过程中，该阀损坏有可能造成发动机热车起动困难）。燃油泵中的安全阀也是一个单向阀，当油泵的输出压力超过一定值（一般为 400 kPa）时，安全阀会自动开启，高压燃油可流回至油泵的进油室，并在油泵和电动机内循环，以此可避免由于油路堵塞而引起管路油压过高造成管路破裂或燃油泵损坏。

小提示：燃油泵内电动机的最大工作电流可以达到 10 A 以上，燃油泵工作时，是靠流动的燃油给电动机散热。为了防止燃油泵缺油散热被烧坏，在轿车的仪表板上一般设置有燃油报警灯，有些轿车的燃油箱内只剩 7 ～ 8 L 油时，燃油报警灯点亮，如图 4-22 所示。

图 4-22 轿车仪表板上的燃油报警灯

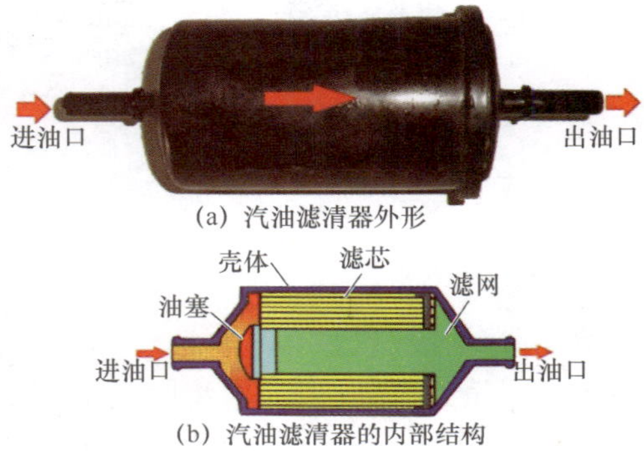

图 4-23 汽油滤清器的外形和内部结构

3. 汽油滤清器

汽油滤清器的外形和内部结构如图 4–23 所示，它一般装在燃油箱和燃油分配管之间。它的作用是过滤燃油中的杂质，防止堵塞喷油器等部件，减少运动部件的磨损。汽油滤清器采用过滤形式，壳体内有一个纸质滤芯。汽油滤清器应根据车辆的行驶里程、使用燃油的质量等情况及时更换。轿车汽油滤清器的更换标准一般是每 3 万公里或每 3 年。

4. 燃油分配管

燃油分配管的作用是将燃油均匀、等压地输送给各缸喷油器。由于它的容积大，故还有储油蓄压、减小油压脉动的作用。桑塔纳轿车的燃油分配管外形如图 4–24 所示，它的燃油分配管上安装有油压调节器；有些轿车的燃油分配管不带油压调节器，如图 4–25 所示。

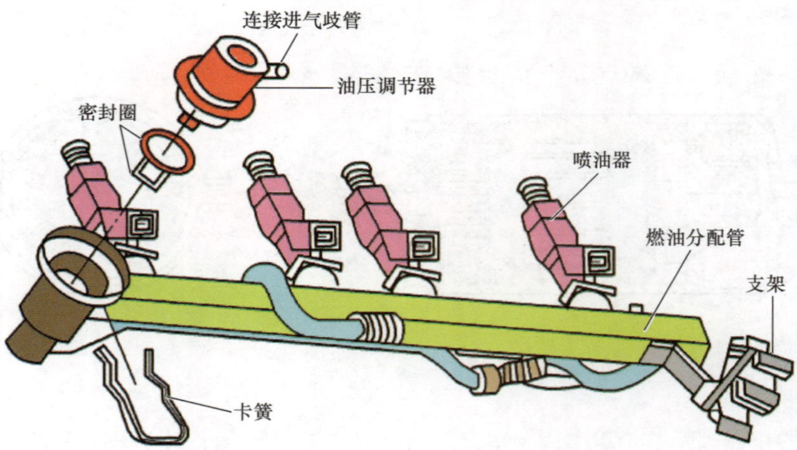

图 4–24　桑塔纳轿车的燃油分配管外形

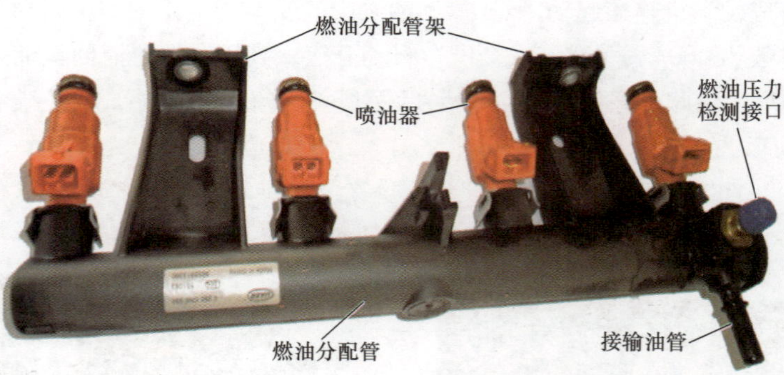

图 4–25　不带油压调节器的燃油分配管

5. 油压调节器

油压调节器的安装位置有两种：一种是装在燃油泵上，如图 4–18 所示，这种油压调节器工作时，无论进气压力如何变化，它将燃油压力调在一个定值（一般在 350 kPa 左右），故被称为绝对油压调节器；另一种是装在燃油分配管上，如图 4–24 所示，这种油压调节器是根据进气歧管内的压力的变化来调节燃油压力，故被称为相对油压调节器。

相对油压调节器结构和工作原理如图 4–26 所示，调节器有金属壳体，其内部由橡胶膜片分为弹簧室和燃油室两部分。弹簧室内有一个带预紧力的螺旋弹簧，它作用在膜片上，在膜片右侧安装有一个阀，用来控制回油，在弹簧室一侧通过一根真空管与进气歧管相连。相对油压调节器的作用是，在发动机各种工况下，使燃油压力和进气歧管的压力差保持不变（即为弹簧调定的压力约为 300 kPa）。

如怠速时，发动机负荷小，节气门开度小，进气压力低，燃油压力作用在膜片上，克服左侧弹簧的力和进气压力，使阀打开，部分燃油流回油箱，将油压调低，如图 4–26（b）所示；发动机负荷大时，节气门开度大，进气压力高，进气压力和弹簧压力共同作用，克服油压力推动膜片向右，使阀关闭，将燃油的回油口关闭，将油压调高，如图 4–26（c）所示。当燃油泵停止工作时，在弹簧力的作用下，膜片使阀门关闭，保持油路中有一定的残余压力，以利于发动机的下次起动。

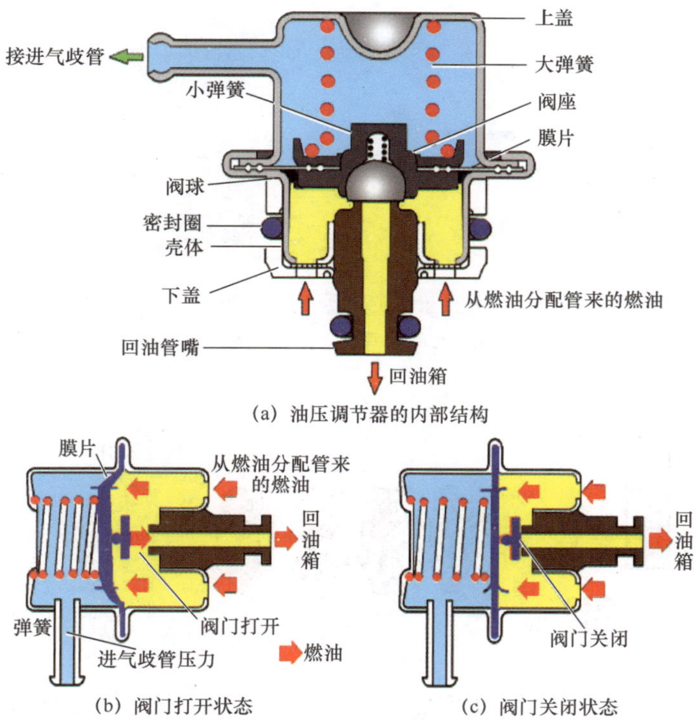

图 4–26 相对油压调节器的结构和原理

6. 喷油器

喷油器是发动机电喷系统的一个重要执行器，它接收发动机 ECU 喷油脉冲信号，准确控制喷油量，同时将燃油喷射后雾化。轴针式喷油器的结构如图 4–27 所示，它安装在燃油分配管上，当喷油器不工作时，弹簧弹力使针阀复位，针阀关闭，轴针压靠在阀座上起到密封的作用，防止燃油泄漏。滤网用于过滤燃油中的杂质，上部密封圈防止燃油泄漏，下部密封圈防止漏气。当电磁线圈通电时，电磁吸力使针阀克服弹簧的弹力，针阀与轴针上移，阀门打开，燃油从喷孔喷出。由于燃油压力较高，因此喷出的燃油得到良好雾化。当电磁线圈断电时，电磁力消失，针阀与轴针在弹簧的作用下复位，阀门关闭，停止喷油。

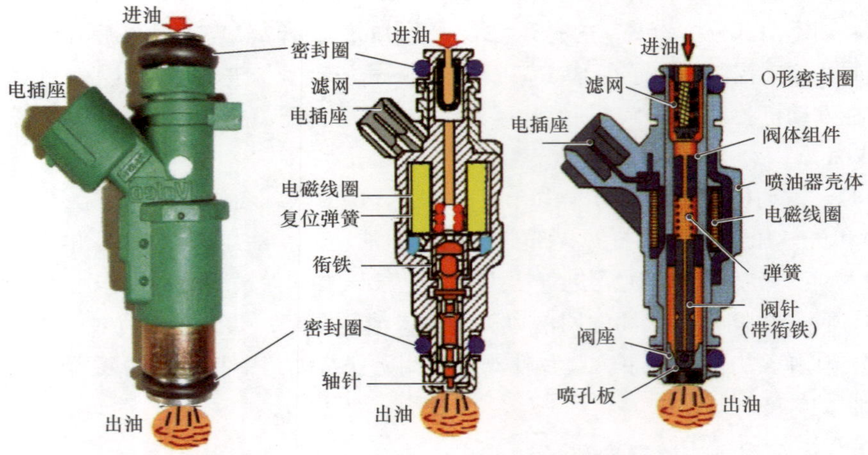

(a) 喷油器外形　(b) 喷油器的外部结构

图 4-27　喷油器的外形与结构

第八节 发动机喷油方式

发动机 ECU 对喷油器的控制形式有同时喷射控制、分组喷射控制和顺序喷射控制，如图 4-28 所示。爱丽舍 8 气门轿车采用的是同时喷射控制，卡罗拉轿车、桑塔纳轿车等多数轿车采用的都是顺序喷射。

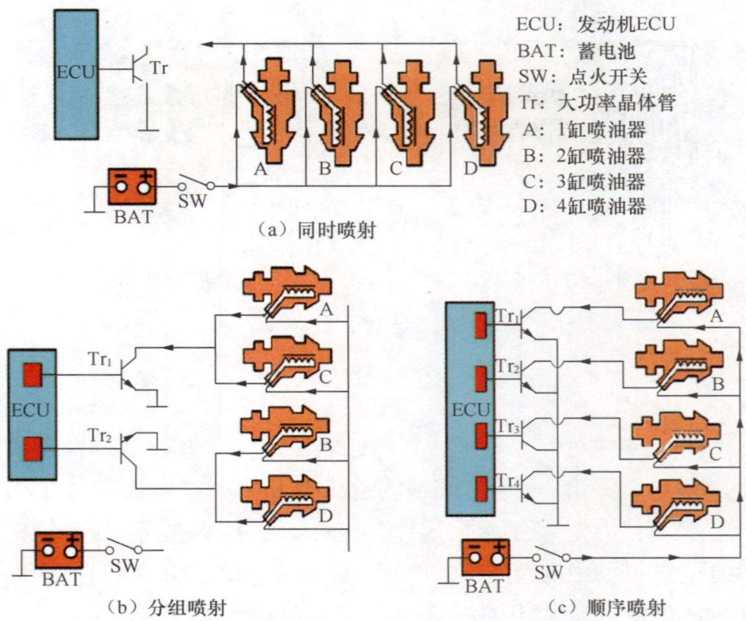

图 4-28　发动机 ECU 对喷油器的控制形式

一、同时喷射

同时喷射的特点是所有喷油器为并联连接，当点火开关接通时，电源的正极便同时加到4个喷油器电磁线圈的一端，发动机ECU根据发动机转速传感器、进气压力（或空气流量）传感器等信号，向喷油器发出喷油控制指令，控制大功率三极管的导通和截止，从而控制各喷油器电磁线圈的电路同时接通和切断，使各缸喷油器同时喷油。通常曲轴每转360°，各缸喷油器同时喷油一次，发动机每完成进气、压缩、做功和排气一个工作循环，曲轴旋转720°，故各缸喷油二次。各缸二次喷射的汽油，在进气门打开时一起进入汽缸。图4-29（a）为同时喷射控制的喷油正时，从图可知同时喷射控制的喷油正时与发动机的进气、压缩、做功和排气的工作循环没有关系。它的缺点是由于各缸所对应的喷射时间不可能是最佳，会造成各缸混合气形成不一样。但这种喷射方式不需要汽缸判别信号，且控制电路的结构和软件较简单，因此，目前这种喷射方式有一定的应用。

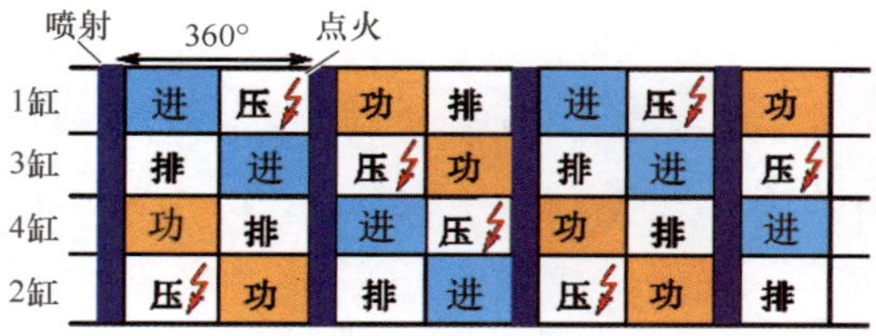

(a) 同时喷射控制正时图

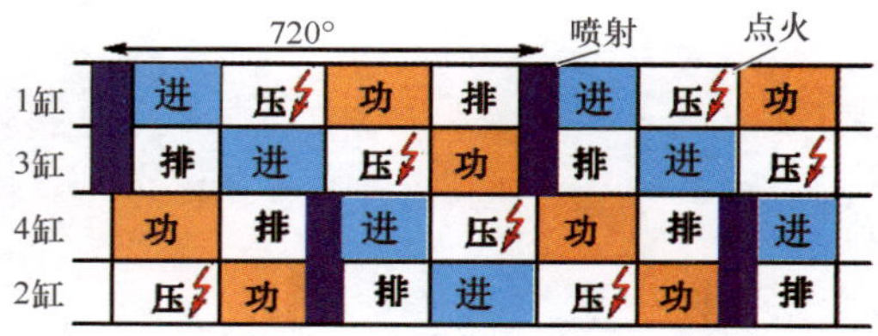

(b) 分组喷射控制正时图

图4-29　同时喷射控制和分组喷射控制正时图

二、分组喷射

在分组喷射控制中，每组喷油器为并联连接，二组喷油器的搭铁回路分别由不同的大功率三极管控制。一般4缸发动机将喷油器分成2组（1、3缸，2、4缸），6缸发动机将喷油器分成3组（1、5缸，3、6缸，2、4缸）。发动机ECU从发动机转速传感器等接收到某组喷油器的喷射控制信号时，便发出喷油控制指令，控制该组大功率三极管的导通，从而接通该组喷油器电磁线圈的电路，该组喷油器开始喷油。图2-29（b）是分组控制的正时图，从图可知发动机每一工作循环，各缸喷油器喷射一次或二次，一般发动机每转360°，只有一组喷油器喷油。

三、顺序喷射

顺序喷射也称为独立喷射，图4-30为顺序喷射控制正时图，从图可知发动机一个工作循环中，各缸喷油器顺序轮流喷油一次。在顺序喷射控制中，发动机ECU根据发动机转速传感器和凸轮轴位置传感器的信号，可以判定活塞在发动机汽缸内的具体位置，即哪一缸活塞正在向上止点运动，是压缩行程还是排气行程。当判定某缸在排气行程上止点前一定角度时，便向该缸发出喷油指令，将该缸对应的大功率三极管导通，从而控制该缸喷油器喷油。喷油顺序：4缸发动机为1-3-4-2；6缸发动机为1-5-3-6-2-4。由于顺序喷射可以在最佳时间喷油，有利于混合气的形成，可提高发动机的动力性和经济性，并降低排放污染，故目前在汽车发动机上得到广泛应用。但顺序喷射需要判缸（注：主要是判断一缸压缩行程上止点的位置）信号，控制电路和软件较复杂。

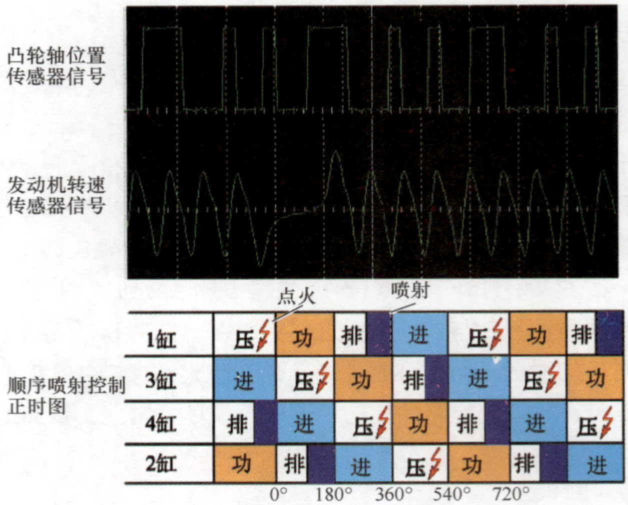

图 4–30　顺序喷射控制正时图

注意： 在桑塔纳轿车和卡罗拉轿车上是利用发动机转速传感器和凸轮轴位置传感器的信号判缸，在爱丽舍轿车上是利用发动机转速传感器和点火线圈的信号判缸。

第九节 发动机缸内直接喷射燃油系统

三菱、丰田、雪铁龙、奔驰、宝马等许多现代轿车上都使用了汽油发动机缸内直接喷射燃油系统，如图 4–31 所示。发动机缸内直接喷射燃油系统是将喷油器装在发动机汽缸内，直接把燃油喷在发动机汽缸内，简称缸内直喷；而一般的发动机电喷系统是把喷油器安装在发动机汽缸外，喷油器把燃油喷在发动机进气歧管内，简称缸外喷射。图 4–32 所示是两种喷射系统的示意图。与发动机缸外喷射系统相比，缸内直接喷射系统具有节省燃油、提高发动机输出功率、降低废气排放等优点。

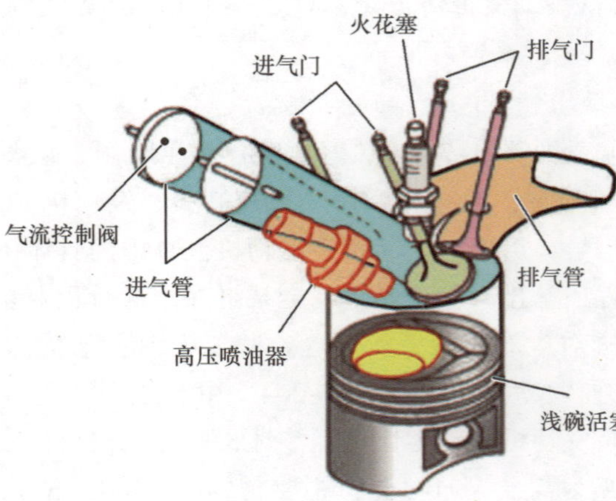

图 4–31　发动机缸内直接喷射燃油系统简图

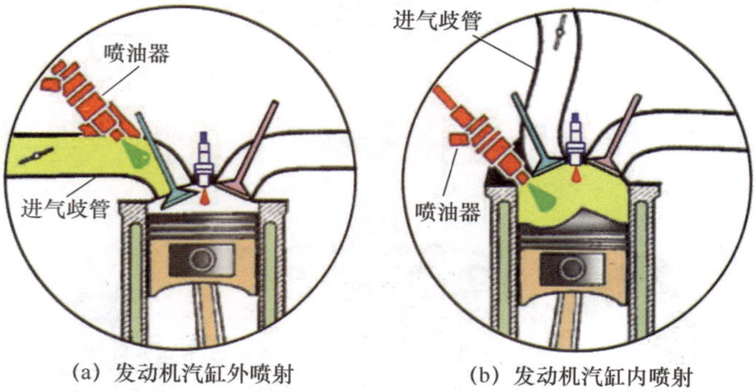

图 4–32　发动机的缸外和缸内喷射

一、发动机缸内直接喷射燃油系统的组成

发动机缸内直接喷射燃油系统，主要由低压油泵、低压调节器、高压油泵、高压调节电磁阀、高压传感器、燃油轨道和喷油器等组成，如图 4–33 和图 4–34 所示。

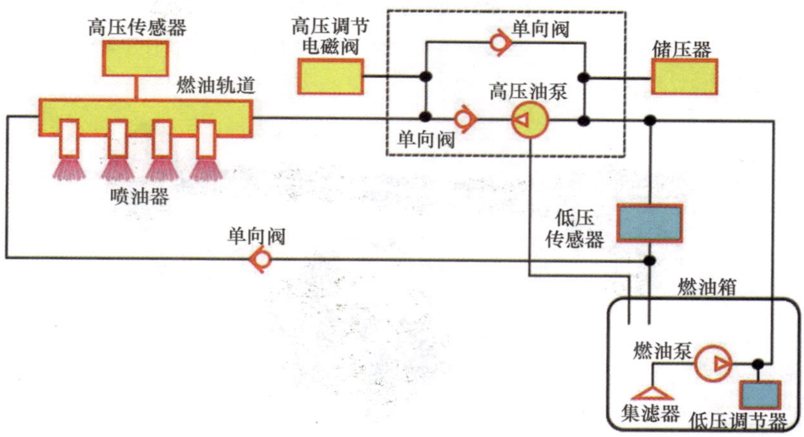

图 4–33　发动机缸内直接喷射燃油系统示意图

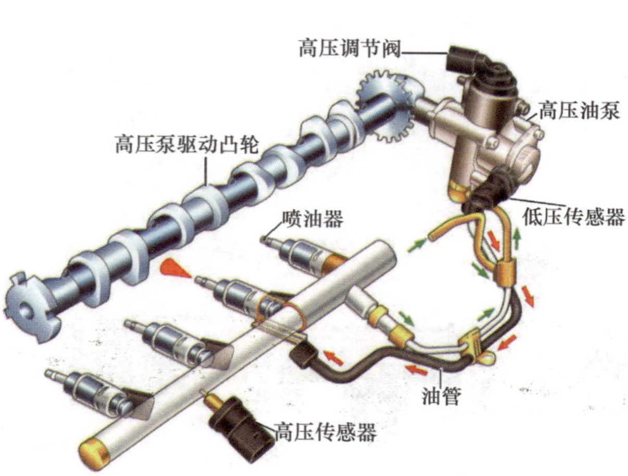

图 4–34　发动机缸内直接喷射燃油系统部分元件图

二、发动机缸内直接喷射燃油系统主要元件的作用

1. 高压油泵

高压油泵由进气凸轮轴直接驱动，能在发动机所有运转范围内，提供汽油雾化所需的 5 MPa 油压，其外形和安装位置如图 4–35 所示。

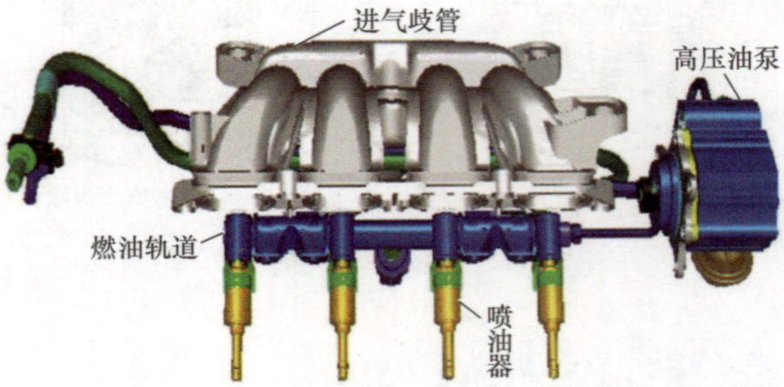

图 4–35　高压油泵的外形和安装位置

2. 高压调节电磁阀

高压调节电磁阀、蓄压器与高压油泵集成为一个整体，如图 4–36 所示。发动机电控单元根据高压传感器的信号，控制高压调节电磁阀的工作，将高压油泵送来的油压调节为 5 MPa 左右，保证喷油器的工作压力基本不变。

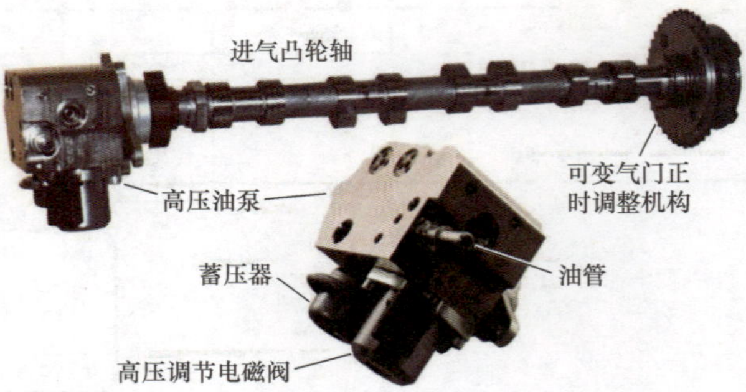

图 4–36　高压调节电磁阀的安装位置和外形

3. 高压传感器和燃油轨道

高压传感器装在燃油轨道上，如图 4–37 所示。高压传感器用来检测燃油压力信号，发动机 ECU 根据高压传感器的信号来控制高压调节电磁阀的工作，燃油轨道是安装喷油器的支架，同时具有一定的蓄压作用。

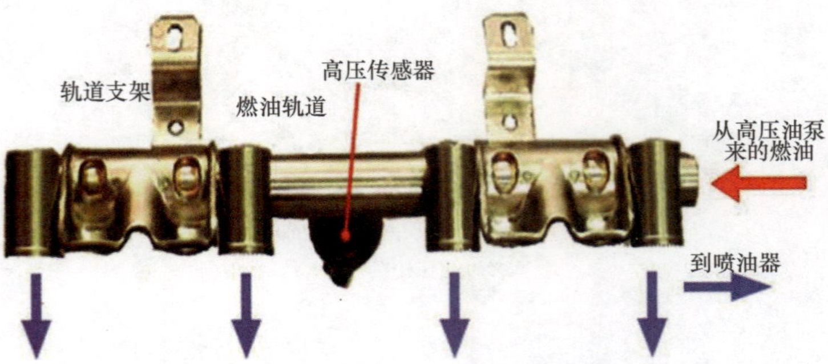

图 4–37　高压传感器和燃油轨道

4. 喷油器

喷油器外形如图 4–38 所示，它安装在燃油轨道上，它根据发动机 ECU 的指令喷油，产生强烈的涡流使汽油雾化，以达到汽油粒子微粒化的效果。

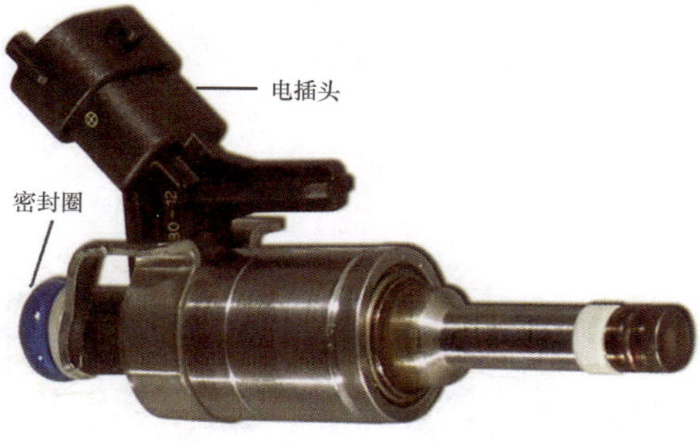

图 4–38　喷油器的外形

第十节 发动机排放控制系统各元件的作用和工作原理

一、曲轴箱通风系统

在发动机工作时，会有部分可燃混合气和燃烧产物经活塞环由汽缸壁之间的间隙窜入曲轴箱内。在发动机技术状况正常的情况下，窜气量占发动机总排量的 0.5% ～ 1.0%。这些物质如不及时清除，将加速机油变质，造成机油润滑性能下降，并腐蚀活塞、活塞环、气门、轴承以及发动机内部的其他零部件并加速它们的磨损。又因窜入曲轴箱内的气体中含有 HC 及其他污染物，所以不允许把这些气体排放到大气中。现代汽车发动机上都装备有曲轴箱强制通风（又称 PCV）系统，将窜入曲轴箱的这些气体通过进气歧管引入到发动机汽缸中燃烧，如图 4–39 所示。

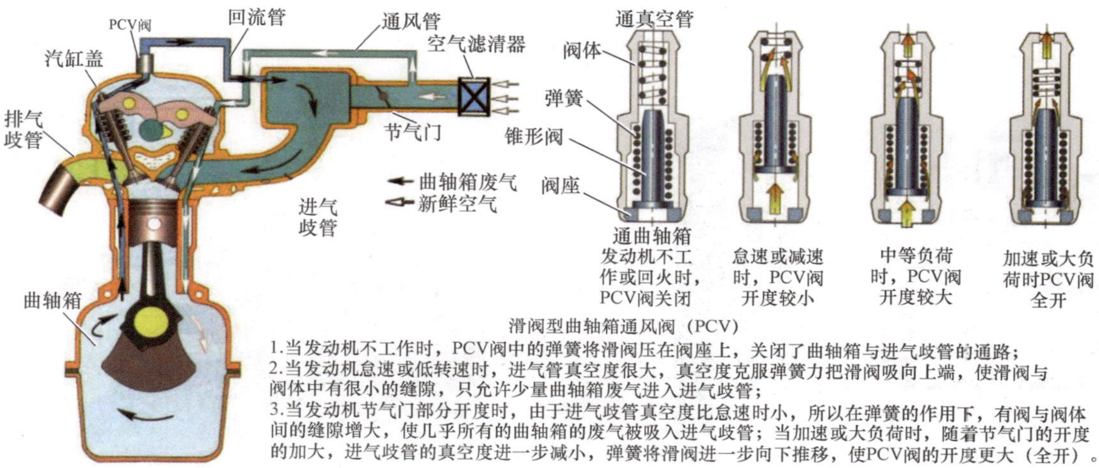

图 4–39　发动机曲轴箱通风系统的工作原理

现在轿车发动机常将 PCV 阀装在汽缸盖罩上，进行曲轴箱通风管，如图 4–40（a）所示。但曲轴箱通风系统如把机油带到燃烧室，会使机油消耗增加，同时造成发动机积炭等不良现象。因此，现代发动机的曲轴箱通风系统中，在 PCV 阀前采取了一些使油气分离的措施，尽量减小随曲轴箱通风而消耗的机油，如在汽缸盖罩上设计了一定的迷宫式结构，使随曲轴箱通风的机油小液滴在经过这些迷宫时，沉淀滞留在汽缸盖罩下的凸轮室中，然后回流到发动机油底壳中，如图 4–40（b）所示。

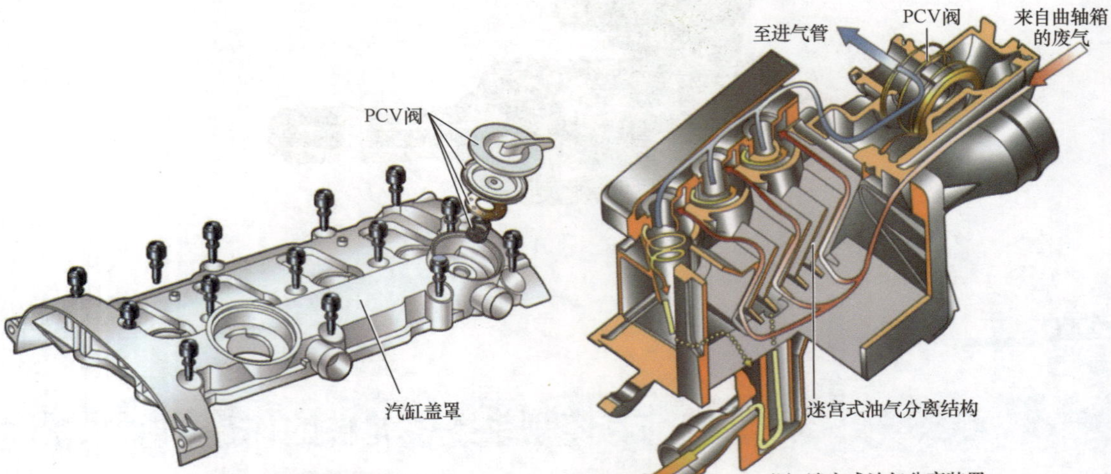

(a) 装在汽缸盖罩上的PCV阀　　(b) 迷宫式油气分离装置

图 4–40　曲轴箱通风系统 PCV 阀的位置和迷宫式油气分离装置

二、活性炭罐和炭罐电磁阀

活性炭罐的结构与外形如图 4–41 所示，它的作用是吸附燃油箱中蒸发的燃油分子。炭罐电磁阀的外形如图 4–42 所示，它的作用是控制活性炭罐中的燃油分子进入发动机进气歧管。由活性炭罐、炭罐电磁阀等组成的燃油蒸发控制系统的工作原理如图 4–43 所示。

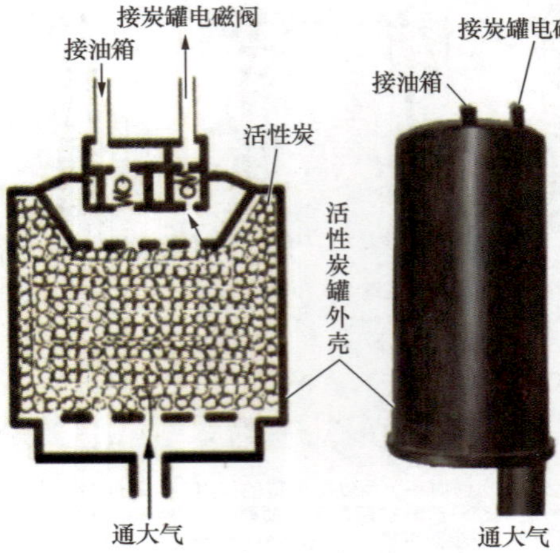

图 4–41　活性炭罐的结构与外形

图 4–42　炭罐电磁阀的外形

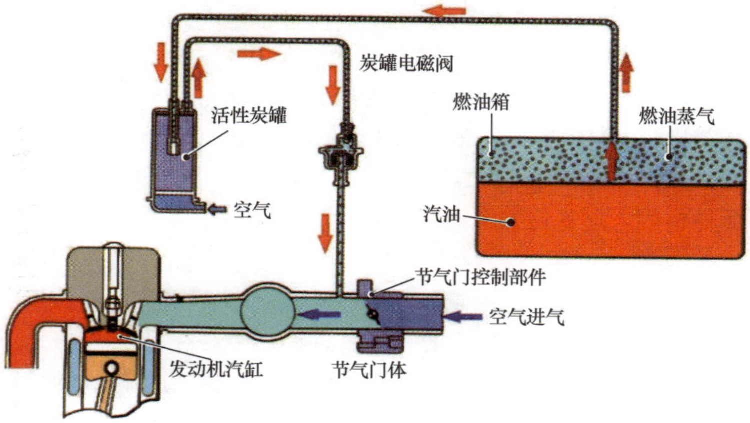

图 4–43 燃油蒸发控制系统

当燃油箱内的汽油蒸气压力大于外界环境大气压力时，汽油蒸气经燃油箱顶部的蒸气管进入活性炭罐。活性炭罐内充满了活性炭粒，汽油蒸气中的汽油分子被吸附在活性炭的表面，剩下的空气经活性炭罐的下出气口排入大气中。活性炭罐的上出气口通过真空软管与发动机进气歧管相连，在软管的中部设有炭罐电磁阀（该阀为常闭阀）控制管路的通断。发动机运转时，一般进气温度达到 5℃以上，水温达到 60℃以上，发动机 ECU 就可控制炭罐电磁阀开启，则在进气管真空吸力的作用下，外界空气从活性炭罐的底部进入经过活性炭至上出气口，再经真空软管进入发动机进气歧管。流动的空气使吸附在活性炭表面的汽油分子又重新蒸发，随新鲜空气一起被吸入发动机汽缸燃烧，一方面使汽油得到充分利用，另一方面也恢复了活性炭的吸附能力。

三、排气系统

轿车的排气系统如图 4–44 所示，主要由排气歧管、前 / 后氧传感器、三元催化器、消声器等组成。

1. 排气歧管

排气歧管的作用是把发动机各缸的废气输送到排气管中，排气歧管的形状十分重要，为了使各缸排气相互不干扰和不出现排气倒流现象，并尽可能利用惯性排气，应该将排气歧管做得尽可能长，而且各缸排气歧管应该相互独立、长度相等。4 缸发动机分别将 1、4 缸和 2、3 缸排气歧管汇合在一起，可以完全消除排气干扰现象。

2. 前氧传感器和后氧传感器

前氧传感器和后氧传感器分别装在排气系统中三元催化器的前端和后端，如图 4–45 所示，它们的外形如图 4–46 所示。

氧化锆式氧传感器的工作原理如图 4–47（a）所示，其基本元件是专用陶瓷体，即氧化锆固定电解质，陶瓷体制成管状（锆管），固定在带有安装螺纹的固定套中，锆管的表面装有透气的铂电极，配有护管及电接头，其内表面与大气相通，外表面与废气相通，外表面还加装有一个防护套，套管上开有通气槽。锆管的陶瓷体是多孔的，允许氧渗入该固体电解质内，温度较高时（高于 300℃），氧气发生电离，如果在陶瓷体内（大气）外（废气）侧的氧气浓度不同，就会在两个铂电极表面产生电压，含氧量高的一侧为高电位。当混合气稀时，排气中含氧多，两个铂电极表面产生的电压低；当混合气浓时，排气中含氧少，两个铂电极表面产生的电压高。信号电压的范围为 0.1 ～ 0.9 V，如发动机 ECU 收到小于 0.45 V 的信号电压，说明混合气稀；如发动机 ECU 收到大于 0.45 V 的信号电压，说明混合气浓。氧传感器的电压输出特性如图 4–48（b）所示，氧传感器的工作温度在 300℃以上，为使其尽快达到工作温度，在前氧和后氧传感器插头的 1 脚与 2 脚之间都装备了加热电阻。前氧传感器的信号主要用于发动机 ECU 修正喷油量，将空燃比控制在理论空燃比附近，因为把空燃比控制在理论空燃比附近时，不但可以降低发动机燃油的消耗，而且可使三元催化器的转换效率最高，如图 4–48（a）所示。后氧传感器的作用是监测三元催化器的转化效率，当后氧传感器二电极检测的电压值为 0.6 V 左右，波形近似为一条直线时，说明三元催化器工作正常，如图 4–48（b）所示；当后氧传感器与前氧传感器的波形相同时，说明三元催化器失效，如图 4–48（c）所示，此时应更换三元催化器。为了防止电磁干扰，前氧和后氧传感器导线的外部加装了屏蔽层。前氧传感器电路有故障将造成发动机转速不稳定，后氧传感器电路有故障将造成抗污染故障。

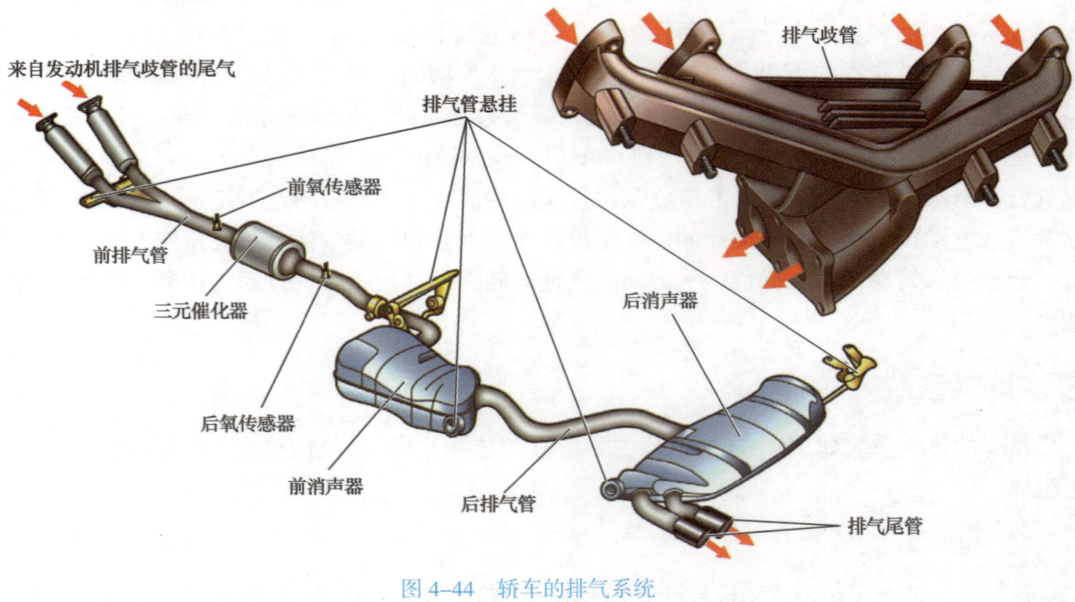

图 4–44　轿车的排气系统

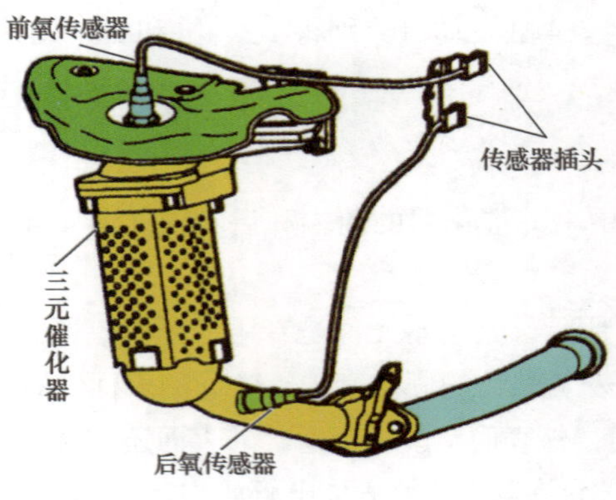

图 4–45　前 / 后氧传感器的安装位置

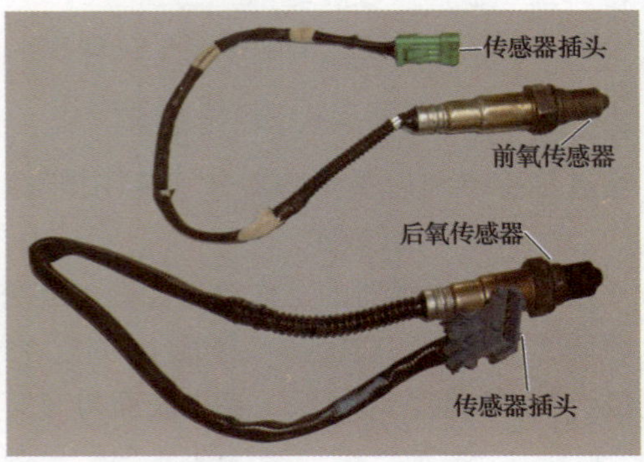

图 4–46　前 / 后氧传感器的外形

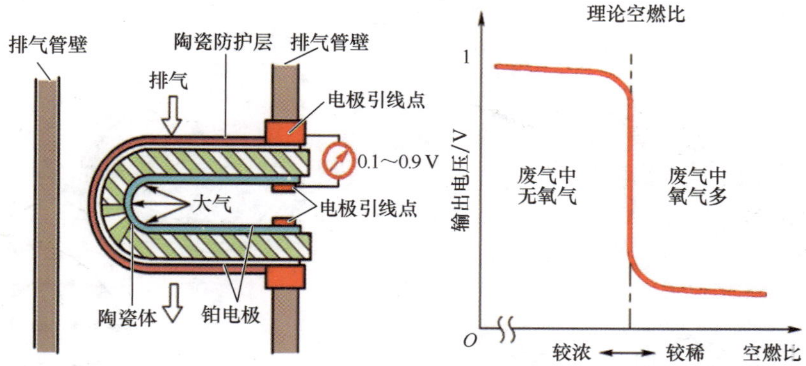

(a) 氧传感器的工作原理　　(b) 氧传感器的电压输出特性

图 4–47　氧传感器的工作原理与电压输出特性

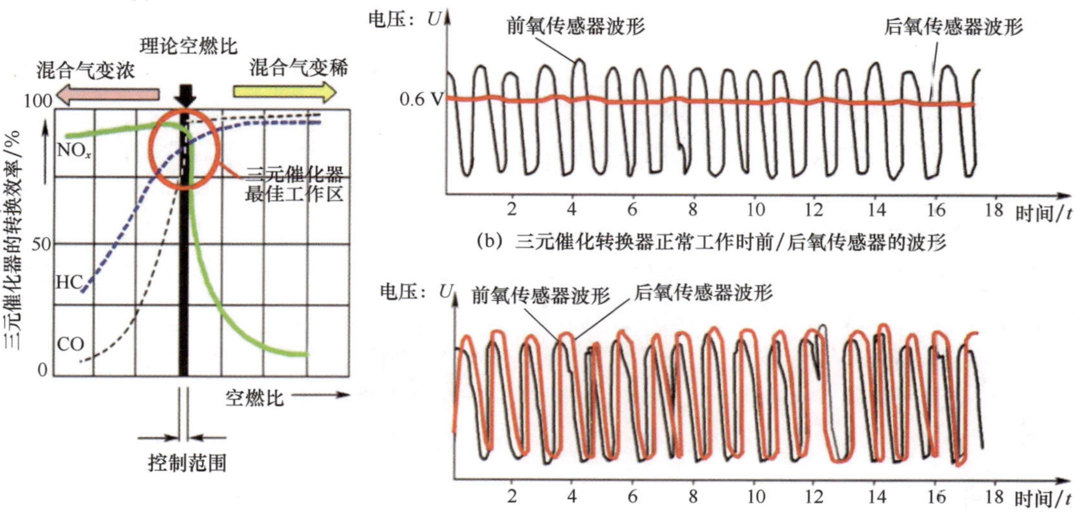

(a) 三元催化转换器的工作特性　　(c) 三元催化转换器失效时前/后氧传感器的波形

图 4–48　三元催化器的工作特性和前 / 后氧传感器的波形

3. 三元催化器

三元催化器安装在排气管上，如图 4–45 所示，它的作用是将汽车排气管废气中的有害物 CO、HC、NO_x 转换成对人体无害的 CO_2、N_2、H_2O，从而降低汽车排放对人类环境的污染。三元催化器的结构如图 4–49 所示，它由壳体、减震层和涂有催化剂的载体组成，陶瓷载体每平方英寸有 400 ～ 1 200 个小孔，这些孔贯通于整个载体，在每个小孔的内表面涂有一层非常疏松的 γ–Al_2O_3 涂层，其粗糙多孔的表面可使实际催化反应表面积扩大 7 000 倍左右。在涂层表面散布着贵金属催化剂铂、铑和钯等。尾气中的 CO、HC、NO_x 以及燃烧剩余 O_2 在催化剂的作用下，在一定的温度条件下（一般为 300 ～ 500℃以上）发生氧化–还原反应，生成 CO_2、N_2、H_2O。当空燃比为理论空燃比（A/F=14.7 ：1）时，三元催化器的转换效率可达到 90% 以上，如图 4–48（a）所示。因此，为了减小汽车排放对环境的污染，所有汽车都必须装备三元催化器；且为了提高三元催化器的转换效率，发动机电喷系统必须采用前氧传感器对空燃比进行反馈控制（注：带有前氧传感器的发动机电喷系统称为闭环电喷系统），将空燃比精确地控制在 14.7 ∶ 1 附近。

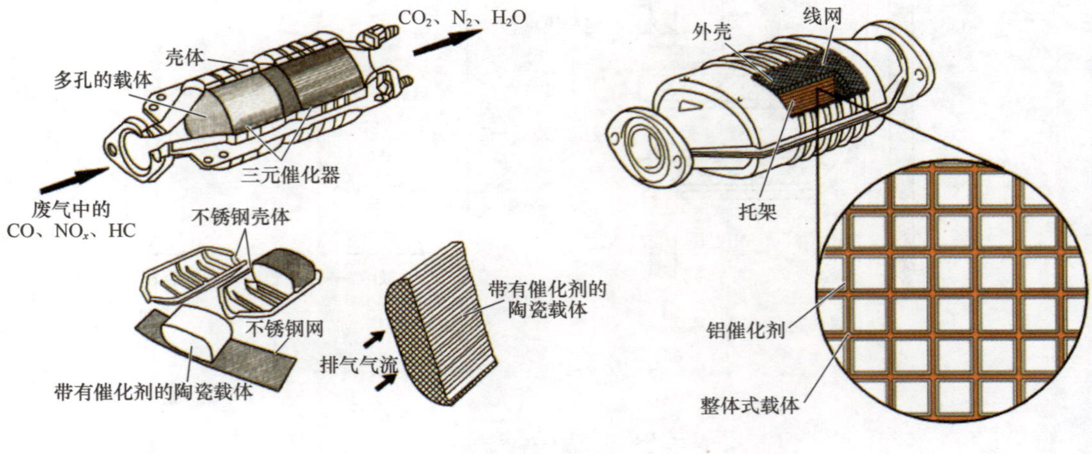

图 4–49　三元催化器的结构

三元催化器常见的故障有以下 3 种：

（1）催化剂化学中毒：中毒的来源主要是燃料和机油中的铅、硫、磷，因此装备有三元催化器的汽车不能使用有铅汽油和劣质机油。

（2）积炭堵塞：燃烧产生的积炭或机油经排气导管进入排气管内氧化生成的积炭堵塞了三元催化器的陶瓷载体，造成排气不畅，恶化燃烧，导致发动机动力不足、怠速发抖、起动困难等故障，同时也使得三元催化器温度升高过多，造成高温烧结。

（3）高温烧结：三元催化器的正常工作温度为 500 ～ 800℃，但是当温度超过 800℃以上时，涂层中的 γ–Al_2O_3 烧结，表面积大大减少，导致三元催化器失效。造成的主要原因是，未燃混合气在载体的高温环境中燃烧、汽车长时间高速大负荷运行、排气堵塞。

4. 消声器

发动机的排气具有一定能量，排气压力为 0.3 ～ 0.5 MPa，排气温度为 500 ～ 700℃。同时，由于排气的间隙性，在排气管内引起排气压力的脉动。若将发动机的排气直接排放到大气中，将产生强烈的、频谱比较复杂的噪声。排气消声器通过逐渐降低排气压力和衰减排气压力脉动，使排气能量耗散殆尽来实现降低排气噪声的目的。排气消声器的基本结构形式有吸收式、扩张式、共振式和干涉式等，实际消声器是多种基本结构形式的组合，如图 4–50 所示。

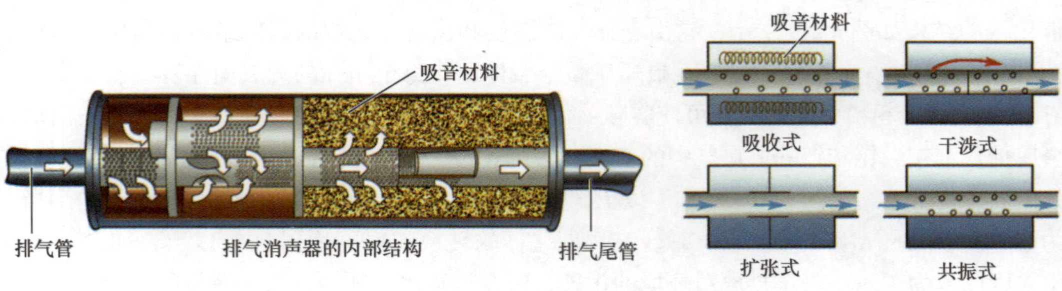

图 4–50　排气消声器的基本结构

【实训操作】

一、发动机供给系统的检查流程

发动机运行抖动、发动机怠速不稳是发动机供给系统最常见的故障。当发动机供给系统有故障，造成发动机运行抖动、怠速不稳时的检查流程如图 4–51 所示。

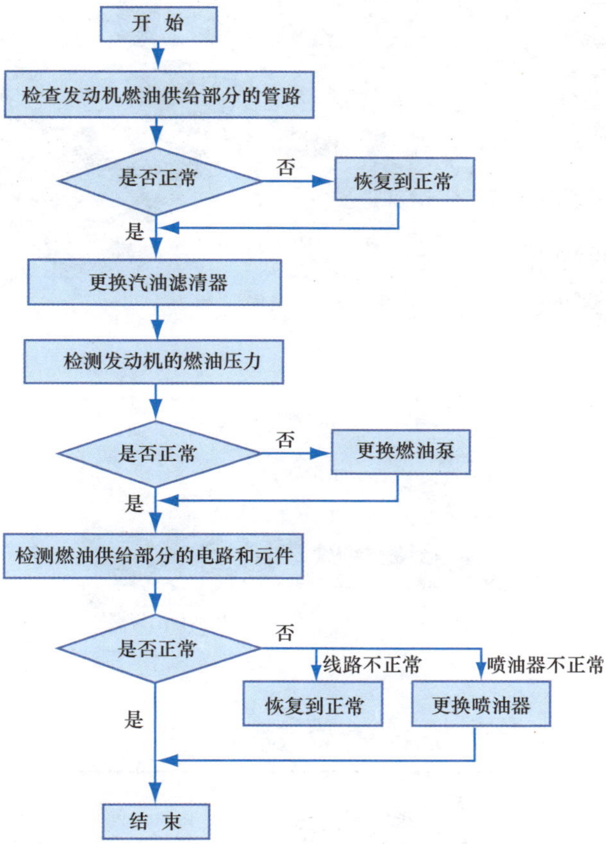

图 4–51　发动机电喷系统燃油供给部分的检查流程

二、作业所需的工具和设备

作业所需的工具和设备如下：

（1）车身外部防护罩和驾驶室防护 5 件套，如图 1–28 所示。

（2）机电维修工常用工具一套，如图 1–23 所示。

（3）东风雪铁龙轿车专用诊断仪及附件，如图 1–27 所示。

（4）发动机 ECU 检测盒（4212–T）、检测线束（4229–T）、万用表，如图 4–52 所示。

（5）油泵拆卸专用工具、油压检测表，如图 4–53 所示。

（6）爱丽舍轿车维修手册，如图 4–54 所示。

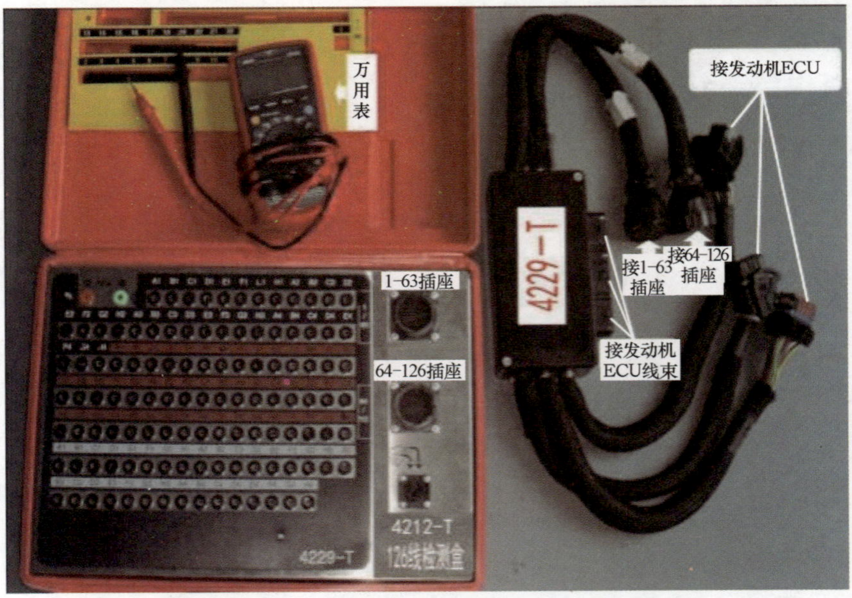

图 4-52　发动机检测盒及其线束

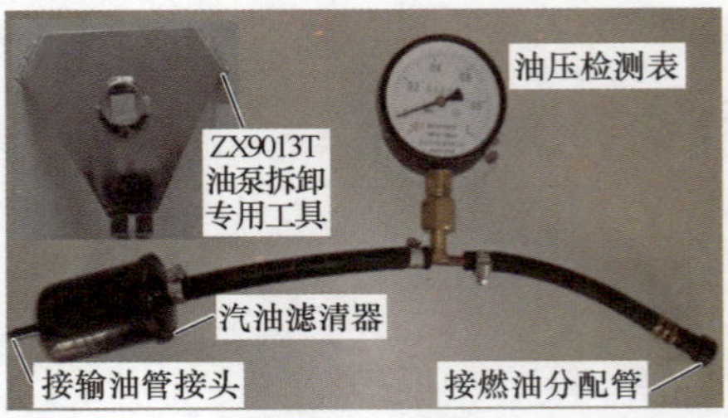

图 4-53　燃油泵拆卸专用工具和油压检测表

东风雪铁龙
CITROEN
2002年12月
编号 BRE 0700 C
Elysée
发动机
型号：N6A 10FX3A PSA
(TU5JP4)(1587cm³)
- 发动机总成
- 汽缸盖
- 配汽机构
- 润滑系统
- 冷却系统
- 供给系统
- 排气系统

该分册请归类存放于蓝色的编号为SW-120000《机械》夹子中
神龙汽车有限公司
售后服务技术文件

图 4-54　爱丽舍轿车发动机维修手册

三、发动机供给部分相关部件的检测与更换

步骤如下：

（1）发动机燃油供给部分管路的检查。

（2）更换汽油滤清器，如图 4–55 所示。

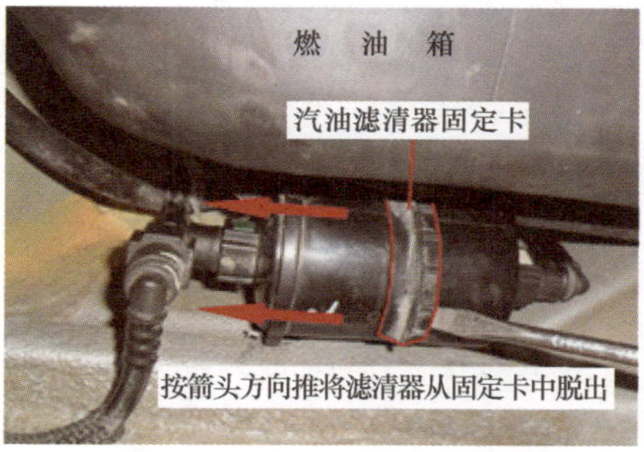

图 4–55　更换汽油滤清器

图 4–56　检测发动机的燃油压力

（3）检测发动机的燃油压力，如图 4–56 所示。

（4）更换燃油泵，如图 4–57 和图 4–58 所示。

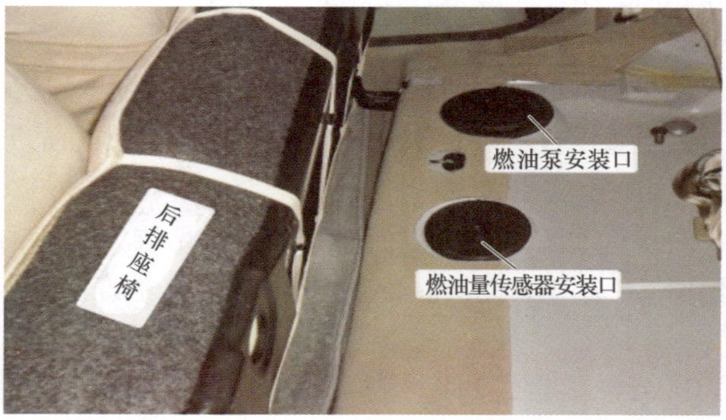

图 4–57　更换燃油泵 1

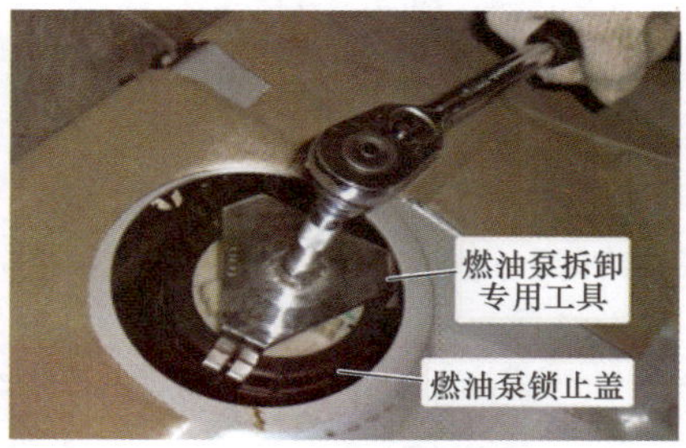

图 4–58　更换燃油泵 2

（5）检测发动机燃油供给部分的电路。

（6）更换喷油器，如图 4–59 所示。

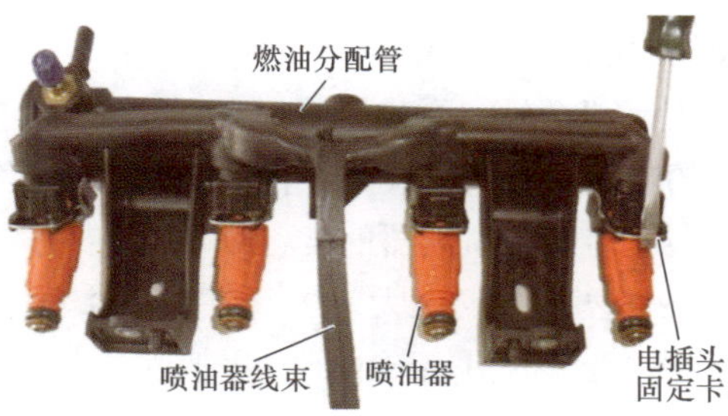

图 4–59　更换喷油器

（7）用诊断仪检测发动机的燃油供给部分的电路和元件。

【小结】

（1）汽油机供给系统的任务是，根据发动机的各种工况要求，配制出一定数量和浓度的可燃混合气供入汽缸，使之在临近压缩终了时点火燃烧而膨胀做功。发动机排放系统的任务是，将燃油箱蒸发的燃油蒸气引入到发动机中燃烧，并对发动机排出的废气进行处理后排入大气中。

（2）汽油的使用性能指标主要是蒸发性、热值和抗爆性，它们对发动机的性能有很大的影响。

（3）发动机空气供给部分主要由空气滤清器、进气总管、空气流量计（或进气压力传感器）、节气门、进气歧管、发动机汽缸等组成。

（4）汽车发动机电喷系统控制怠速的方法一般有两种：一是用怠速控制阀（或步进电机）控制，二是用电子节气门直接控制。

（5）发动机燃油供给部分一般由燃油箱、电动燃油泵、汽油滤清器、油压调节器、喷油器等组成。

（6）发动机缸内直接喷射燃油系统主要由低压油泵、低压调节器、高压油泵、高压调节电磁阀、高压传感器、燃油轨道和喷油器等组成。与发动机缸外喷射系统相比，缸内直接喷射系统具有节省燃油、提高发动机输出功率、降低废气排放等优点。

（7）发动机的排放系统包括：①曲轴箱强制通风系统（主要元件是PCV阀）；②油箱燃油蒸发控制系统（主要元件是活性炭罐、炭罐电磁阀）；③发动机排放系统（主要元件是前/后氧传感器、三元催化器、消声器等）。

（8）汽车通过三元催化器将排气中有害的CO、HC、NO_x催化还原成CO_2、H_2O、N_2等对人体无毒无害物质；通过排气管上的消声器减小排气噪声。

（9）当发动机运行抖动、怠速运行熄火等，怀疑发动机供给系统有故障时，应注意如下问题：

① 先对发动机燃油供给部分的管路进行检查，重点检查燃油分配管、汽油滤清器、燃油泵等处连接软管、连接软管接头；如有破损应更换，如有松脱应紧固。

② 应经常清洁和定期（每行驶3万公里）更换汽油滤清器，保持汽油滤清器的清洁和良好的通透性能，对提高燃油雾化效果、防止喷油器堵塞、减小发动机的磨损、延长发动机的寿命、维持发动机较低而稳定怠速有重要的作用。

③ 当出现热车起动困难、发动机加速无力甚至熄火等故障时，应检测发动机的燃油压力；发动机运行时，燃油压力应在300 kPa（3 bar）以上；发动机熄火1 h以内，燃油压力应在100 kPa（1 bar）以上。如燃油压力不符合标准，应在检查确认燃油管路无故障后，更换燃油泵。更换燃油泵时一定要同时更换燃油泵密封圈，否则有可能造成燃油泵安装口处漏油。

④ 在检测燃油管路、更换汽油滤清器、检测燃油压力、更换燃油泵和喷油器的过程中，一定要注意关闭点火开关、断开蓄电池连接电缆、关闭手机、远离火源等防火安全，操作现场必须配备灭火设备，严格遵守安全操作制度。

⑤ 喷油器的工作状况，对发动机的运行质量影响很大。喷油器是燃油供给部分故障频率较高的元件之一，应定期对喷油器的喷油质量进行检测，目前有专门的设备对喷油器的喷油质量进行检测并对喷油器进行清洗。被杂质堵塞是喷油器的常见故障。通入脉冲直流电清洗喷油器是清除杂质较好的方法。当喷油器出现堵塞（且清洗无效）、磨损、泄漏、电磁线圈损坏、喷油量过小或过大、雾化状况不好等故障时，应及时更换喷油器；更换喷油器时应同时更换喷油器上的密封圈，安装喷油器时，应在密封圈上抹一点润滑脂或燃油。

⑥ 用诊断仪读取燃油供给电路的故障、查看燃油喷射参数中的“喷射时间”、对各喷油器进

行执行机构测试，是查找、分析、判断燃油供给电路故障部位的一种简便而高效的方法。

⑦ 当诊断仪检测出某缸喷油器有故障时，一般应先检查该喷油器的线路有无故障。当确认该缸喷油的线路无故障后，再更换一个新的喷油器，来检查原故障现象是否消失（称为换件检查法）。当然根据实际条件和情况，也可先用换件检查法，后检查电子元件的线路。

⑧ 当用检查线路和更换元件的方法排除了发动机燃油供给电路的故障后，一般还应用诊断仪删除发动机 ECU 中存储的故障，因发动机 ECU 无故障时，其工作状态最佳。

本学习任务描述案例的检测结果：由于一缸喷油器插头接触不良，造成一缸喷油器不喷油，发动机缺缸运行，使发动机怠速不稳定并抖动。

【学习思考与拓展】

1. 发动机燃油供给部分由哪些元件组成？各元件的作用是什么？

2. 燃油泵中的安全阀和止回阀的作用是什么？

3. 简述相对油压调节器的工作原理。

4. 为什么要定期更换汽油滤清器？

5. 发动机的喷油方式有哪几种？各种喷油方式有什么特点？

6. 更换燃油泵时应注意哪些问题？为什么更换燃油泵时，应同时更换燃油泵密封圈？

7. 简述用诊断仪检测发动机燃油供给部分电路和元件的要点。

学习任务五

发动机电喷点火系统的检修

【学习目标】

1. 掌握发动机点火系统的组成和各元件的作用。
2. 熟悉点火系统的原理和发动机的两种点火方式。
3. 掌握爱丽舍轿车点火系统的电路图原理。
4. 能根据电路图用万用表和检测仪对发动机点火系统的线路和元件进行检测。
5. 能检测和更换点火线圈、火花塞和爆震传感器。
6. 能检测发动机的汽缸压力。

建议完成本学习任务的时间为 8 课时。

【学习情境描述】

一辆爱丽舍轿车在使用过程中，由于发动机点火系统有故障，造成发动机起动后立即熄火。要求查明故障原因并进行处理。

【学习内容】

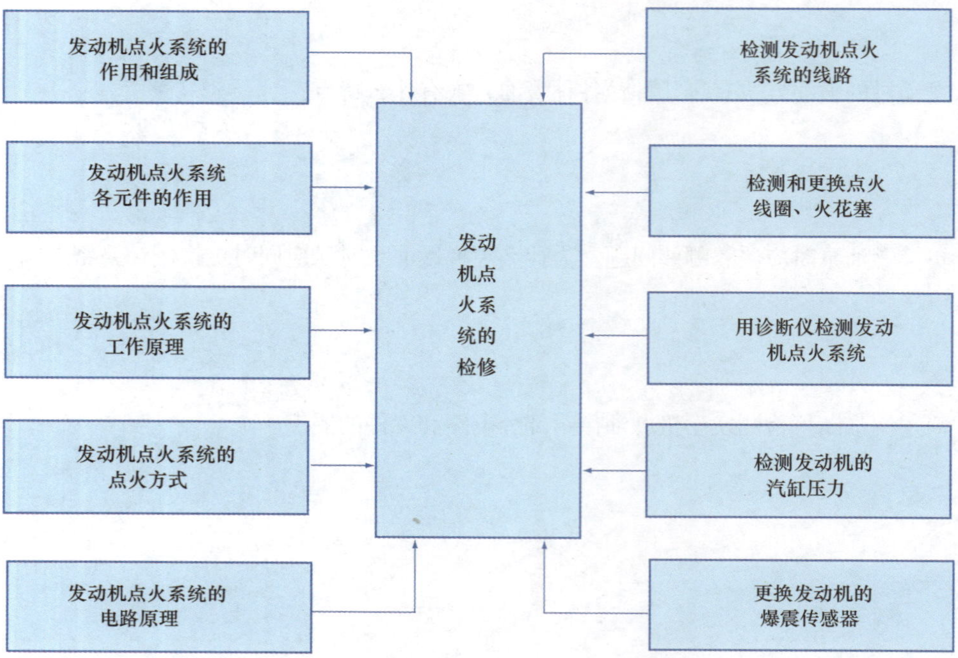

【知识链接】

第一节 发动机点火系统的作用和组成

发动机点火系统的作用是将吸入发动机汽缸的燃油和空气的混合气，在压缩行程终了时用电火花点燃，使混合气点燃产生的强大压力，推动活塞向下运动而做功。

小提示：使发动机发出的功率最大、油耗最低、排放污染最小的点火时刻称为最佳点火时刻。

电喷发动机点火系统一般由蓄电池和发电机、点火开关、点火线圈、高压线、火花塞、爆震传感器、发动机 ECU 等组成，如图 5-1 所示。

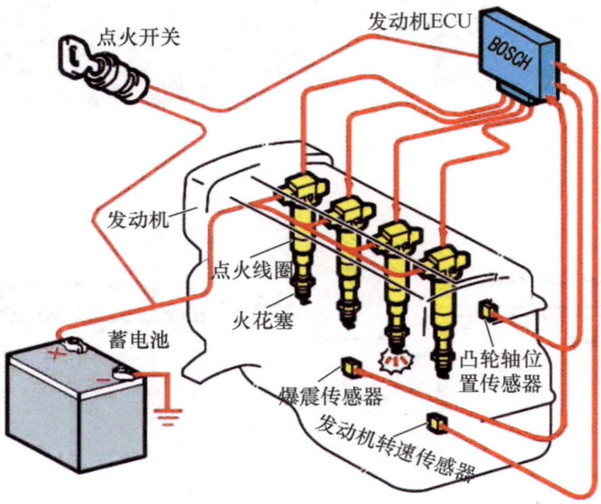

图 5-1 发动机点火系统的组成

第二节 发动机点火系统各元件的作用

一、蓄电池和发电机

蓄电池和发电机的外形如图 5-2 所示，它们的作用是为发动机点火系统提供能量。发动机起动时，由蓄电池提供点火能量；发动机起动后，发电机就开始发电，由发电机提供点火能量。

二、点火开关

大众轿车点火开关的内部结构如图 5-3 所示。它是汽车上最重要的控制开关，在点火系统中的作用是控制点火线圈的初级电路。点火开关上有 30、50、P、15、X 和 S 这 6 根线，30 号线为接蓄电池的常火线；点火开关的内部有Ⅰ、Ⅱ、Ⅲ、Ⅳ和Ⅴ共 5 个动触点，其中Ⅰ、Ⅱ、Ⅲ和Ⅳ这 4 个动触点同步动作，且有 0、1 和 2 三个位置，当旋转点火开关把第Ⅰ个动触点拨到 1 位时，第Ⅱ、Ⅲ、Ⅳ个动触点同步到达 1 位；动触点Ⅴ只有 0、1 两个位置，当从点火锁内拔出点火钥匙时，Ⅴ处在 0 位，当把点火锁匙插入点火锁内时，Ⅴ处在 1 位。

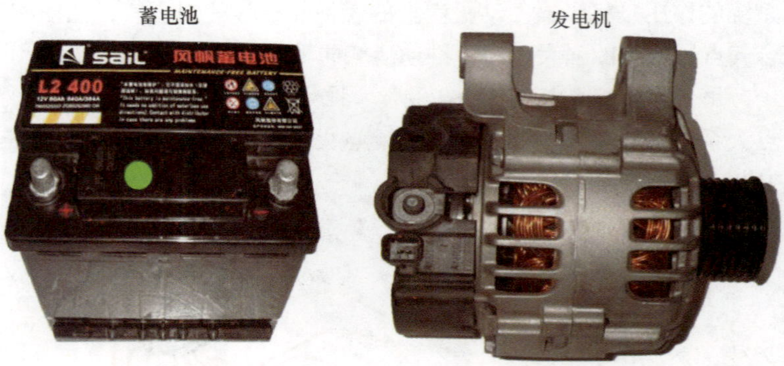

图 5-2　蓄电池和发电机的外形

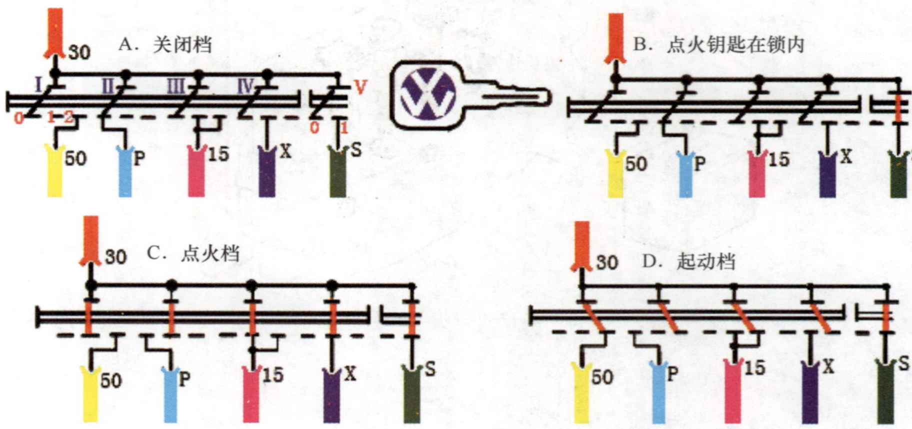

图 5-3　点火开关的内部结构

三、点火线圈和高压线

点火线圈的作用是将汽车电源的低压电（12 V）通过电磁感应变为高压电（30 000 V 左右），供火花塞产生电火花，点燃混合气；高压线的作用是将点火线圈次级绕组产生的高压电传送给火花塞。

目前，在电喷发动机中使用的点火线圈，有使用高压线的和不使用高压线的两种形式。使用高压线的点火线圈就是点火线圈和高压线是相互分开的，外形如图 5-4 所示，它在桑塔纳轿车和爱丽舍轿车 8 气门发动机上使用；不使用高压线的点火线圈有整体式和独立式两种，爱丽舍轿车 16 气门发动机上使用的就是整体式点火线圈，外形如图 5-5 所示。卡罗拉轿车上使用的是独立式点火线圈，它的发动机每一缸有一个点火线圈，共有 4 个独立的点火线圈，外形如图 5-6 所示。

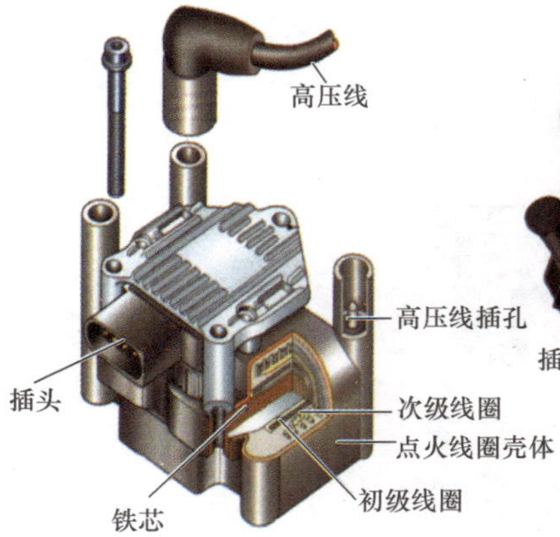

（a）桑塔纳轿车的点火线圈

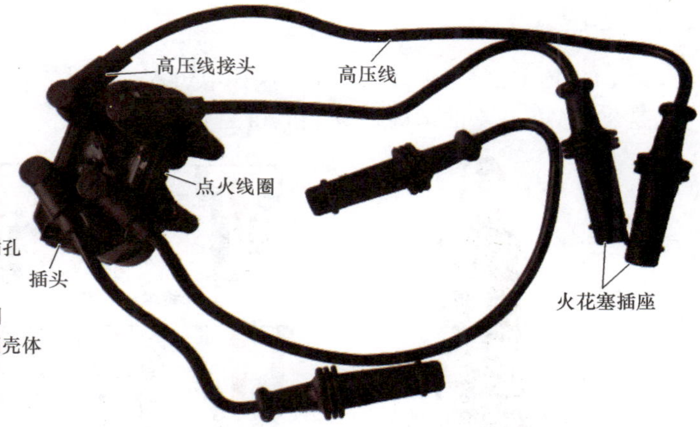

（b）爱丽舍轿车8气门发动机点火线圈

图 5-4　使用高压线的点火线圈

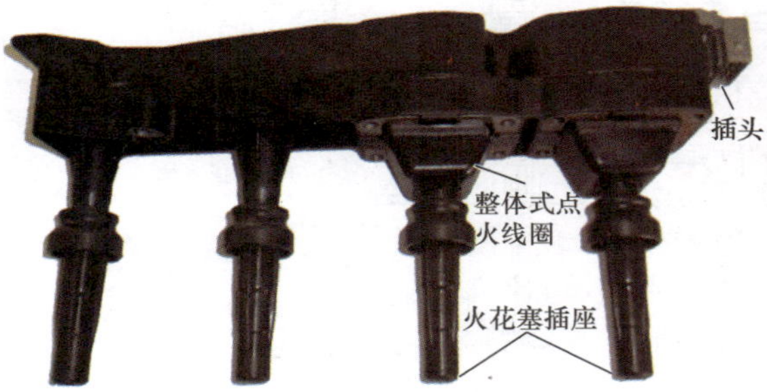

图 5-5　爱丽舍轿车发动机的点火线圈

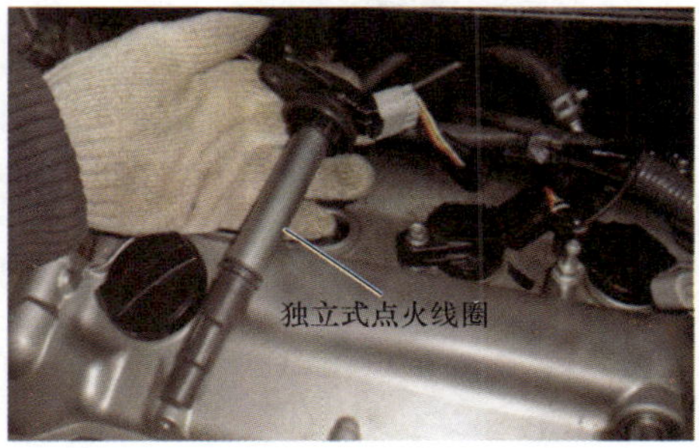

图 5-6　卡罗拉轿车的点火线圈

点火线圈的内部结构和工作原理如图 5-7 所示，在点火线圈的铁芯上绕有初级绕组和次级绕组，次级绕组的匝数大约是初级绕组匝数的 100 倍(如初级绕组为 300 匝时，次级绕组为 30 000 匝)，初级绕组与蓄电池和点火器连接，次级绕组与火花塞连接。当点火器控制切断初级绕组的电流时，初级绕组产生的自感电动势为 500 V 左右，次级绕组则产生 30 000 V 左右的互感电动势。

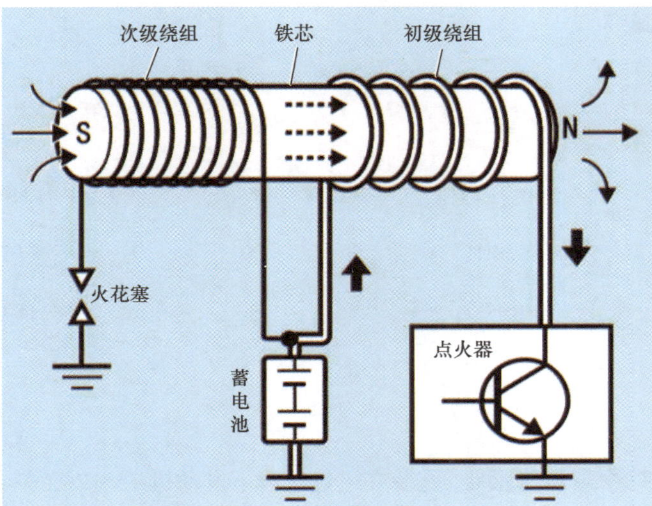

图 5-7　点火线圈的内部结构和工作原理

四、火花塞

火花塞的作用是将点火线圈产生的高压电引入发动机的燃烧室并在其电极间形成电火花，点燃可燃混合气。火花塞的结构如图 5-8（a）所示。

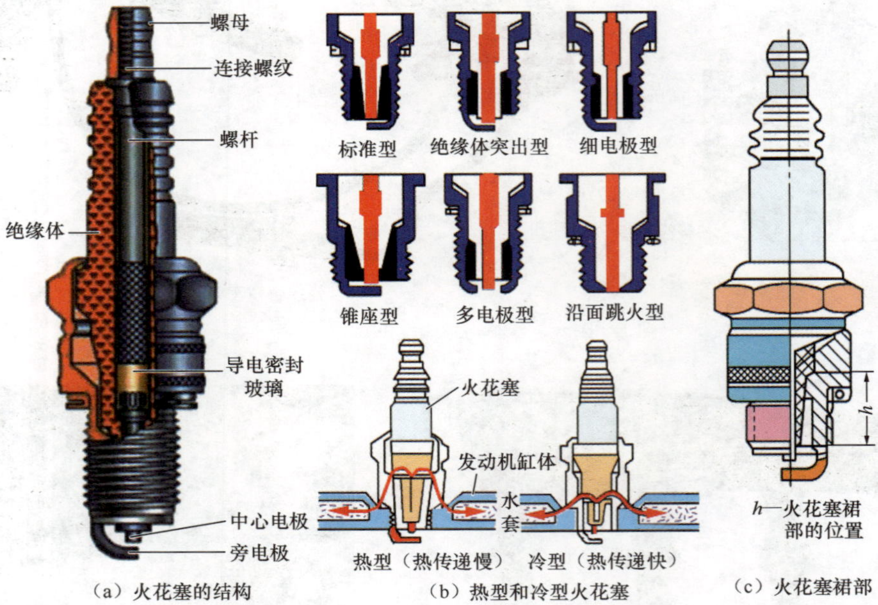

图 5-8　火花塞的结构、类型裙部

为了适应不同车型的需要，火花塞又分为标准型、突出型、细电极型、多电极型、沿面跳火型等。还可以根据发动机不同的压缩比把火花塞分为热型和冷型，如图 5-8（b）所示。热型就是火花塞的裙部较长，散热困难，因而裙部的温度高，一般用于压缩比低、转速低、小功率的发动机上；而冷型火花塞正好与热型相反。在火花塞上印有数字和字母组合的代码，用来说明构造和性能。

火花塞对发动机的点火性能影响很大，必须根据维修手册的规定来选择正确的火花塞类型，几种车型的火花塞见表 5-1。

表 5-1　几种车型使用的火花塞型号

生产厂家	型号	热值	使用车辆
BOSCH	FR8DCX+	8	上海桑塔纳 3 000 轿车
DENSO	SC20H11	20	丰田卡罗拉轿车
CHINA	FRSSEO	8	雪铁龙爱丽舍轿车

五、爆震传感器

桑塔纳轿车上有两个爆震传感器，它装在进气歧管下发动机 1 ～ 2 缸和 3 ～ 4 之间的缸体上，其外形如图 5-9 所示，它是压电式传感器。爆震是由于点火过早导致可燃混合气在燃烧室中异常燃烧而产生的震动现象，爆震对发动机是有害的。当发生爆震时，传感器就会将爆震信号传给发动机 ECU，于是发动机 ECU 就控制减小点火提前角，同时加浓混合气，降低燃烧温度；当爆震消失后，发动机 ECU 又将点火提前角一点一点地逐渐加大，这样不断循环，使发动机尽量工作在功率最大的曲线附近。当爆震传感器电路有故障时，发动机易产生爆震。

注意：爆震传感器安装时一不能加垫圈，二必须按规定的力矩拧紧。

六、发动机 ECU

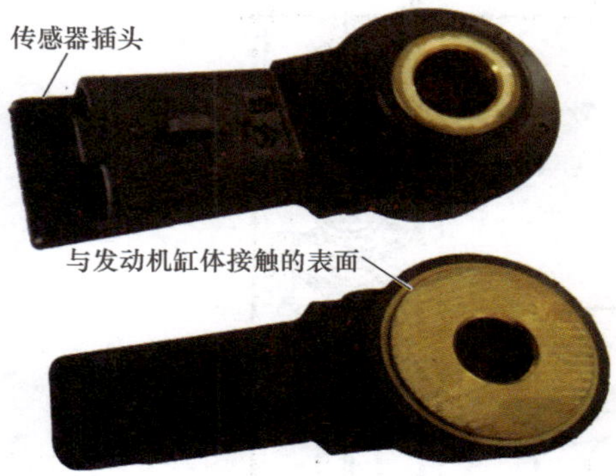

图 5-9　轿车爆震传感器的外形

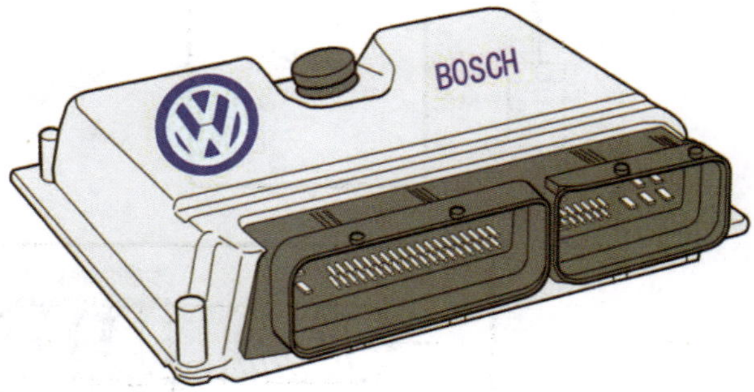

图 5-10　发动机 ECU 的外形

大众轿车发动机 ECU 的外形如图 5-10 所示。它在发动机点火系统中的作用是根据发动机转速传感器、空气流量计（或进气压力传感器）、冷却液温度传感器、节气门位置传感器、爆震传感器等信号，控制点火线圈初级绕组电流的接通和切断，确定基本点火提前角和修正点火提前角，在最佳点火时刻，切断点火线圈初级绕组的电流，使次级绕组产生足以击穿火花塞间隙的高电压。

第三节　发动机点火系统的工作原理

发动机运转时，发动机 ECU 根据发动机转速传感器、空气流量计（或进气压力传感器）、冷却液温度传感器、节气门位置传感器、爆震传感器等信号，控制点火线圈初级绕组电流的接通和切断。当点火线圈初级绕组电流接通时，其电流走向为：蓄电池→点火开关→点火器→点火线圈初级绕组→点火器→搭铁，如图 5-11 所示。当点火线圈初级绕组电流切断时，次级绕组产生高压电动势，次级绕组产生的高压电，使火花塞产生电火花，点燃混合气；次级绕组高压电流的走向为：点火线圈次级绕组→火花塞中心电极、旁电极→搭铁→蓄电池→点火开关→点火器→点火线圈次级绕组，如图 5-12 所示。

发动机 ECU 输出的点火控制信号主要用于点火正时的控制，点火器输出的点火确认信号用于发动机 ECU 对点火系统的监测。发动机每完成进气、压缩、做功和排气一个工作循环，各缸点火线圈次级绕组产生一次点火高压，4 缸发动机的点火次序为 1–3–4–2。只要断开点火开关，点火器因无蓄电池的供电而终止工作，发动机也立即熄火。

注意：卡罗拉轿车的点火器装在点火线圈的上部，它与点火线圈集成了一个整体，如图 5-6 所示；桑塔纳轿车的点火器装在发动机 ECU 的内部，它与发动机 ECU 集成了一个整体。

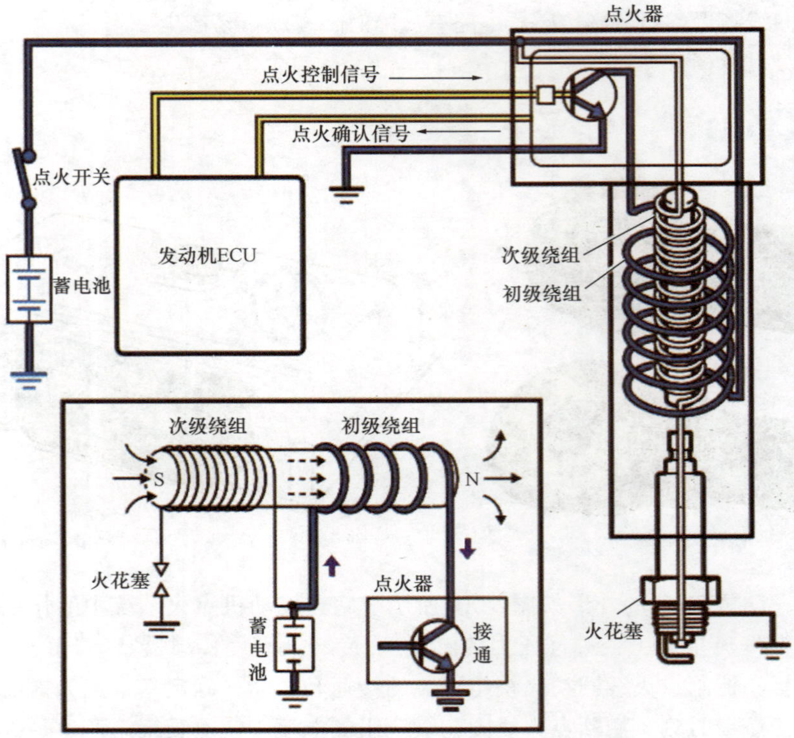

图 5-11　点火线圈初级绕组电流的走向

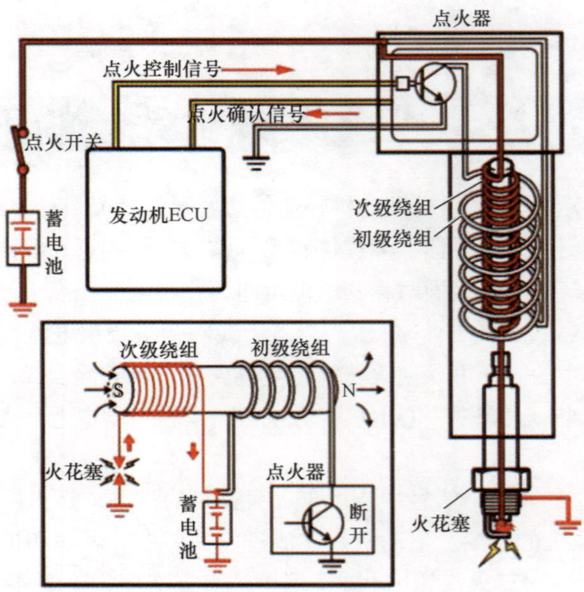

图 5-12　点火线圈次级绕组电流的走向

第四节 电喷发动机点火系统的点火方式

目前电喷发动机采用的点火方式有两种：一是各缸独立点火，二是双缸同时点火，如图 5-13 所示。

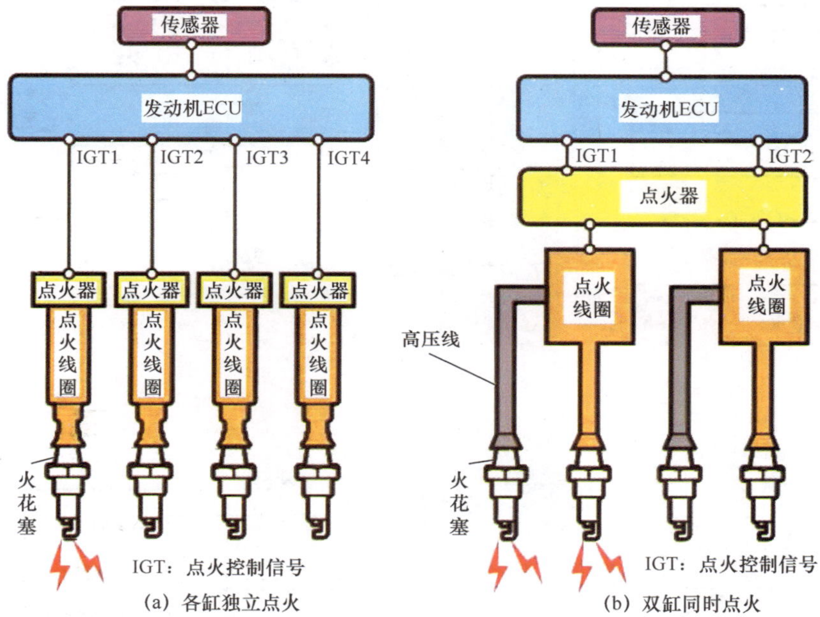

图 5-13 电喷发动机的点火方式

一、各缸独立点火

各缸独立点火系统的控制原理如图 5-14 所示。发动机的每一缸都单独配置了一个点火线圈，点火线圈安装在火花塞的顶部，所产生的高压电直接送给火花塞，因而取消了高压线，结构紧凑，安装方便。

在各缸独立点火中，发动机 ECU 根据各传感器的信号，按点火顺序向点火器提供点火控制信号（IGT1、IGT2、IGT3、IGT4），点火器按同样的顺序控制各点火线圈的工作，各点火器产生的点火确认信号 IGF 反馈给发动机 ECU，以实现对点火系统的监测。

二、双缸同时点火

双缸同时点火系统的控制原理如图 5-15 所示。这种点火系统配置了双点火线圈，各点火线圈的次级绕组分别与同时到达上止点的两个汽缸（注：4 缸发动机 1、4 缸或 2、3 缸活塞同时到达上止点）的火花塞相连。控制接通和切断点火线圈初级绕组电流的点火器集成在发动机 ECU 中。

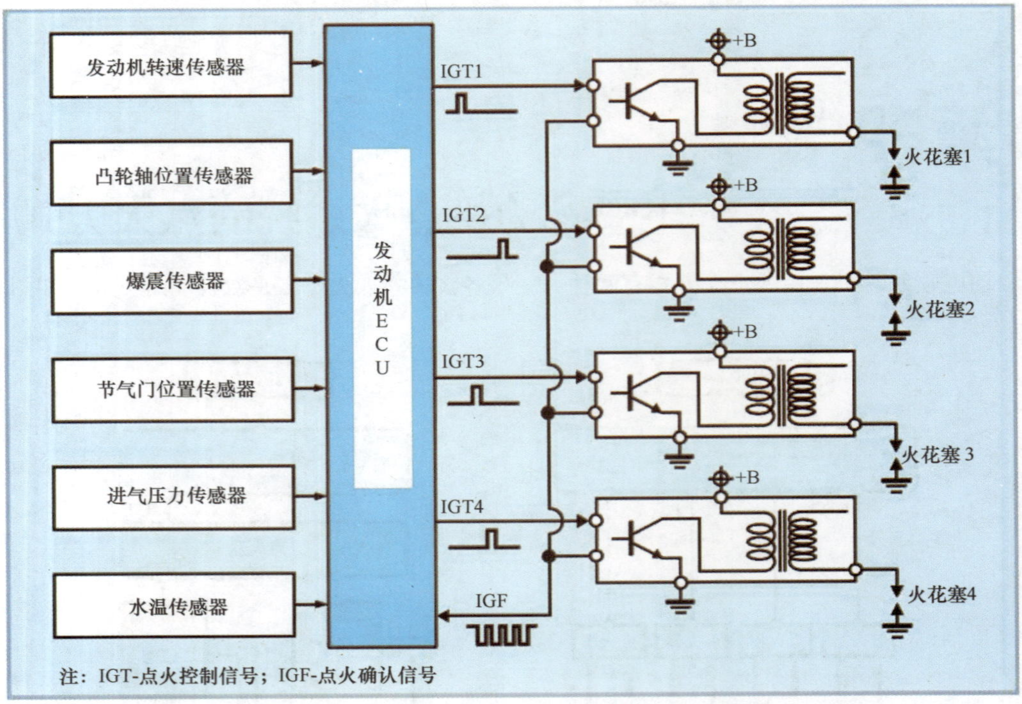

图 5–14　各缸独立点火的控制原理

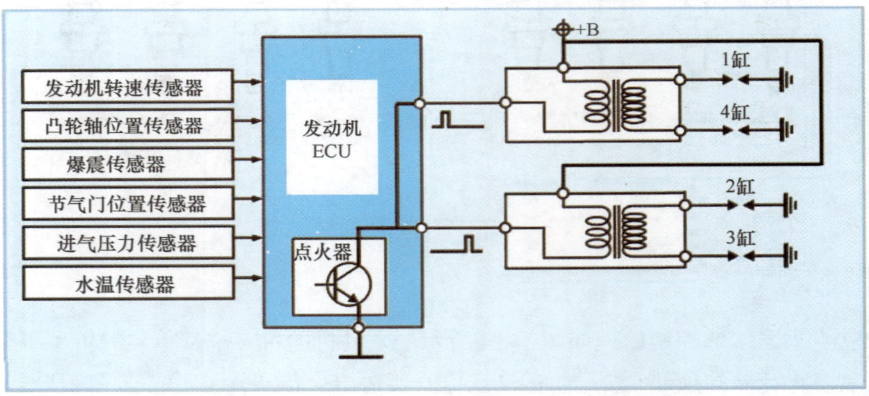

图 5–15　双缸同时点火系统的控制原理

发动机 ECU 根据各传感器的信号，通过点火器对两个初级绕组电流的搭铁脚进行控制，来实现对点火提前角的控制。需要指出的是，发动机 ECU 根据发动机转速传感器和凸轮轴位置传感器的信号，确定 1 缸压缩行程上止点的位置；当发动机 ECU 控制切断初级绕组的电流时，次级绕组产生 30 000 V 以上的高压使火花塞点火。由于一个次级绕组上装有两个火花塞，所以 1、4 缸或 2、3 缸同时点火；由于两个火花塞相互串联分配次级绕组产生的电压，如 1 缸在压缩行程上止点时，4 缸一定在排气行程的上止点，此时 1 缸火花塞电极之间的气体压力大，1 缸火花塞电阻大，分配的电压高，火花塞产生的火花强，可有效点燃混合气；4 缸火花塞电极之间的气体压力小，4 缸火花塞电阻小，分配的电压低，火花塞产生的火花很弱，为无效点火。曲轴转过

360° 后，1、4 缸火花塞状况相反，4 缸为压缩缸，为有效点火，1 缸则为排气缸，为无效点火。2、3 缸的工作情况与 1、4 缸完全相同。

注意： 在大多数车上（如桑塔纳、卡罗拉轿车），发动机 ECU 是根据发动机转速传感器和凸轮轴位置传感器的信号，确定 1 缸压缩行程上止点的位置；在爱丽舍轿车上，发动机 ECU 是根据发动机转速传感器和点火线圈发出的判缸信号，确定 1 缸压缩行程上止点的位置。

第五节 发动机点火系统的电路原理图解读

爱丽舍轿车发动机点火系统的电路原理如图 5–16 所示，下面对该原理图进行说明。

（1）将点火开关旋至 M 位，发动机 ECU 的 48 MB4 脚得到一个 12 V 信号，于是发动机 ECU 与防盗控制盒之间进行防盗密码的核对工作，当防盗密码的核对工作成功完成后，发动机 ECU 控制密封双继电器的线圈通电工作。

（2）密封双继电器的左线圈通电后，其触点闭合，为发动机 ECU 供电；发动机 ECU 得到密封双继电器的供电后，进入工作状态，为进气压力及温度传感器、节气门位置传感器等提供 5 V 的供电，各传感器得到供电后，开始工作并为发动机 ECU 提供信号。

（3）密封双继电器的右线圈通电后，其触点闭合，为点火线圈初级绕组供电，其电流走向为：蓄电池 + →发动机舱保险盒 F5、F6 →密封双继电器右触点→点火线圈的 4G4 脚→
1–4 缸初级绕组→发动机 ECU 的 32NG3 脚
2–3 缸初级绕组→发动机 ECU 的 32NH3 脚→发动机 ECU 内的电子开关→发动机 ECU 的 32NH4 脚→搭铁。

（4）发动机 ECU 根据发动机转速传感器和进气压力传感器的信号确定基本点火提前角，根据水温传感器、节气门位置传感器等其他传感器的信号，确定修正点火提前角，再根据基本和修正点火提前角，在最佳点火时刻，切断初级绕组的电流，使点火线圈次级产生 30 000 V 以上的高电压，供火花塞产生电火花，使混合气点燃后产生的强大压力，推动发动机汽缸内的活塞向下运动而做功。发动机处于上止点的两个缸的火花塞同时点火，其中处在压缩上止点的火花塞因电阻大，分得的电压高，产生的火花很强，为有效点火；处于排气上止点的火花塞因电阻小，分得的电压低，产生的火花很弱，为无效点火。

（5）点火线圈插接器 4G3 脚上的导线 1135 为判缸信号线；发动机 ECU 根据发动机转速传感器和判缸信号线提供的信号，确定发动机一缸压缩行程上止点的位置，并以一缸压缩行程上止点的位置为基准来控制各缸火花塞按 1–3–4–2 的顺序点火。

（6）当发动机在起动和运行时，密封双继电器的右触点持续为点火线圈 1135 供电，所以密封双继电器工作是保证发动机起动和运行的必要条件。

（7）当汽车意外发生碰撞时，惯性开关 1203 断开，使密封双继电器右线圈断电停止工作；密封双继电器右线圈断电后，立即切断点火线圈的供电，防止遭受碰撞的汽车发生火灾。

（8）发动机工作时，爆震传感器用于监测发动机是否发生了爆震。当发生了爆震时，发动机 ECU 就控制迅速减小点火提前角（每次减小 3°，最多可连续减小 5 次）；当爆震消失后，发动机

ECU 又将点火提前角一点一点地逐渐加大（每次加大 0.5°），这样不断循环，使发动机尽量工作在功率最大的曲线附近。当爆震传感器电路有故障时，发动机 ECU 就有可能对点火提前角的修正产生错误，造成发动机运行不稳定。

（9）点火线圈电容 1136 的作用是，吸收点火线圈工作时对其他电子元件产生的干扰信号，维护发动机电控系统的稳定工作。

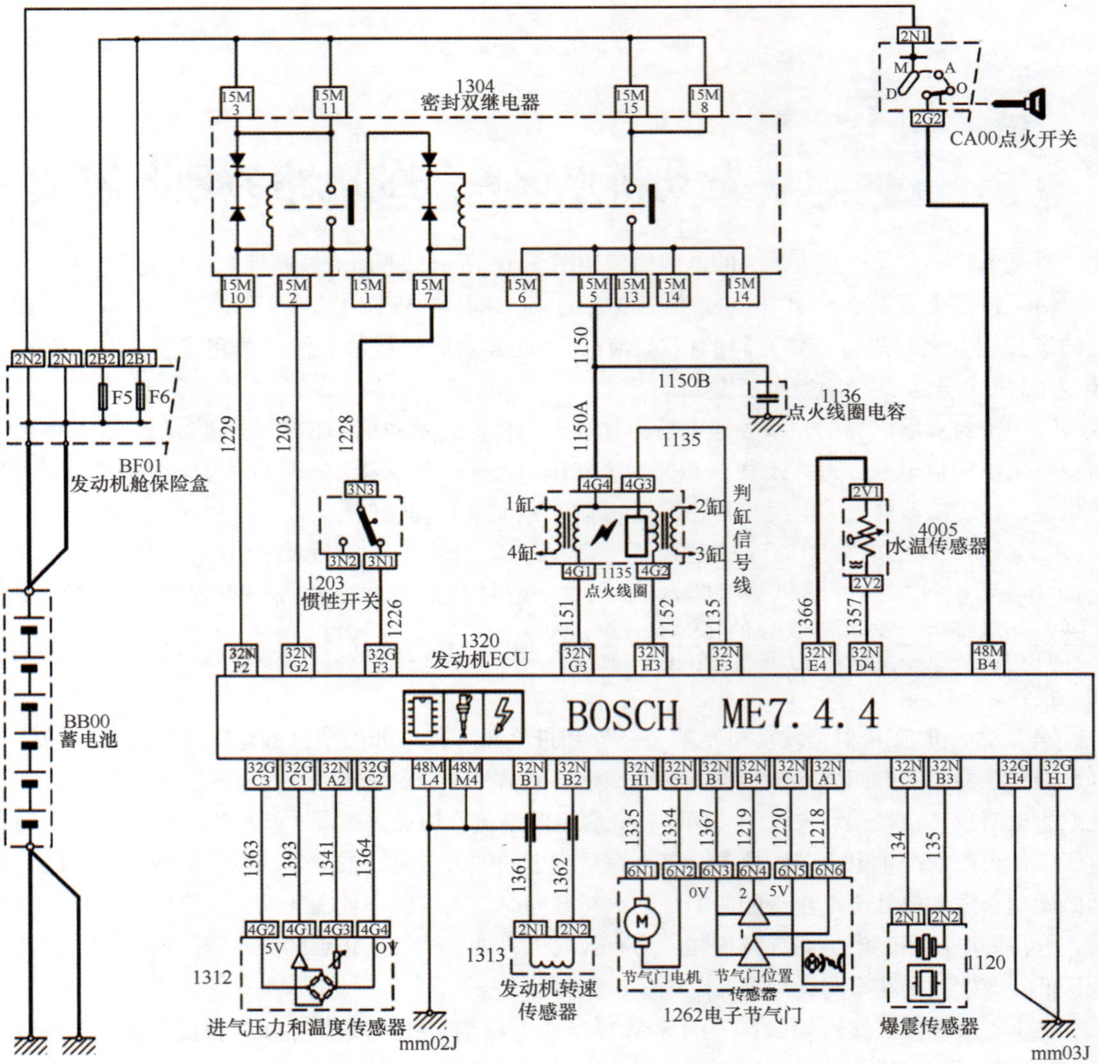

图 5-16 爱丽舍轿车发动机点火系统的电路原理

【实训操作】

一、发动机点火系统的检查流程

发动机运行抖动、加速无力、怠速熄火是发动机点火系统常见的故障。当发动机点火系统有故障，造成发动机运行抖动、怠速熄火时的检查流程如图 5-17 所示。

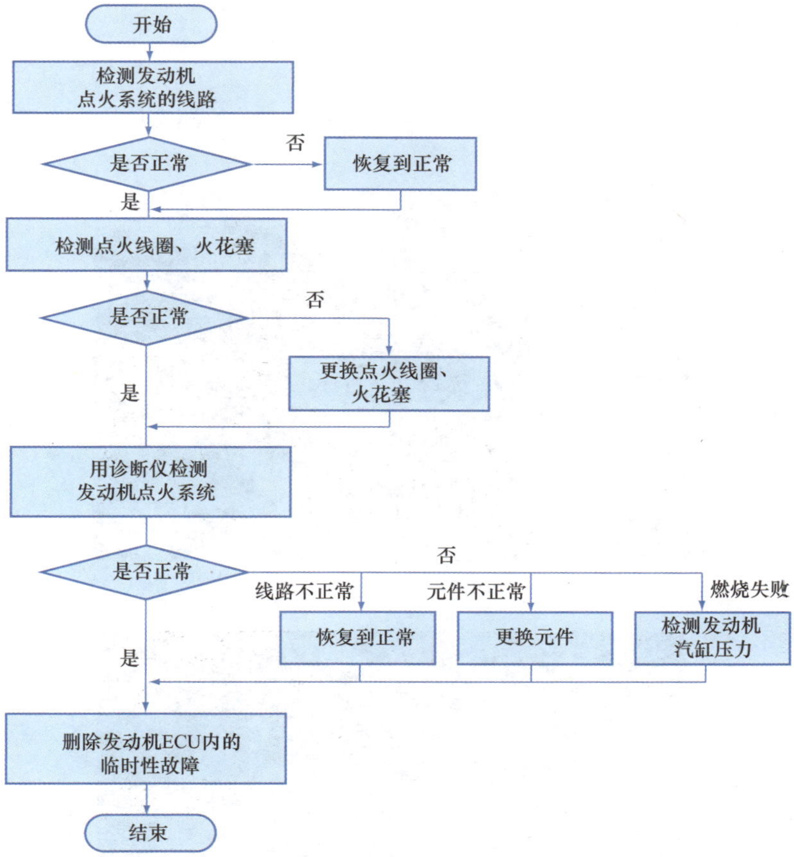

图 5-17 发动机点火系统的检查流程

二、作业所需的工具和设备

作业所需的工具和设备如下：

（1）车身外部防护罩和驾驶室防护 5 件套，如图 1-28 所示。

（2）机电维修工常用工具一套，如图 1-23 所示。

（3）东风雪铁龙轿车专用诊断仪及附件，如图 1-27 所示。

（4）发动机 ECU 检测盒（4212-T）、检测线束（4229-T）、万用表，如图 4-53 所示。

（5）发动机汽缸压力检测表，如图 5-18 所示。

（6）爱丽舍轿车维修手册，如图 5-19 所示。

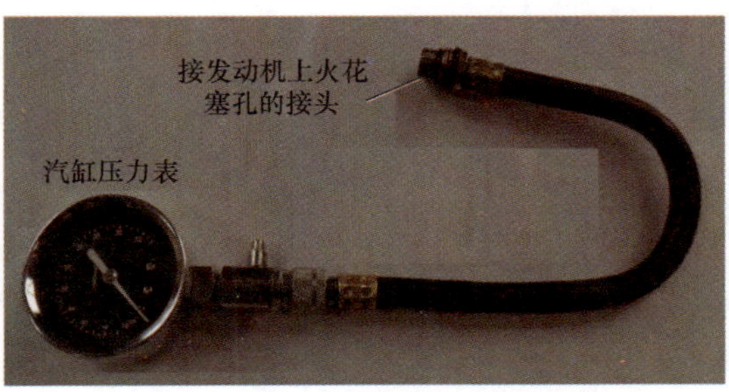

图 5-18　发动机汽缸压力检测表

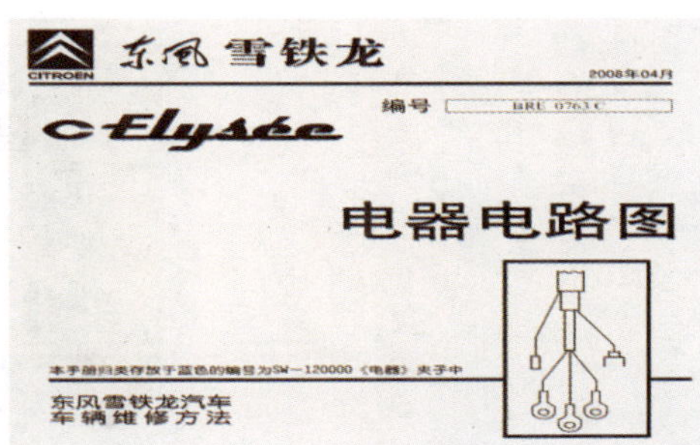

图 5-19　爱丽舍轿车维修手册

三、点火系统相关部件的检测与更换

步骤如下：

（1）根据爱丽舍轿车发动机点火系统的电路原理图 5-16，检测发动机点火系统的线路，如图 5-20 和图 5-21 所示。

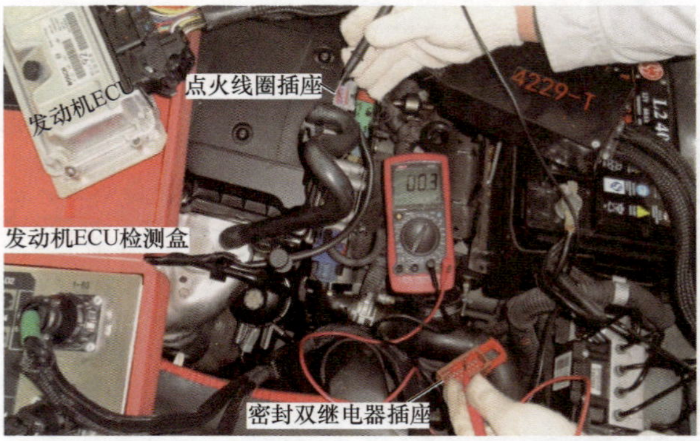

图 5-20　检测密封双继电器与点火线圈之间的导线

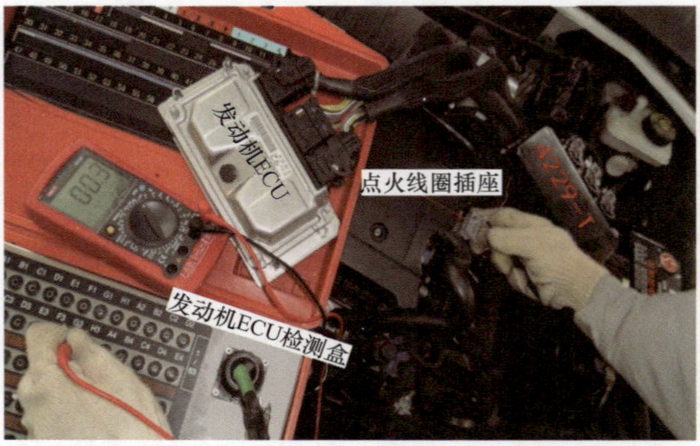

图 5-21　检测点火线圈与发动机 ECU 之间的导线

（2）检测和更换火花塞，如图 5-22 和图 5-23 所示。

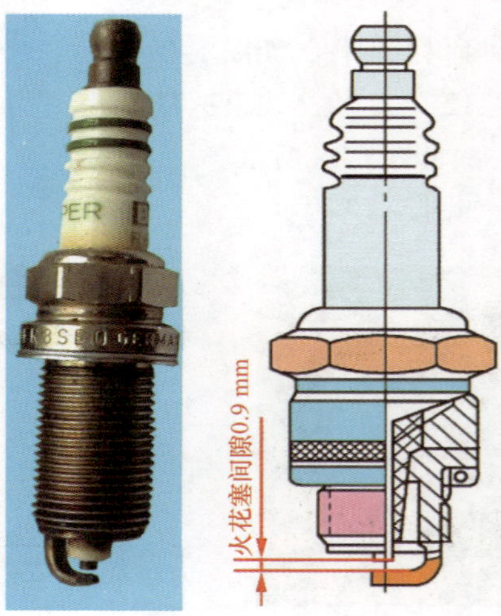

图 5-22　检测火花塞

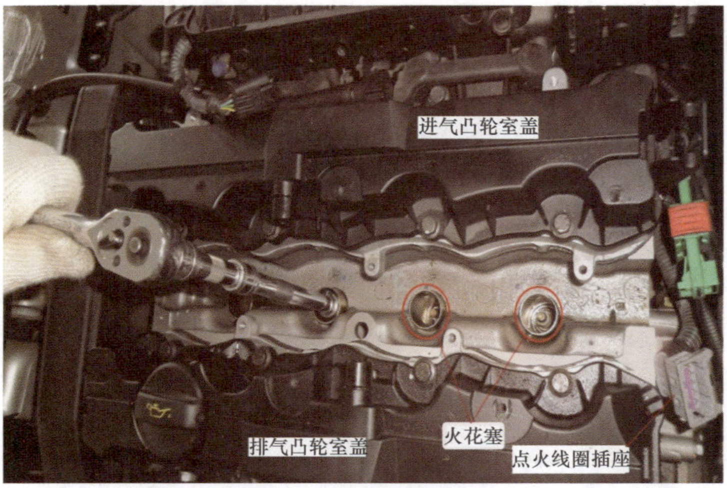

图 5-23　更换火花塞

（3）用诊断仪检测发动机点火系统，如图 5-24 和图 5-25 所示。

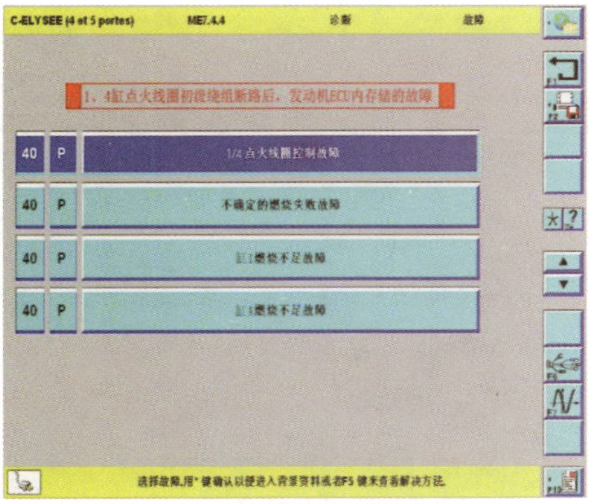

图 5-24　1、4 缸点火线圈断路后的故障

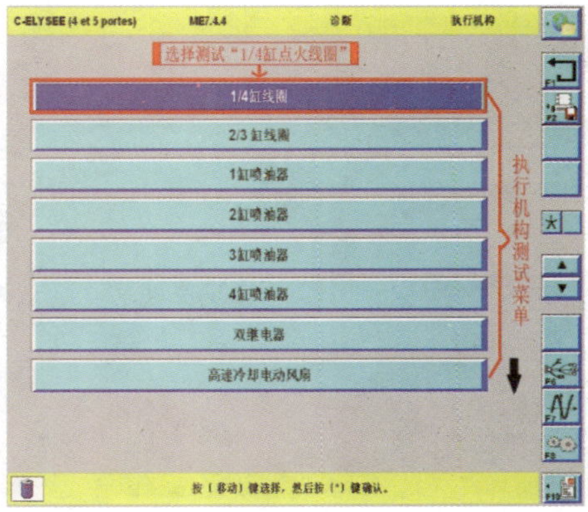

图 5-25　用执行机构测试检测点火系统

（4）检测发动机的汽缸压力，如图 5-26 和图 5-27 所示。

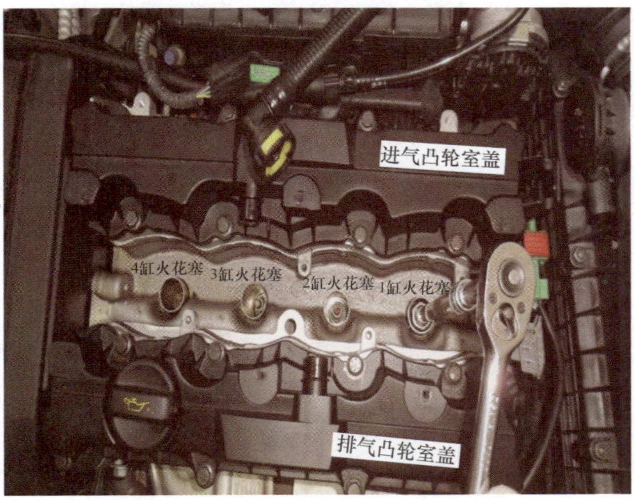

图 5-26　拆下 1 缸火花塞

图 5-27　检测缸 1 汽缸压力

（5）更换发动机的爆震传感器，如图 5-28 和图 5-29 所示。

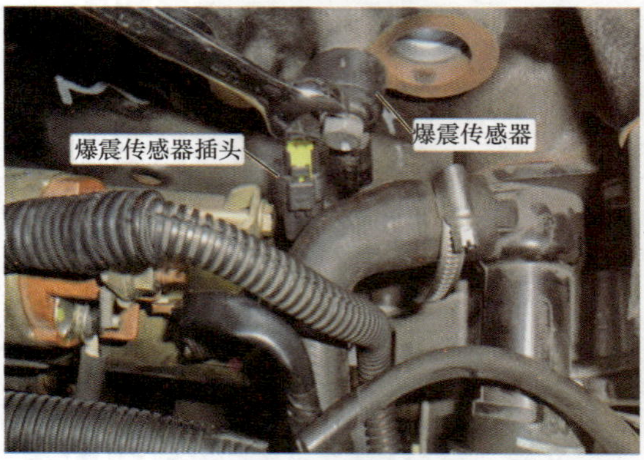

图 5-28　更换发动机爆震传感器

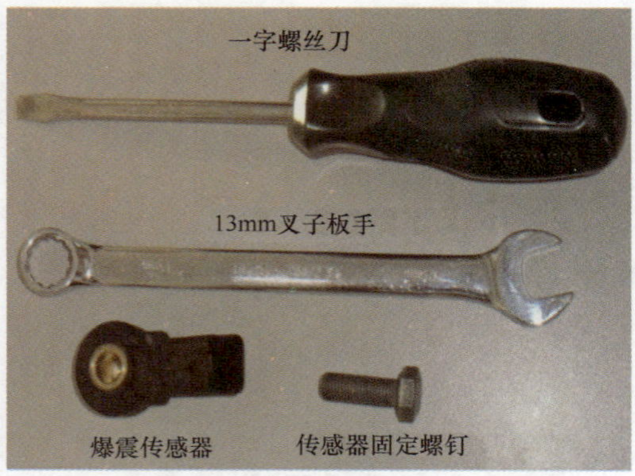

图 5-29　更换发动机爆震传感器

【小结】

（1）发动机点火系统的作用是将吸入发动机汽缸的燃油和空气的混合气，在压缩行程终了时用电火花点燃，使混合气点燃产生的强大压力推动活塞向下运动而做功。

（2）电喷发动机点火系统一般由蓄电池和发电机、点火开关、点火线圈、高压线、火花塞、爆震传感器、发动机 ECU 等组成。

（3）发动机运转时，发动机 ECU 根据发动机转速传感器、空气流量计（或进气压力传感器）、冷却液温度传感器、节气门位置传感器、爆震传感器等信号，控制点火线圈初级绕组电流的接通和切断。当点火线圈初级绕组电流被切断，次级绕组产生点火高压，点燃混合气。

（4）目前电喷发动机采用的点火方式有两种：一是各缸独立点火；二是双缸同时点火。

（5）当发动机运行抖动、加速无力、发动机起动后马上熄火等，怀疑发动机点火系统有故障时，应注意如下问题：

① 先用诊断仪读取发动机电控系统内的故障，当诊断仪显示发动机 ECU 内存在点火系统方面的故障时，应先用万用表检测发动机点火系统的线路；检测和修复好点火系统线路后，再检测点火系统的元件。

② 爱丽舍轿车点火线圈插接器 4G3 脚上的导线 1135 为判缸信号线，当该导线断路时，发动机可以起动且不熄火；此时发动机 ECU 内显示的故障为“点火相位探测故障”，出现该故障后，发动机 ECU 对喷油器的控制由“顺序喷射”降级为“同时喷射”。

③ 当 1/4 缸（或 2/3 缸）点火线圈初级绕组的搭铁控制导线 1151（或 1152）断路后，则发动机起动后立即熄火，而且有时会在发动机 ECU 内存储“1/4（或 2/3）点火线圈控制故障”。

④ 在发动机点火系统中，点火线圈和火花塞是故障率比较高的元件；当诊断仪显示发动机“某缸燃烧不足故障”时，应重点对故障缸点火线圈的绝缘状况、初级 / 次级绕组的电阻值、火花塞的绝缘体、火花塞中心电极与侧电极的间隙、颜色等进行检测，如发现有任何异常状况，应更换有故障的点火线圈和火花塞。必须按规定的型号更换火花塞，并按规定的力矩拧紧火花塞。

⑤ 当爆震传感器有故障时，有可能造成发动机运行抖动、加速无力、易产生爆震；当发动机出现上述故障现象时，应先检修爆震传感器的线路，再考虑更换爆震传感器。

⑥ 当发动机运行抖动，且诊断仪检测到发动机 ECU 内存在“不确定的燃烧失败故障”或“某缸燃烧不足故障”时，应检测发动机的汽缸压力；当发动机某汽缸的压力低于规定值时，可造成该缸不工作，此时应查明汽缸压力低的原因并进行修复。

⑦ 用诊断仪读取发动机点火系统方面的故障、查看点火参数中的“点火提前角”、“1/4 缸点火线圈充电时间”、“2/3 缸点火线圈充电时间”、对 1/4 缸点火线圈和 2/3 缸点火线圈进行执行机构测试，是查找、分析、判断点火系统故障部位的一种简便而高效的方法，检修点火系统时要首先使用这种方法。

⑧ 当用检查线路和更换元件的方法排除了发动机点火系统的故障后，一般还应用诊断仪删除在检修点火系统中可能产生的临时性故障，因发动机 ECU 无故障时，其工作状态最佳。

本学习任务描述案例的检测结果：由于 1/4 缸点火线圈的初级绕组搭铁控制脚断路，造成 1 缸和 4 缸不点火工作，使发动机起动后马上熄火。

【学习思考与拓展】

1．发动机点火系统由哪些元件组成？各元件的作用是什么？

2．桑塔纳轿车点火开关在不同档位时内部触点的状态如下图所示，请画出它的接线端子通断表。

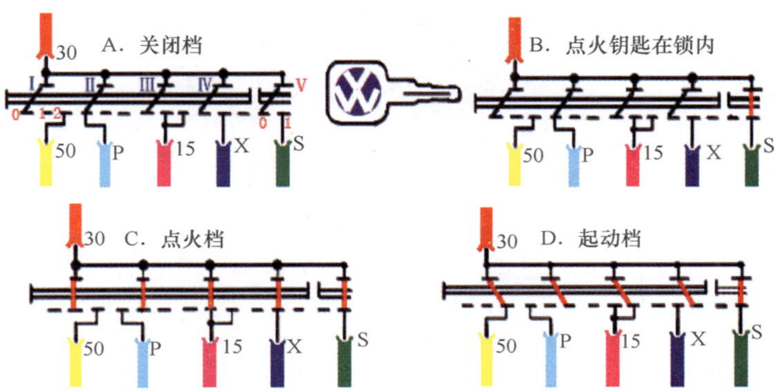

3．简述发动机点火系统的工作原理。

4．简述各缸独立点火和双缸同时点火的控制原理。

5．根据点火原理图，简述爱丽舍轿车发动机点火系统的工作原理。

6．简述点火线圈初级绕组、次级绕组、火花塞、点火线圈电容的检查方法。

7．用诊断仪检测发动机点火系统的项目有哪些？

8．简述检测发动机汽缸压力的操作步骤和注意事项。

学习任务六

发动机润滑系统的检修

【学习目标】

1．掌握发动机润滑系统的作用和组成。

2．了解发动机的润滑方式及润滑油、润滑脂的性能。

3．掌握发动机润滑系统的工作油路。

4．掌握发动机润滑系统的主要零部件作用与原理。

5．能更换机油、机油滤清器、机油压力传感器、机油泵。

建议完成本学习任务的时间为 8 课时。

【学习情境描述】

一辆大众轿车在行驶过程中，机油报警灯亮，要求查明机油报警灯亮的原因并进行处理。

【学习内容】

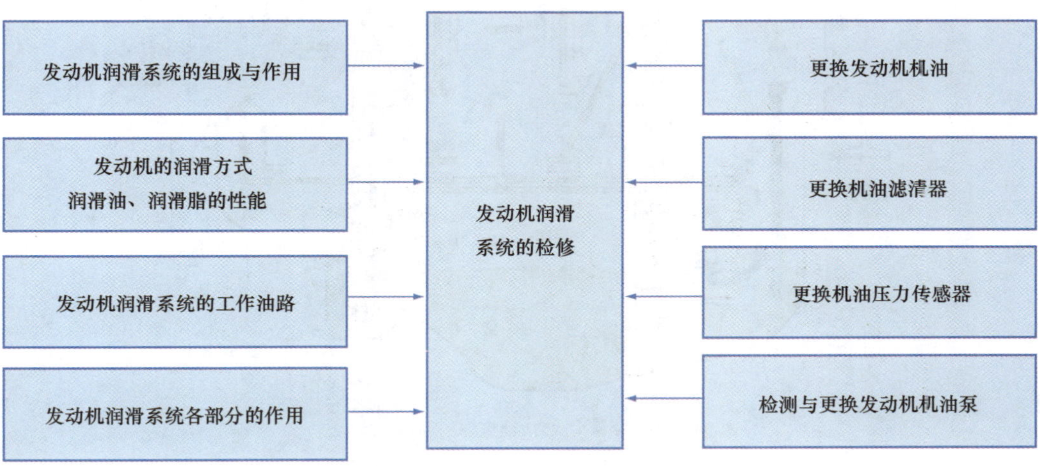

【知识链接】

第一节 润滑系统的作用和组成

发动机工作时，很多传动零件都是在很小的间隙下作高速相对运动的，如曲轴主轴颈与主轴承、曲柄销与连杆轴承、凸轮轴颈与凸轮轴轴承、配气机构各运动副和传动齿轮副等。尽管这些零件的工作表面都经过精加工，但放大来看这些零件表面却是凹凸不平的。如不对这些表面进行润滑，它们之间将发生强烈的摩擦。金属表面的干摩擦，不但增加发动机的功率消耗，而且加速零件表面的磨损变形，摩擦产生的热使金属发生热膨胀，使零件之间的间隙减小，甚至使某些零件表面熔化烧毁，使发动机无法运转。

发动机润滑系统的作用是，在发动机工作时连续不断地把数量足够的洁净润滑油输送到全部传动件的摩擦表面，并在摩擦表面形成油膜，实现液体摩擦，从而减小摩擦阻力，降低发动机的功率消耗、减轻零件磨损，提高发动机零部件的使用寿命。

发动机润滑系统主要由油底壳、机油泵、机油滤清器、润滑油道、机油压力传感器等组成，如图 6–1 所示。

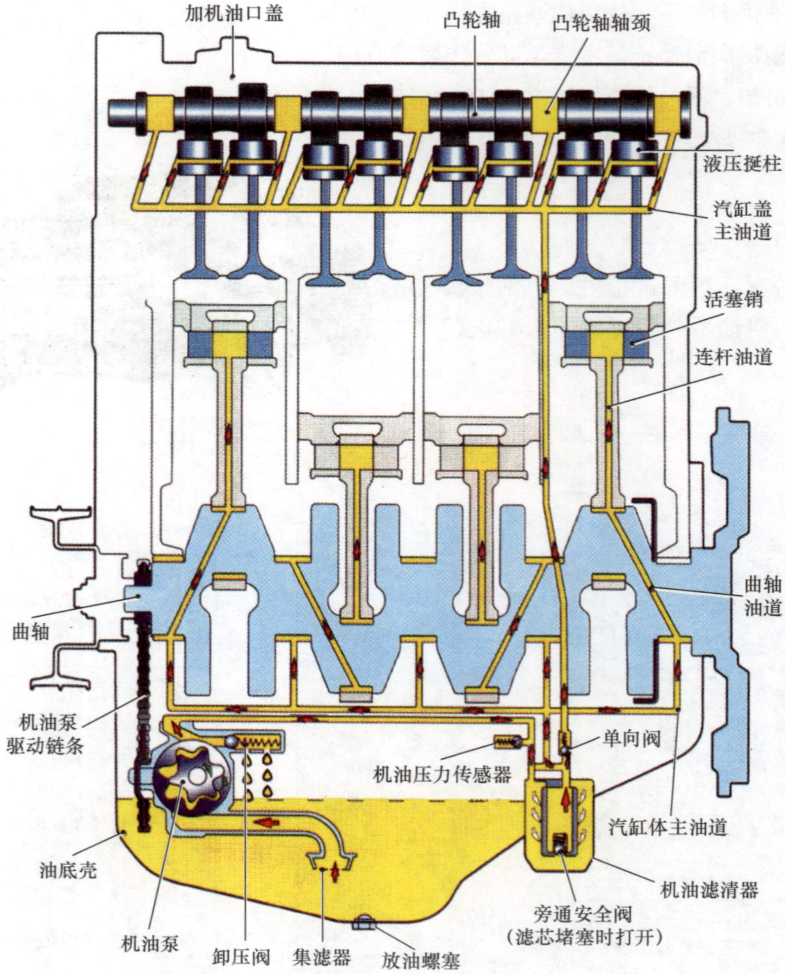

图 6–1 润滑系统的组成

第二节 润滑方式

由于发动机各传动件的工作条件不同，因此需对负荷和相对运动速度不同的传动件采用不同的润滑方式，详见表 6–1。

表 6–1 润滑方式、特点和适用零件

润滑方式	特　点	适用零件
压力润滑	将经机油泵升压的机油输送到需润滑的部位，润滑效果可靠，并具有清洗和冷却的作用	大负荷、高速工作的表面，如主轴承、连杆轴承、气门摇臂轴等
飞溅润滑	发动机工作时，运动件击溅机油及从动件间隙流出的机油飞溅到工作表面	载荷速度较低的运动件及压力润滑困难的运动表面，如汽缸壁、活塞销、连杆小头、凸轮、偏心轮等
脂润滑	在轴承内注入润滑脂，现代汽车多采用在生产时一次性注入	发动机水泵轴承、发电机轴承、起动机轴承等

第三节 发动机润滑系统的工作油路及其流向

现代汽车发动机的润滑系统大致相同，发动机润滑系统油路如图 6–2 所示，油底壳内的润滑油经机油集滤器滤掉大的机械杂质后被机油泵送入机油滤清器，如机油泵泵出机油压力太高，则润滑油经机油泵上的卸压阀返回到机油泵的入口，以防止发动机润滑系统受到高压的破坏。

润滑油经过滤清器滤清后进入发动机的主油道。一般在滤清器上有旁通安全阀，当滤清器过脏被杂质堵塞时，旁通安全阀打开，此时润滑油不经过机油滤清器直接进入发动机的主油道，以保证在滤清器被堵塞时（这种情况在实际中经常发生）发动机还可以得到润滑，如图 6–3 所示。进入主油道的润滑油对发动机曲轴轴颈、连杆轴颈等进行润滑；进入连杆的润滑油还通过连杆上的油道进入活塞销对其进行润滑；进入主油道的润滑油还通过汽缸体上的油道进入汽缸盖，对凸轮轴、摇臂、液压挺柱等部位进行润滑。

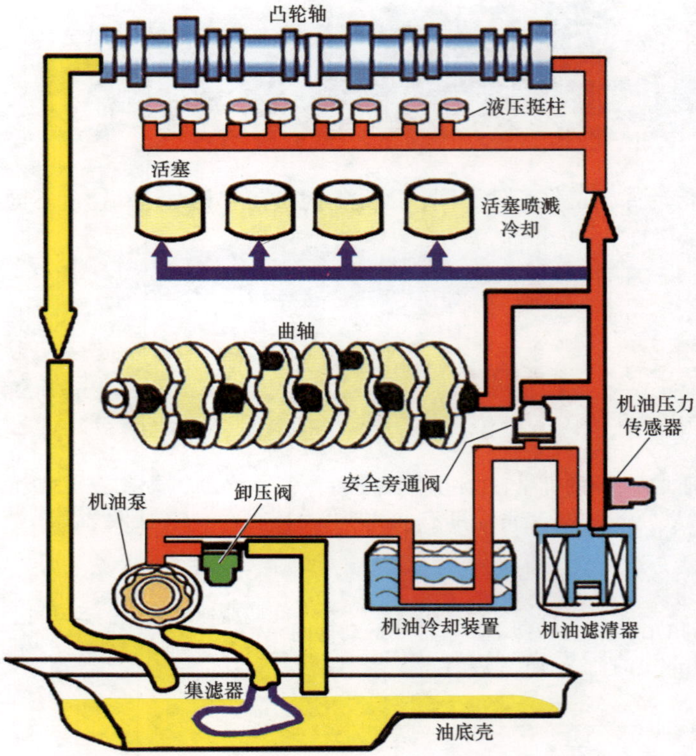

图 6–2 发动机润滑系统油路

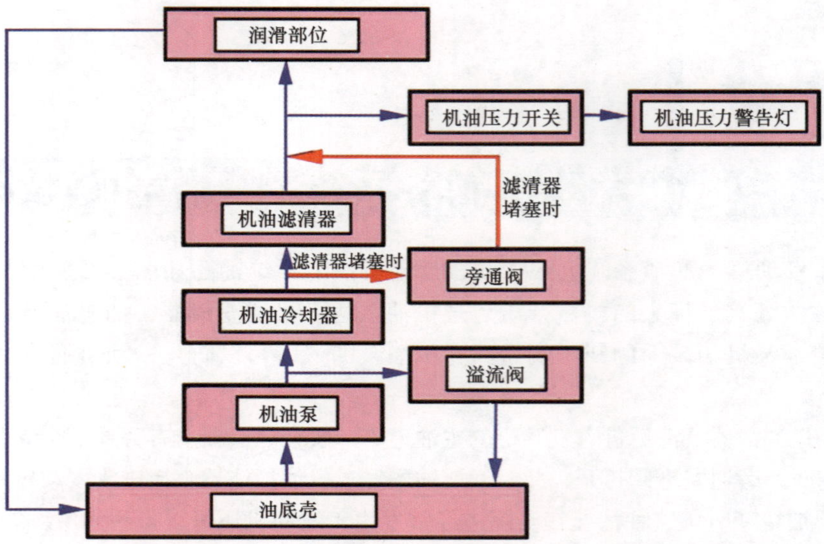

图 6–3 发动机润滑系统油路简图

第四节 润滑剂和润滑脂

一、润滑剂的使用性能

汽车发动机润滑油在润滑系统内循环流动，循环次数每小时可达 100 次。润滑油的工作条件十分恶劣，在循环过程中，润滑油与高温的金属壁面及空气频繁接触，不断氧化变质。窜入曲轴箱内的燃油蒸气、废气、金属磨屑和积炭等，使润滑油受到严重污染。另外，润滑油的工作温度变化范围很大，在发动机起动时，为环境温度，在发动机正常运转时，曲轴箱内润滑油的平均温度可达 95℃或更高，同时润滑油还与 180 ～ 300℃的高温零件接触。因此，作为发动机的润滑油，必须有具良好的使用性能。目前汽车发动机使用的润滑油，一般是以从石油中提炼出来的润滑油为基础油，再加入各种添加剂混合而成。

1. 汽车发动机对润滑油的使用性能要求

（1）适当的黏度。油的黏度对发动机的工作有很大影响。黏度过小，在高温、高压下容易从摩擦表面流失，不能形成足够厚度的油膜；黏度过大，冷起动困难，润滑油不能被泵送到零件的摩擦表面。

润滑油的黏度随温度变化而变化，温度升高，黏度减小，温度降低，黏度增大。为了使润滑油在较宽的温度范围内都有适当的黏度，必须在润滑油中加增稠剂。添加增稠剂后，可以使润滑油在高温时保持足够的黏度，而在低温时黏度增加不多。

（2）优异的氧化安定性。氧化安定性是指润滑油抵抗氧化作用不使其性质发生永久改变的能力。当润滑油在使用与储存过程中与空气中的氧气接触而发生氧化作用时，润滑油的颜色变暗，黏度增加，酸性增加，并产生胶状沉淀物。氧化变质的润滑油将腐蚀发动机零件，甚至破坏发动机的工作。汽车发动机经常在高温下与氧气接触，这就要求润滑油具有优异的热氧化安定性，为此要在润滑油中，添加氧化抑制剂。

（3）良好的防腐性。润滑油在使用过程中不可避免地被氧化而生成各种有机酸，这类酸性物质对金属零件有腐蚀作用，可使铜铅和镉镍一类的轴承表面出现斑点、麻坑或使合金层剥落。为提高润滑油的防腐性，要在润滑油中加入防腐添加剂。

（4）良好的清净分散性。为使润滑油具有清净分散性，必须加入清净分散添加剂。

（5）较低的起泡性。由于润滑油在润滑系统内快速循环和飞溅，必然会产生泡沫。如泡沫太多，或泡沫不能迅速消除，将造成摩擦表面供油不足。控制泡沫生成的方法是在润滑油中添加泡沫抑制剂。

（6）高度的极压性。摩擦表面之间的油膜厚度小于 0.3 ～ 0.4 μm 的润滑状态称为边界润滑。习惯上把高温、高压下的边界润滑称为极压润滑。润滑油在极压条件下的抗摩性叫极压性。现代汽车发动机的轴承及配气机构等零件的润滑，就是极压润滑。为了避免在极压润滑条件下润滑油被挤出摩擦表面，必须在润滑油中增加极压添加剂。

2. 润滑油的分类

（1）国外润滑油的分类。世界广泛采用美国汽车工程师协会（SAE）的发动机润滑油黏度分类法和美国石油协会（API）的发动机润滑油使用性能分类法。

美国汽车工程师协会（SAE）按照润滑油的黏度等级把润滑油分为冬季用润滑油和非冬季用润滑油。冬季用润滑油有 SAE0W、SAE5W、SAE10W、SAE15W、SAE20W、SAE25W 共 6 个牌号；非冬季用润滑油有 SAE20、SAE30、SAE40、SAE50、SAE60 共 5 个牌号。号数较大的润滑油黏度大，宜在较高的温度下使用。

上述各牌号的润滑油只有单一的黏度等级，使用这种润滑油时，用户需根据季节和气温的变化及时更换润滑油。目前使用的润滑油多数具有多个黏度等级，如 SAE5W/30、SAE15W/40、SAE20W/50 等。其中 SAE15W/40 牌号润滑油在低温时符合 SAE15W 黏度级，在高温符合 SAE40 黏度级，该润滑油可在冬夏季使用。

美国石油协会（API）将润滑油分为 S 系列和 C 系列两种，如图 6–4 所示。S 系列为汽油机润滑油，目前有 SA、SB、SC、SD、SE、SF、SG、SH 共 8 个级别；C 系列为柴油机润滑油，目前有 CA、CB、CC、CD、CE 5 个级别。同系列润滑油中字母序号越靠后，其使用性能越好，如图 6–3 所示，适用于机型越新或强化程度越高的情况。其中，SA、SB、SC 和 CA 级别的润滑油，除非汽车制造厂特别推荐，否则已不再使用。

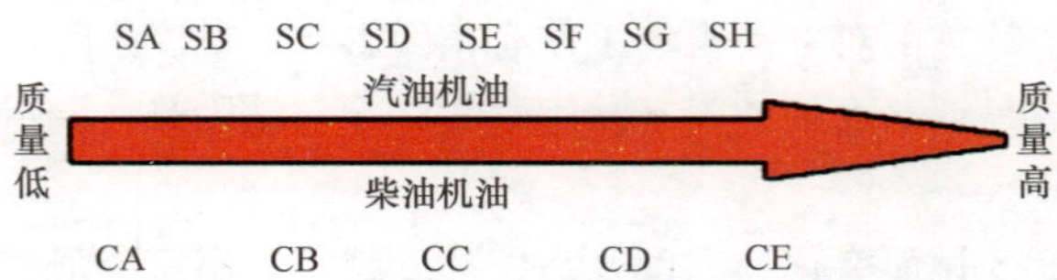

图 6–4　机油按 API 分类

（2）我国润滑油的分类。我国 GB/T7631.3–1995《内燃机油分类》参考美国汽车工程师协会（SAE）和美国石油协会（API）的分类法。按润滑油的性能和使用场合我国润滑油分为：①汽油机油，有 SC、SD、SE、SF、SG、SH 共 6 个级别；②柴油机油，有 CC、CD、CD–Ⅱ、CE、CF–4 共 5 个级别；③二冲程发动机油，有 ERA、ERB、ERC、ERD 共 4 个级别。

按润滑油黏度分类基本与 SAE 分类法一致，也采用含字母 W 和不含 W 两组黏度等级系列。每一种使用级别又有若干种单一黏度等级和多黏度等级的润滑油牌号。例如，CC 级润滑油有 3 个单一黏度等级和 6 个多黏度等级的润滑油牌号。它们分别是 30、40、50 号和 5W/30、5W/40、10W/30、10W/40、15W/40、20W/40。

我国润滑油分类与 API 分类的对应关系见表 6–2。

表 6–2　我国润滑油分类与 API 分类的对应关系

<table>
<tr><th>我国的分类</th><th>API 分类</th><th>我国的分类</th><th>API 分类</th></tr>
<tr><td colspan="2">SC ≠ SC</td><td colspan="2">SF=SF</td></tr>
<tr><td colspan="2">SD ≠ SD</td><td colspan="2">CC=CC</td></tr>
<tr><td colspan="2">SE ≠ SE</td><td colspan="2">CD=CD</td></tr>
</table>

二、润滑油的选用

（1）根据汽车发动机的强化程度选用合适的润滑油使用级别。汽油机的强化程度往往与生产年份有关，后生产的汽车比早年生产的汽车强化程度高，应选用级别高的润滑油。柴油机的强化程度用强化系数 K 表示，强化系数用下式计算：

$$K=p_{me}c_{m}\tau$$

式中，p_{me} 为平均有效压力（MPa）；c_m 为活塞的平均速度（m/s）；τ 为冲程系数（四冲程 $\tau=0.5$，二冲程 $\tau=1$）。$K \leqslant 50$ 时，选用 CC 级润滑油；$K > 50$ 时，应选用 CD 级润滑油。

（2）根据地区的季节气温选用适当黏度等级的润滑油。按当地的环境温度选用润滑油时可参考图 6–5。

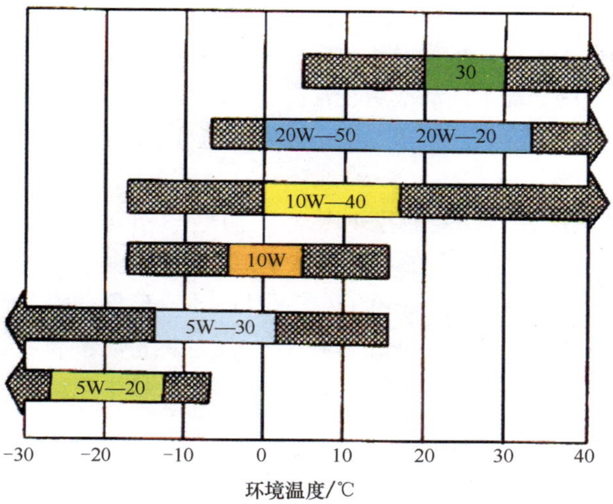

图 6–5　按当地的环境温度选择润滑油

加油站：合成润滑油是利用化学合成的方法制成的润滑剂，其主要特点是良好的黏度 – 温度特性，可以满足大温差的要求；有优良的热氧化安定性，可长期使用不需要更换。使用合成润滑油，发动机的燃油经济性会有所改善，并可降低发动机的冷起动转速。目前，合成润滑油的价格比从石油提炼出来的润滑油高。但是随着生产规模扩大和制造工艺的改进，合成润滑油的价格将会越来越便宜。未来将是合成润滑油的时代。

三、润滑油的更换

发动机的润滑油（又称机油）在使用过程中，由于高温氧化及燃烧物混入等多种原因，将劣化变质，润滑性能下降。为了保证机油良好的润滑性能，延长发动机及零部件的使用寿命，目前所有的汽车生产厂家都规定，在汽车使用过程中，必须定期更换厂家规定品牌的发动机机油。

发动机机油的更换周期，因车型和行驶环境不同而不同，几种发动机的机油更换周期见表 6–3。如果汽车经常频繁起步、短距离行驶或在多尘的地区行驶，机油的更换周期应相应缩短。

表 6-3　几种发动机的机油更换周期

发动机型号	机油更换周期	
	行驶里程 /km	月数
卡罗拉（1.6 L）发动机	5 000	6
凯越（1.6 L）发动机	10 000	6
桑塔纳 2000 GSi SAJ 发动机	7 500	12
东风雪铁龙世嘉、C5（EW10A）发动机	15 000	12
东风雪铁龙世嘉、C4L（EC5）发动机	7 500	6

四、润滑脂

润滑脂是将稠化剂掺入液体润滑剂中所制成的一种稳定的固体或半固体产品，其中可以加入用以改善润滑脂某种特性的添加剂。润滑脂在常温下可附着于垂直表面而不流淌，并能在敞开或密封不良的摩擦部位工作，具有其他润滑剂所不能替代的特点，因此在汽车的许多零部件中都使用润滑脂润滑。

目前，进口汽车和国产新车普遍推荐使用汽车通用锂基润滑脂（GB/T5671—1995）。这种润滑脂具有良好的高低温适应性，可在 -30 ～ 120℃的较宽温度范围内使用；具有良好的抗水性能和防锈性能，可用于潮湿和与水接触的摩擦部位；具有良好的安定性和润滑性，在高速运转的机械部位使用，不变质、不流失，保证有良好的润滑。它能够满足我国从哈尔滨到海南岛广大地区汽车的使用要求，与使用钙基润滑脂比较，可延长换油期二倍，使润滑和维护费用下降 40% 以上。

第五节 润滑系统主要零部件的作用与原理

一、机油泵

机油泵的作用是将一定数量的润滑油建立起压力并输送到发动机摩擦零件的表面。汽车发动机常用的机油泵有齿轮泵和转子泵两种。

1. 齿轮式机油泵

齿轮式机油泵的结构与工作原理如图 6-6 所示。在机油泵壳体内装有一对主、从动齿轮，两齿轮与壳体内壁间的间隙很小。发动机工作时，齿轮按图中所示箭头方向旋转，进油口处因两齿轮脱离啮合使其容积增大，产生一定的真空度，机油便从进油口被吸入并充满进油腔。随着齿轮旋转将轮齿间所存的机油带到出油口。由于出油口处两齿轮进入啮合，使轮齿间容积减小，油压升高，机油便从出油口压出进入发动机油道。卸压阀的作用是，当机油泵输出的压力过高时，该阀打开卸压，使机油泵泵出的机油回到进油口，防止过高的油压破坏发动机润滑系统的密封。

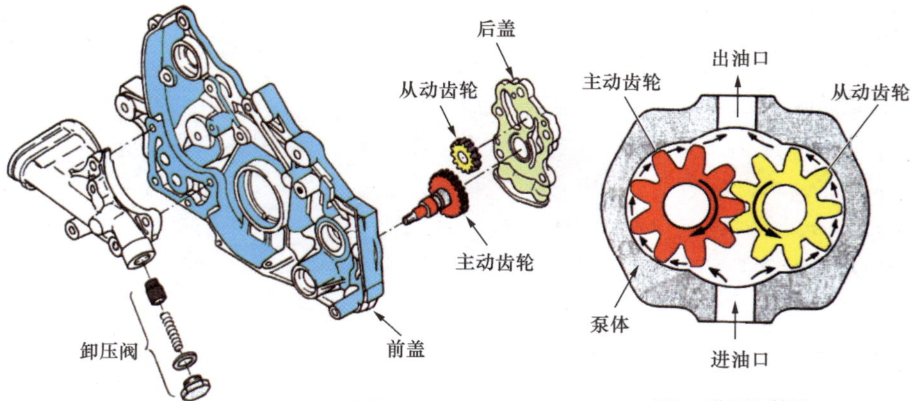

(a) 结构图　　(b) 工作原理简图

图 6-6　齿轮式机油泵的结构与原理

机油泵通常用由曲轴前端的链轮或凸轮轴上斜齿轮驱动。在发动机工作时，机油泵齿轮不断旋转，从而保证机油在润滑油路中连续不断地循环。齿轮式机油泵由于结构简单，制造方便，工作可靠，故应用广泛。

2. 转子式机油泵

转子式机油泵的结构与原理如图 6-7 所示，转子式机油泵主要由内、外转子、卸压阀、前后盖等组成。内转子固定在机油泵传动轴上，外转子自由安装在泵体内，并与内转子啮合传动。内、外转子有一定的偏心距。一般转子式机油泵的转子有 4 个或 4 个以上的凸齿，外转子的凹齿数比内转子的凸齿数多 1 个。转子的外廓形状曲线为次摆线。当机油泵工作时，主动轴带动内转子旋转，同时内转子带动外转子也朝同一方向转动。由于内、外转子工作面的轮廓是一对共轭曲线，因此可使两个转子相互啮合时既不干涉也不脱离。内、外转子间的接触点将外转子的内腔分成 4 个工作腔，当某一工作腔转过进油口时，容积增大，产生真空，机油经进油口被吸入工作腔内。当该工作腔转过出油口时，容积减小，油压升高，于是机油经出油口被压出。

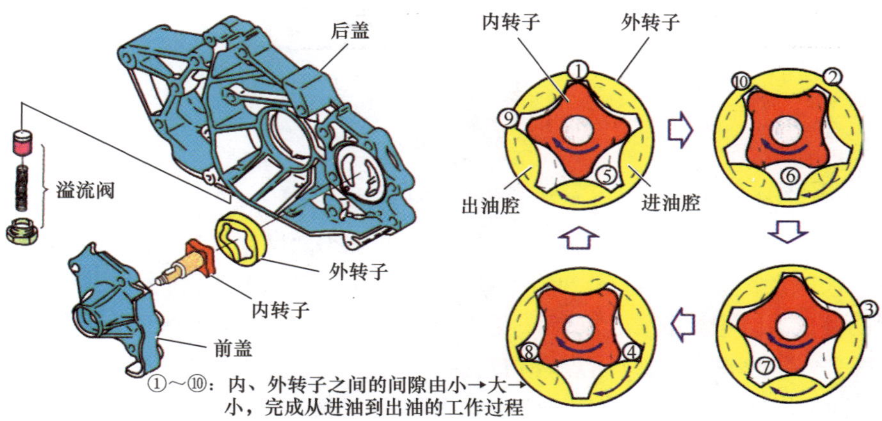

图 6-7　转子式机油泵的结构与原理

转子式机油泵的优点是结构紧凑，供油量大，供油均匀，噪声小，吸油真空度较高。因此，当机油泵安装在曲轴箱外或安装位置较高时，采用转子式机油泵比较合适。它的缺点是内、外转子啮合表面的滑动阻力比齿轮泵大，因此功率消耗较大。

加油站：现代汽车的发动机均为高转速、高强化的发动机，它一刻也离不开润滑。机油泵必须保证在发动机各种转速下都能供给足够数量的润滑油，以维持足够的润滑油压，以保证发动机的润滑，因此机油泵都设计成在低速时就有足够大的供油量。但是在高速时，机油泵的供油量明显偏大，机油压力也偏高。另外在发动机冷起动时，机油黏度大，流动性差，机油压力也会大幅度升高。为了防止过高油压对发动机润滑系统的密封造成破坏，在发动机的润滑油路中都设置有限压阀或卸压阀。卸压阀一般安装在机油泵上或发动机的主油道上。

二、机油滤清器

机油滤清器有全流式与分流式，如图 6–8 所示。全流式机油滤清器串联于机油泵和主油道之间，因此能滤清进入主油道的全部机油。分流式滤清器与主油道并联，仅过滤机油泵送出的部分机油。目前在轿车上普遍采用全流式机油滤清器，在货车特别是重型货车上普遍采用双滤清器，其中一个分流式滤清器作细滤器用，另一个滤清器为粗滤器，货车发动机润滑油路如图 6–9 所示。粗滤器滤除机油中直径为 0.05 mm 以上较大粒度的杂质，而细滤器则用来滤除机油中直径为 0.001 mm 以上细小的杂质。经过粗滤器的机油进入主油道，经过细滤器的机油直接返回油底壳。

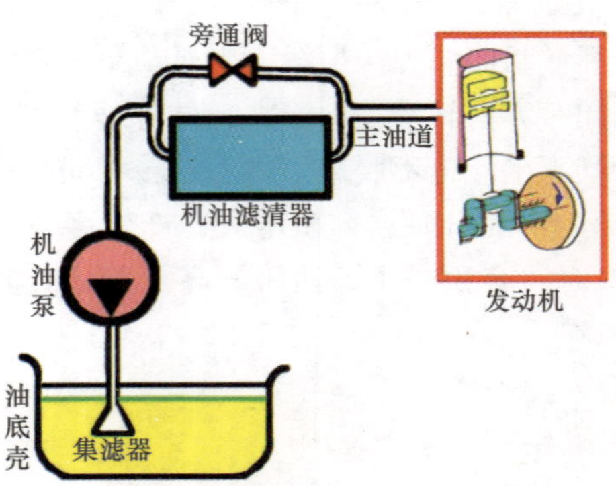

（a）全流式

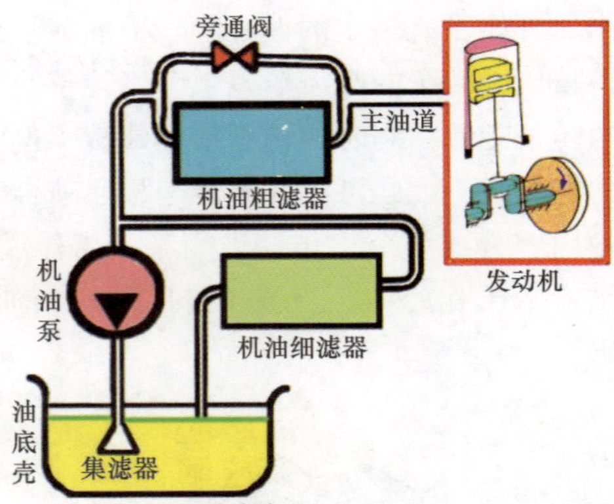

（b）分流式

图 6–8　机油滤清器的全流式和分流式

1. 机油粗滤器

机油粗滤器（又称全流式机油滤清器）用以滤去机油中粒度较大（直径在 0.05 ～ 0.10 mm 以上）的杂质。它对润滑油流动阻力较小，一般串联在机油泵与主油道之间。轿车上使用的全流式机油粗滤器的外形与结构如图 6–10 所示，它主要由外壳、滤芯、旁通阀、止回阀等组成。机油由滤芯的外围进入，经滤芯过滤后，从滤清器的中央出口送出；当滤芯堵塞时，升高的油压将旁通阀推开，机油不经过滤芯滤清，直接通过旁通阀进入发动机主油道，以保证发动机的润滑需求。当发动机熄火时，机油滤清器上的止回阀关闭，防止机油逆流，以避免主油道油压迅速降低，且可防止滤芯外围的污物流回机油泵。

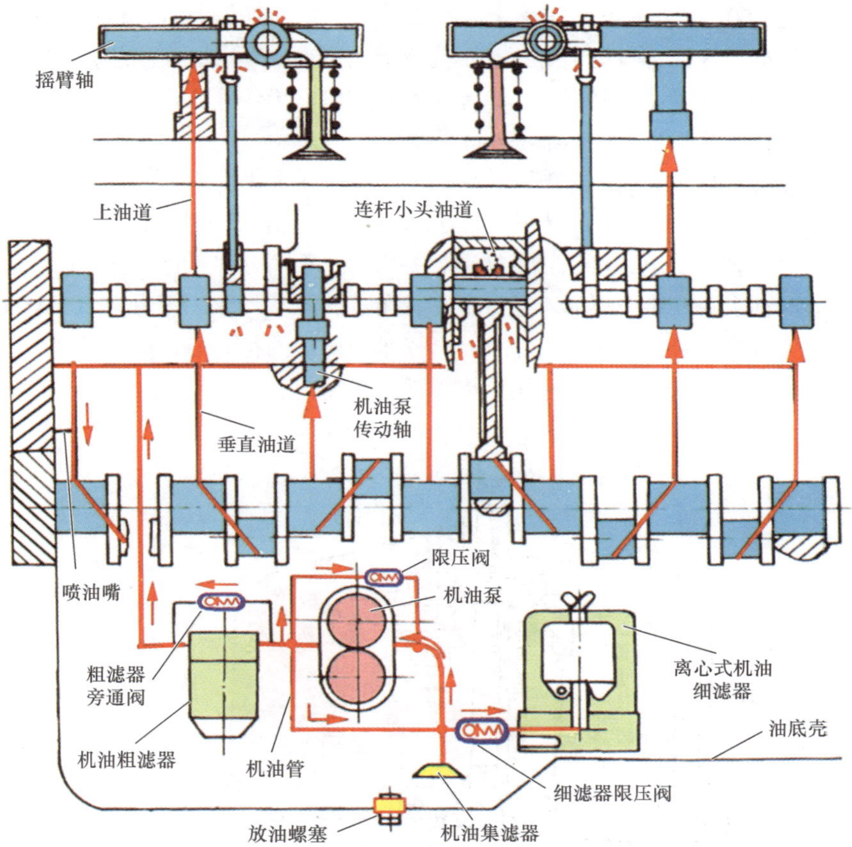

图 6–9　发动机润滑系统示意图

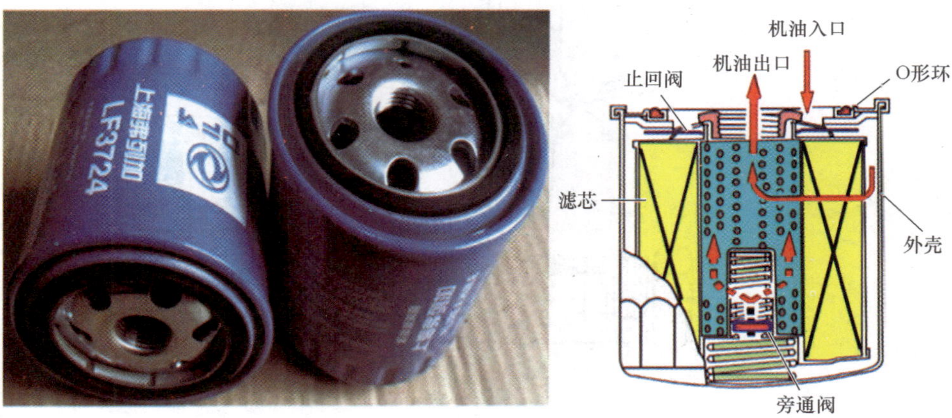

(a) 机油滤清器外形　　(b) 机油滤清器的内部结构

图 6–10　轿车使用的机油滤清器

2. 机油细滤器

机油细滤器（又称分流式机油滤清器）用以滤除直径为 0.001 mm 以上细小机械杂质。这种滤清器对润滑油的流动阻力较大，因此与主油道并联，只有 10% ～ 15% 的润滑油通过。目前较多汽车（一汽奥迪 100、捷达、高尔夫、上海桑塔纳等）发动机都采用离心式机油细滤器。离心式机油细滤器滤清能力高，通过能力好，且不受沉淀物影响，不需更换滤芯，只需定期清洗，但对胶质物滤清效果差。这种滤清器由于出口无压力，一般只用作分流式机油细滤器，有些大功率发动机上也有用它作全流式离心机油细滤器。

FL100 型离心式机油滤清器的构造如图 6-11 所示，它主要由底座、转子体、外罩等部分组成。底座上设有低压限压阀，带中心孔的转子轴装在底座上，并用转子轴止推片锁紧。转子体通过上、下两个转子衬套套在转子轴上，可以自由转动，并由上、下两个弹簧挡圈作轴向定位，转子下端装有两个按中心对称水平安装的喷嘴。导流罩套装在转子体上，紧固螺母将转子与转子体紧固在一起，形成一个空腔，通过导流罩、转子体及转子轴上对应的径向油孔与转子轴中心孔相通。整个转子用外罩盖住，并通过盖形螺丝和垫片将其固定在底座上。

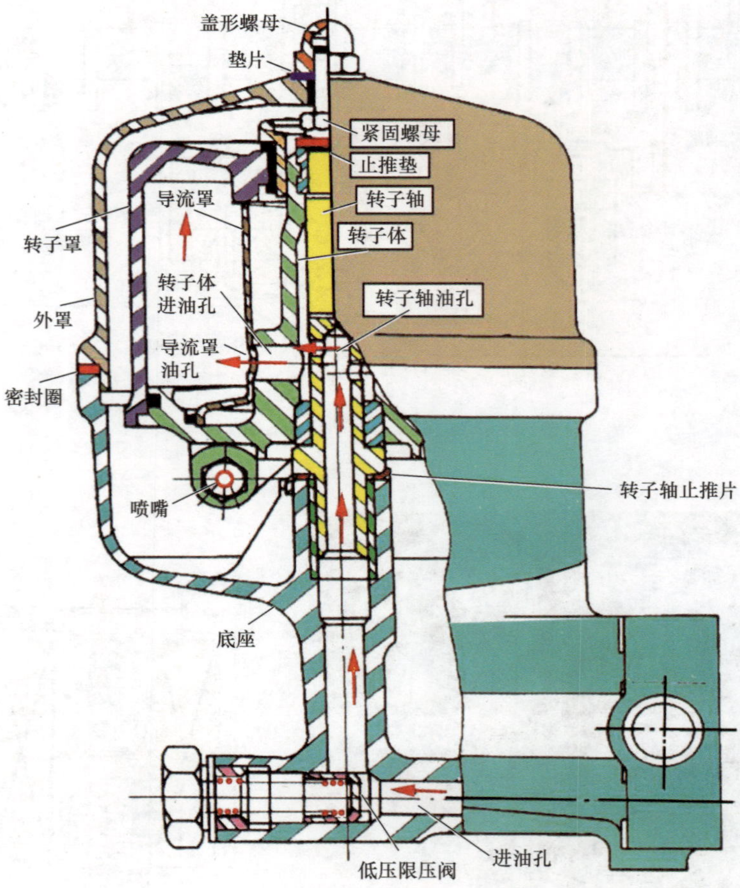

图 6-11　FL100 型离心式机油细滤器

发动机工作时，从机油泵来的润滑油进入细滤器器进油孔，若油压低于 0.147 MPa, 低压限压阀不开启，润滑油则不能进入机油细滤器而全部供给主油道，以保证发动机可靠润滑。当油压高于此值时，低压限压阀被顶开，润滑油沿壳体中的转子轴内的中心油道，经转子轴油孔、转子体进油孔、导流罩油孔流入转子罩内腔后，又经导流罩导流从两个喷嘴喷出，此时转子在喷射反作用力推动下高速旋转。当油压为 0.3 MPa 时，转子转速可高达 5 000 ～ 6 000 r/min。由于转子内腔的润滑油随转子高速旋转，润滑油中的机械杂质在离心力的作用下被甩向转子壁。洁净的润滑油不断从喷嘴喷出，并经出油口流回油底壳。

三、机油压力传感器

机油压力传感器一般装在机油滤清器上，该传感器检测发动机主油道上的机油压力。当发动机机油压力过低时，组合仪表将点亮机油压力报警灯，如图 6–12 所示，警示驾驶员立即停车检修。

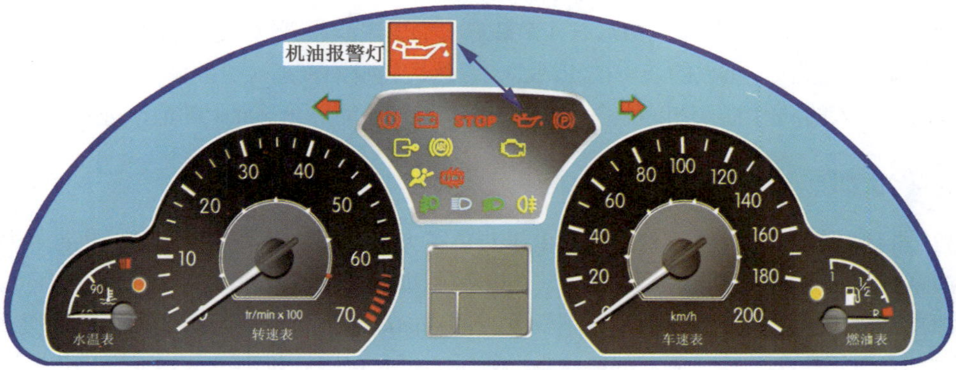

图 6–12　组合仪表上的机油压力报警灯

四、机油集滤器

为了防止粒度较大的杂质进入机油泵，在机油泵的进油口一般安装有机油集滤器。机油集滤器分浮式集滤器和固定式集滤器，如图 6–13 所示。

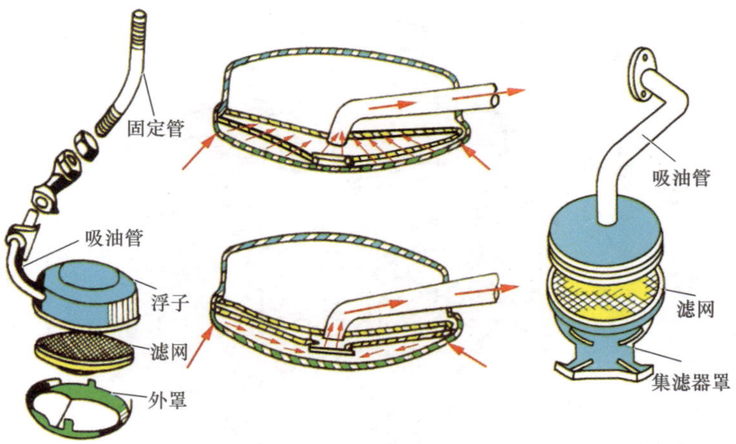

(a) 浮式集滤器的结构和工作情况　　(b) 固定式集滤器

图 6–13　机油集滤器

浮式集滤器由浮子、外罩、滤网等组成，如图 6–13（a）所示。滤网通过外罩固定在浮子上，靠滤网本身的弹力和滤网中心部位的环口压在外罩上，在外罩四周有缺口，浮子是空心密封的，以便漂浮在润滑油的液面上。由于吸油管与固定管之间是活套在一起的，彼此可以相对运动，使集滤器总成在油底壳油池中，借浮子的浮力而保持在油面上，并随油面高低而自由升降。滤网由金属丝编织而成，有一定弹性，中央有一圆孔，装配时在滤网弹力作用下，圆孔紧压在罩上。网孔直径约为 0.10 ～ 0.15 mm，可滤去机油泵前较大的机械颗粒。发动机工作时，润滑油通过外罩与滤网之间的狭缝吸入，通过滤网时，较大的机械杂质被滤去，然后进入吸油管。当滤网被杂质淤塞时，吸油管与滤网上部的真空度加大，克服滤网的弹力而将滤网吸起，这时润滑油不经过滤网直接通过圆孔进入吸油管，以保证润滑油的正常输送。

图 6–13（b）所示为固定式集滤器的构造，吸油管的上端有与机油泵进油孔连接的凸缘，下端与滤网支座中心固定连接。集滤器罩的翻边包在支座外缘的凸台上，滤网夹装在支座与罩之间。滤网靠自身的弹力紧压在罩上。罩的边缘有 4 个缺口，形成进油通道。当机油泵工作时，润滑油从罩的缺口处经滤网被吸入，粗大的杂质被滤网滤去，然后经吸油管进入机油泵。与浮式集滤器相比，固定式集滤器吸入的润滑油清洁度稍差，但其结构简单，还能防止油面上的泡沫进入润滑系统。

五、机油冷却器

在高性能、大功率的强化发动机上，由于热负荷大，必须装设机油冷却器。机油冷却器布置在润滑油路中，其工作原理与散热器相同。发动机的机油冷却器分风冷式和水冷式两种。风冷式机油冷却器是一个小型散热器，利用汽车行驶时的迎面风对润滑油进行冷却。这种机油冷却器散热能力大，多用于赛车及热负荷大的增压发动机上。但是风冷式机油冷却器在发动机起动后需很长的暖机时间才能使润滑油达到正常的工作温度。

水冷式机油冷却器外形尺寸小，布置方便，且不会使润滑油冷却过度，润滑油温度稳定，因而在轿车上应用广泛。水冷式机油冷却器如图 6–14 所示，润滑油经滤清器滤清后直接进入冷却器，在冷却器芯内流动，从散热器引来的冷却液在冷却器芯外流过。两种流体在冷却器内进行热交换，使高温润滑油得以冷却降温。

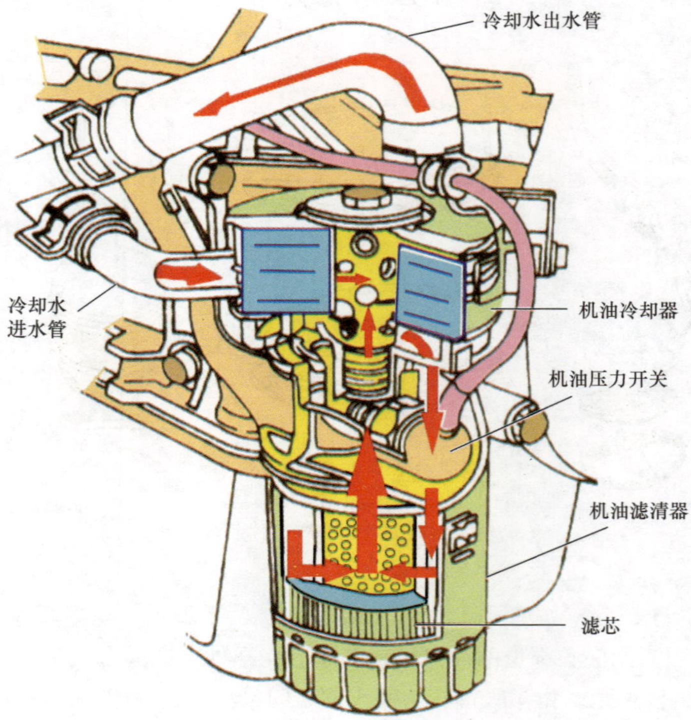

图 6–14　水冷式机油冷却器

加油站：机油除了具有润滑、清洗、冷却等作用外，在现代发动机中还作为液压控制的介质。在图 6–15 所示的可变正时调整中，VVT 控制的液压油就来自发动机机油泵输出的液压油。

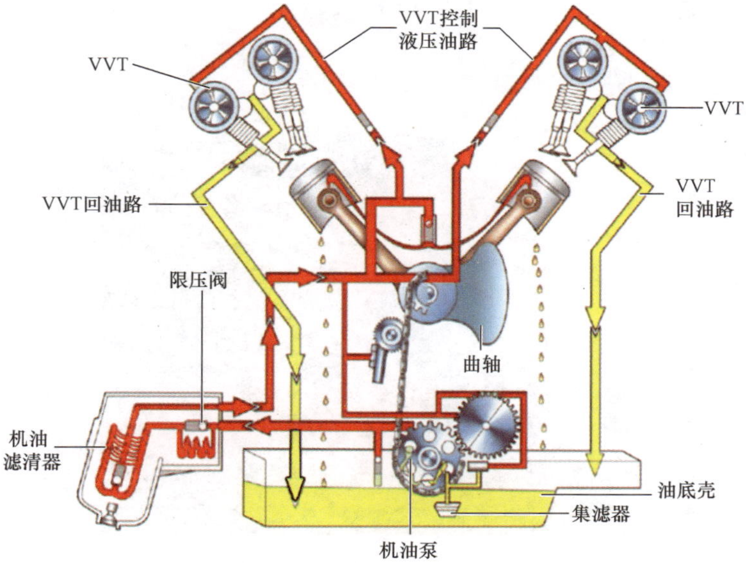

图 6–15　VVT 液压控制示意图

【实训操作】

一、发动机润滑系统的检测流程

发动机机油不足、机油报警灯亮是发动机润滑系统最常见的故障。当发动机润滑系统有故障，造成发动机机油不足、机油报警灯亮时的检查流程如图 6–16 所示。

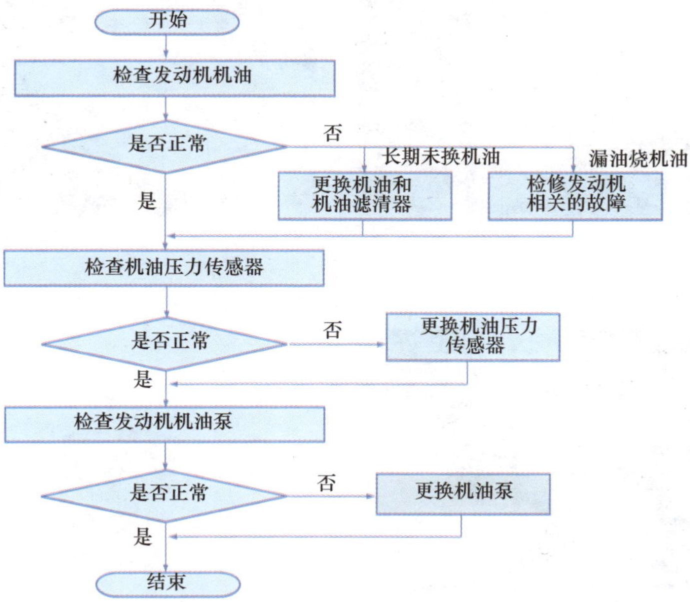

图 6–16　发动机润滑系统检查流程

二、作业所需的工具和设备

作业所需的工具和设备如下：

（1）机电维修工常用工具一套，如图1–23所示，车身外部防护罩和驾驶室防护5件套，如图1–28所示。

（2）TU5JP4 发动机总成及翻转架，如图 6–17 所示。

图 6–17　发动机总成翻转架

三、润滑系统相关部件的检测与更换

步骤如下：

（1）更换发动机机油，如图 6–18 和图 6–19 所示。

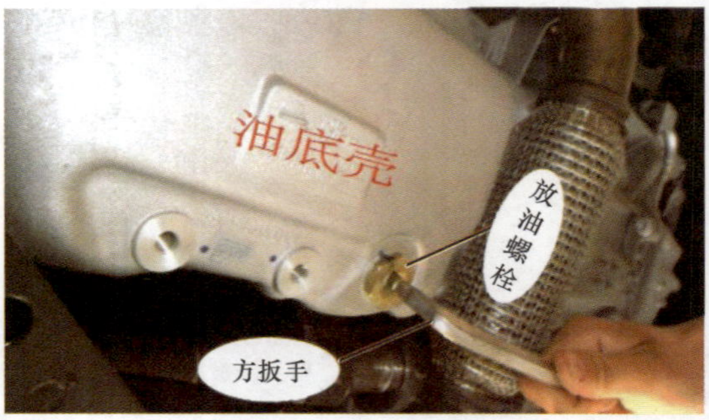

图 6–18　拆卸放油螺栓

图 6–19　加注发动机机油

（2）更换机油滤清器，如图 6–20 和图 6–21 所示。

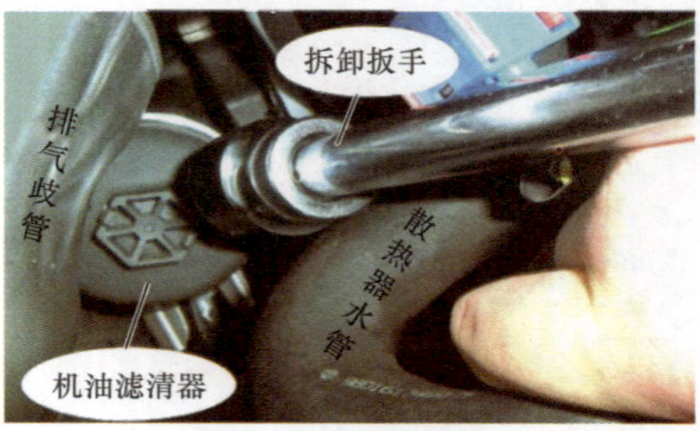

图 6–20　拆卸机油滤清器

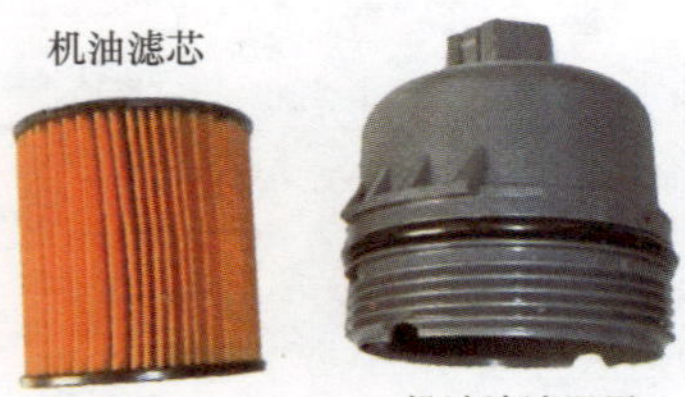

图 6–21　机油滤芯及滤清器罩

（3）更换机油压力传感器，如图 6–22 所示。

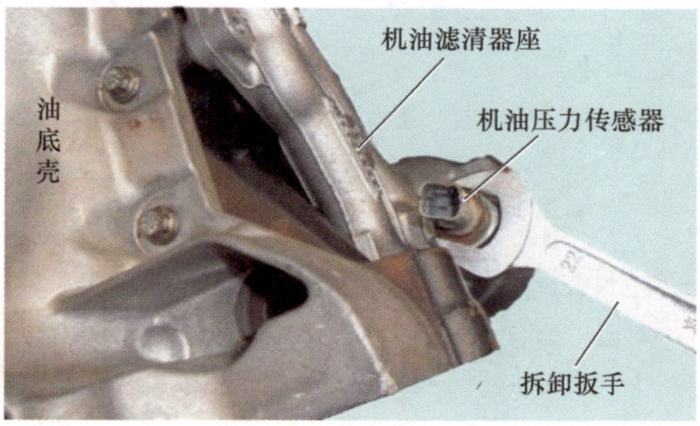

图 6–22　拆卸机油压力传感器

（4）检测与更换机油泵，如图 6–23 所示。

图 6–23　拆卸机油泵

【小结】

（1）发动机润滑系统的作用是，在发动机工作时连续不断地把数量足够的洁净润滑油输送到全部传动件的摩擦表面，从而减小摩擦阻力，降低发动机的功率消耗、减轻零件磨损，提高发动机零部件的使用寿命。发动机零部件的润滑方式有压力润滑、飞溅润滑和脂润滑。

（2）发动机润滑系统主要由油底壳、机油泵、机油滤清器、润滑油道、机油压力传感器、机油集滤器等组成。

（3）汽车发动机常用的机油泵有齿轮泵和转子泵两种；机油滤清器有全流式和分流式，当滤清器堵塞时，与滤清器并联的旁通阀被油压开启，机油不经过滤清器直接进入主油道，以保证发动机的润滑；机油集滤器一般安装在机油泵进油口，防止较大杂质进入机油泵。

（4）当发动机机油不足、机油报警灯亮等，怀疑发动机润滑系统有故障时，应注意如下问题：

① 定期更换发动机机油是延长发动机使用寿命的一个重要因素。对于不同的车辆，我们应该按照汽车生产厂家的要求，定期更换指定标号的发动机机油和机油滤清器。更换发动机机油时，必须同时更换机油滤清器，如果单独更换机油滤清器，不更换发动机机油，则会使滤清器被污染。

② 当仪表上“机油报警灯”点亮时，应迅速停止行驶的车辆，并且让发动机熄火，否则发动机可能因缺乏润滑运行而造成严重故障。

③ 发动机机油具有润滑、冷却、清洗、密封的作用。正确检查发动机机油液面的方法是，车辆停在水平地面上，发动机停止运转 10 分钟后，机油液面应在机油标尺上、下刻度之间，1/2 处以上，如果机油液面低于下刻度，应首先排除发动机是否漏油，然后再进行相关检查。

④ 机油压力传感器的作用是检查润滑系统中的润滑油压力。造成机油压力过低的主要原因是，机油油量不足和润滑系统有故障。当机油压力过低时，组合仪表将点亮“机油报警灯”，警示驾驶员立即停车。

本学习任务描述案例的检测结果：由于机油压力传感器内部损坏，仪表接受了错误的信息，点亮了“机油报警灯”。

【学习思考与拓展】

1．根据发动机润滑系统元件的作用，完成下表。

润滑系统元件	作　用
机油	
机油滤清器	
机油压力传感器	
机油泵	

2．根据图 6–2，说明发动机润滑系统的工作油路及其流向。

3．请简述两种不同类型机油泵的工作原理。

4．简述机油 SAE 分类法和 API 分类法，试举例说明。

5．在车辆定期保养中，为什么需要同时更换机油和机油滤清器？

6．如果你正在驾驶一辆汽车在路上行驶，突然间仪表上的“”点亮，请问该如何应对？

学习任务七

发动机冷却系统的检修

【学习目标】

1. 掌握发动机冷却系统的组成和各元件的作用。
2. 熟悉发动机冷却液的特性和环保要求。
3. 熟悉发动机冷却系统主要部件的构造和工作原理。
4. 能检测和更换发动机冷却液、节温器、水泵等。
5. 能用诊断仪和万用表对发动机冷却风扇系统的线路和元件进行检测。

建议完成本学习任务的时间为 6 课时。

【学习情境描述】

一辆爱丽舍轿车起动发动机后，左、右风扇立即异常高速旋转。要求查明故障原因并进行处理。

【学习内容】

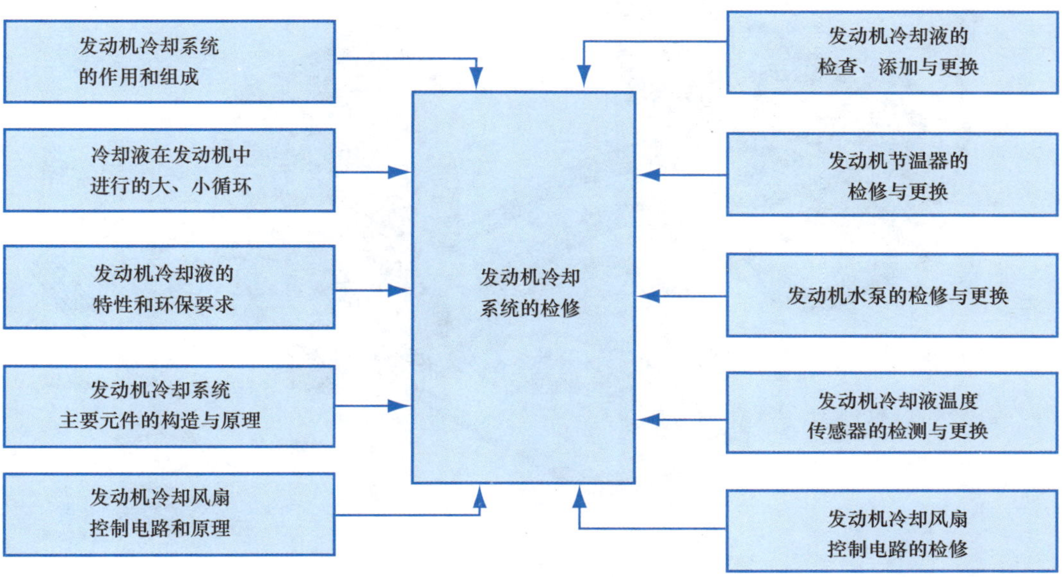

【知识链接】

第一节 发动机冷却系统的作用和组成

发动机冷却系统的作用是使工作中的发动机得到适当的冷却，尽量把发动机冷却液温度控制在 80 ～ 90℃，以使发动机在最适宜的温度状态下工作。另外，发动机冷却系统还为汽车的暖风系统提供热源。现代汽车普遍采用封闭式强制循环水冷却系统，即用水泵强制地使冷却液在冷却系统中进行循环流动，使发动机中高温零件的热量先传给冷却液，冷却液再将热量散发到大气中。不正常的冷却对发动机造成的危害见表 7–1。

表 7–1　不正常的冷却对发动机造成的危害

冷却程度	后　果
过冷	① 发动机热量散发较多，燃油消耗增加； ② 冷凝在发动机汽缸壁上的燃油会流到曲轴箱中，稀释润滑油，加剧汽缸的磨损
过热	① 发动机充气量减少，混合气燃烧不正常； ② 发动机功率下降，润滑不良，加剧汽缸的磨损

发动机冷却系统主要由水泵、散热器、节温器、发动机水套、冷却液膨胀水箱、电动冷却风扇、控制电动冷却风扇的发动机 ECU、风扇继电器、冷却液温度表、冷却液报警灯等组成，如图 7–1 所示。

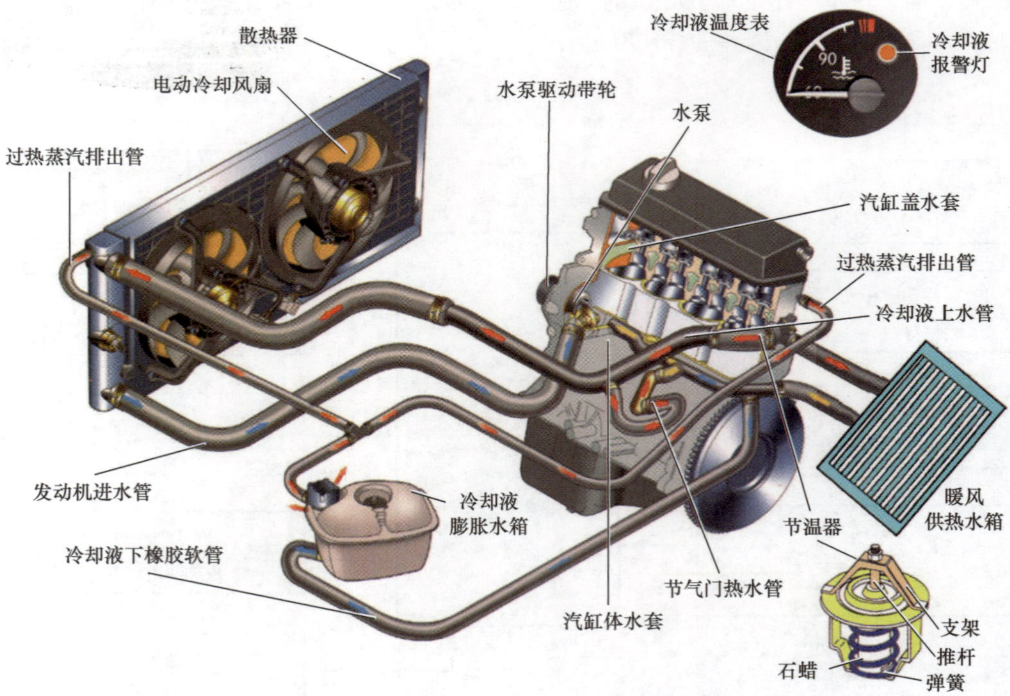

图 7–1　轿车发动机冷却风扇系统的组成

第二节 发动机冷却液的大、小循环

发动机工作时，水泵将冷却液压入发动机汽缸体的水套，然后流入汽缸盖水套吸收机体的热量。此后，冷却液分二路循环：一路为大循环，冷却液流动的路线为水泵→发动机缸体和缸盖水套→节温器→散热器→水泵，即冷却液流经了散热器散热，如图 7-2（a）所示；另一路为小循环，冷却液流动的路线为水泵→发动机缸体和缸盖水套→暖风供热水箱和节气门体热水管→水泵，即冷却液没有流经散热器散热，如图 7-2（b）所示。爱丽舍轿车当发动机冷却液温度低于 89℃时，冷却液进行小循环，当冷却液温度高于 89℃时，部分冷却液开始进行大循环。

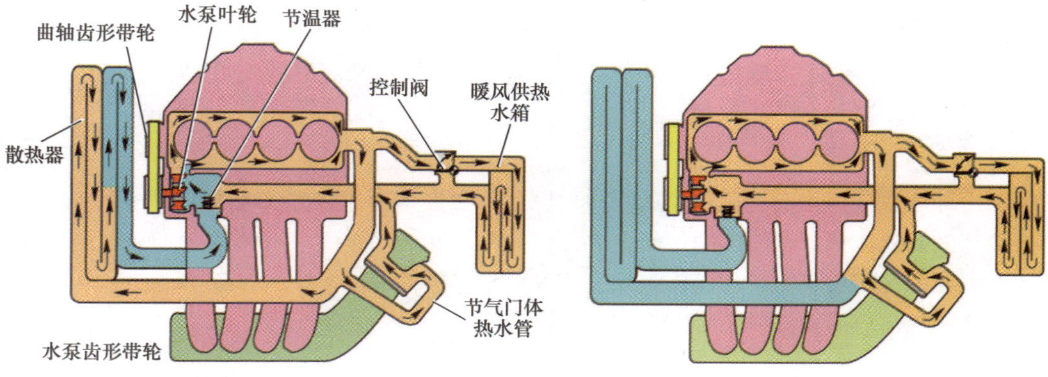

(a) 水冷却系统大循环示意图　　(b) 水冷却系统小循环示意图

图 7-2　水冷却系统循环示意图

第三节 发动机冷却液的性能和环保要求

冷却液是发动机冷却系统中的工作介质，汽车常用的冷却液有水和加有防冻剂的防冻冷却液。

一、水冷却液

水冷却液是指直接用水作冷却液，它具有简单、方便的优点。但是水的沸点低，易蒸发，需经常添加。冷却液最好选用软水，即含盐分少的水，如雨水、雪水、自来水等。如果发动机使用硬水作为冷却液，则易在水套内形成水垢，从而降低汽缸盖和汽缸体的传热性能，使发动机过热。水在严寒冬季易结冰，每天过夜必须放水，否则水会因严寒结冰而体积膨胀，造成胀裂发动机汽缸体、汽缸盖等灾难性后果。

二、防冻冷却液

防冻冷却液主要由防冻剂与水按一定比例配制而成，最常用的防冻剂是乙二醇，乙二醇可降低水的冰点和提高水的沸点。冷却液中水与乙二醇的比例不同，其冰点也不同，见表 7-2。

表 7–2 冷却液的冰点与乙二醇质量分数的关系

冷却液的冰点 /℃	乙二醇的质量分数 /%	水的质量分数 /%
–10	26.4	73.6
–20	36.2	63.8
–30	45.6	54.4
–40	52.3	47.7
–50	58.0	42.0
–60	63.1	36.9

现在汽车使用的防冻液中还加有添加剂，添加剂可防止冷却液腐蚀发动机机体，在发动机机体内形成水垢、形成泡沫，造成发动机过热。

乙二醇防冻冷却液有不同的牌号，应按汽车生产厂家的维修手册进行选择、使用和定期更换冷却防冻液（注：一般在发动机舱前方护板上有本车发动机冷却液型号说明）。

三、环保注意事项

（1）冷却液属于对水有轻微污染的物质，因此不允许将冷却液排入地表水域和下水道，检查和更换冷却液的操作只能在防渗的地面上进行。

（2）废弃的冷却液必须单独盛装，并妥善保管和回收利用。

（3）沾上冷却液的物品，不得作为生活垃圾处理。

第四节 发动机冷却系统主要部件的构造和工作原理

一、水泵

现代汽车水泵一般装在发动机缸体上，两种水泵的外形如图 7–3 所示，水泵的作用是对冷却液加压，强制冷却液在冷却系统中循环流动。

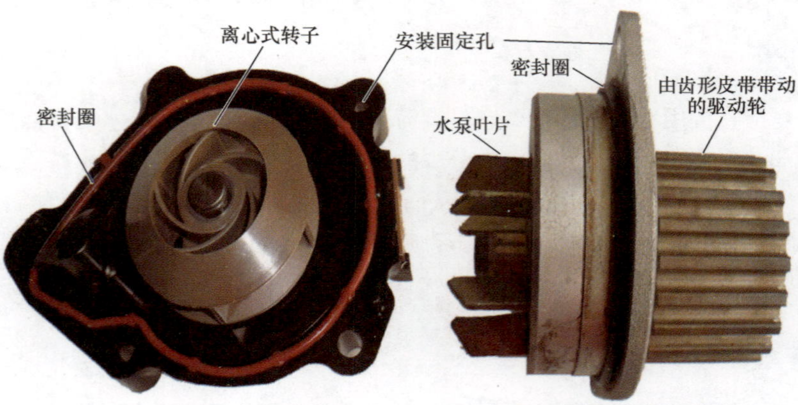

图 7–3 两种发动机水泵的外形

离心式水泵主要由外壳、叶轮、水泵轴、轴承、挡水圈等组成，如图 7–4（a）所示。当叶轮旋转时，水泵中的水被带动一起旋转，并在离心力的作用下向叶轮边缘甩出，经与叶轮成切线方向的出水管压送到发动机的水套内，与此同时，叶轮中心形成一定真空而将水从进水管吸入，如图 7–4（b）所示，如此连续作用，使冷却液在发动机冷却系统中不断地循环。

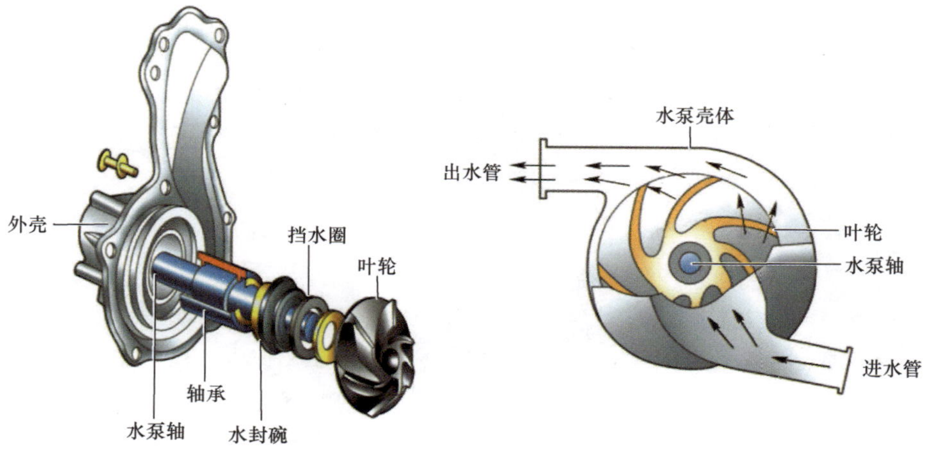

（a）离心式水泵的结构　　（b）离心式水泵的工作原理

图 7–4　离心式水泵的工作原理

二、散热器

散热器的作用是使发动机水套中出来的冷却液得到迅速冷却，以保持发动机正常的冷却液温度。散热器主要由上水室、下水室、散热器芯和散热器盖等组成，如图 7–5 所示。

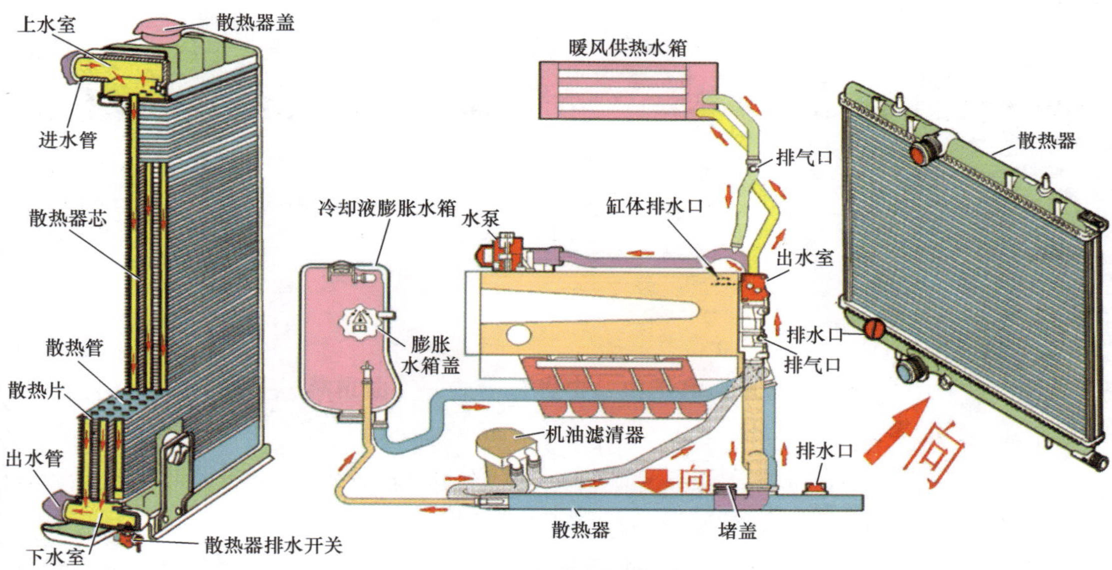

（a）不带冷却液膨胀水箱的散热器　　（b）带冷却液膨胀水箱的散热器

图 7–5　两种散热器外形和结构

1. 上水室和下水室

上水室顶部有加水口，平时用散热器盖盖住，上水室进水管与发动机的出水管相连。下水室有出水管，用软管与水泵进水口相连。一般在下水室中还装有排空冷却液用的排水口。由发动机出水管流出的高温水进入上水室，经散热器散热冷却后流入下水室，由散热器出水管流出后被吸入水泵。

2. 散热器芯

散热器由许多扁圆形的冷却管和散热片组成。冷却管焊在上、下水室之间，作为冷却液的通道。流动的空气吹过管的外表面，从而使管内的高温水得到冷却。冷却管的周围布置了很多散热片，用来增加散热面积，同时增加整个散热器的刚度和强度。

3. 散热器盖

现代汽油发动机所使用的散热器盖均为压力式，以提高冷却液的沸点，使冷却液不易沸腾，同时可以加大发动机冷却液与空气的温度差，提高冷却效率，并且可减少冷却液的流失。一般压力式散热器盖所增加的压力，表压力为 49 ～ 88 kPa，可使冷却液的沸点提高 110 ～ 125℃。这种散热器盖的结构如图 7-6（a）所示，它主要由蒸气阀、压力弹簧、真空阀等组成，当散热器内部压力大于规定值时，蒸气阀开启，高压气体及冷却液由溢流管流出进入大气（不带冷却液膨胀水箱的散热器），或进入膨胀箱（带冷却液膨胀水箱的散热器），以防散热器或水管破裂，如图 7-6（b）所示；当散热器冷却液温度降低后，冷却液体积收缩，散热器内的压力低于大气压力，使空气或膨胀水箱中的冷却液回流至散热器内，以防止散热器或水管塌陷，并保持散热器内的冷却液总量基本不变，如图 7-6（c）所示。

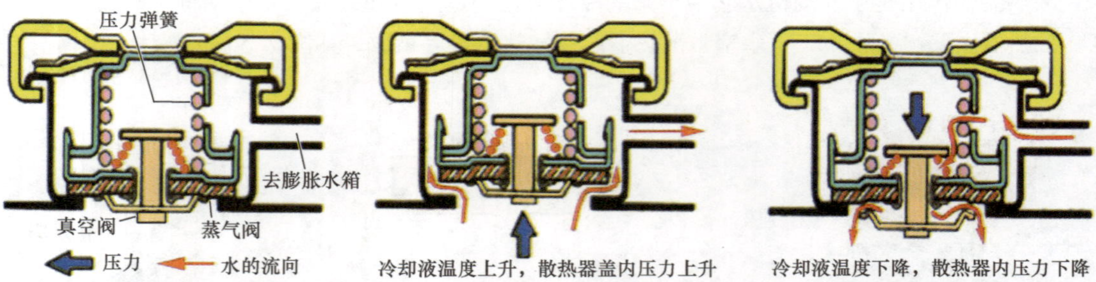

(a) 散热器盖的结构　(b) 散热器内压力高于大气压时　(c) 散热器内压力低于大气压时

图 7-6　散热器盖的结构和原理

三、膨胀水箱

加注防锈、防冻液的汽车发动机常采用冷却液膨胀水箱，如图 7-7 所示。发动机工作时，冷却液温度升高，使散热器内的压力上升，当压力达到规定值以上时，让一部分冷却液流入膨胀水箱以保持散热器内的压力。发动机负荷减小或停车时，冷却液温度降低，散热器内压力降低至低于大气压力时，膨胀水箱内的冷却液又流回到散热器内。

膨胀水箱一般用透明塑料制成，透过箱体可以直接观察冷却液的液面高度，无需拧开膨胀水箱盖，冷却液的液面应保持在 MAX 和 MIN 两条刻线之间。

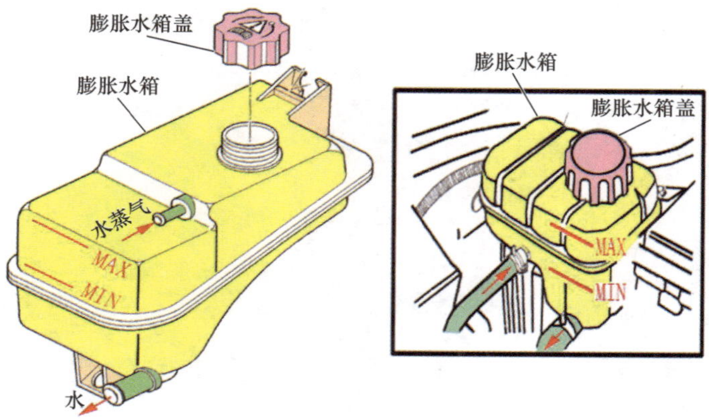

图 7–7　冷却液膨胀水箱

四、节温器

节温器一般装在发动机出水室内，如图 7–8 所示。它作用是根据发动机冷却液的温度自动改变冷却液的循环流动路线，与发动机电动冷却风扇一道，共同调节冷却系统的冷却强度。

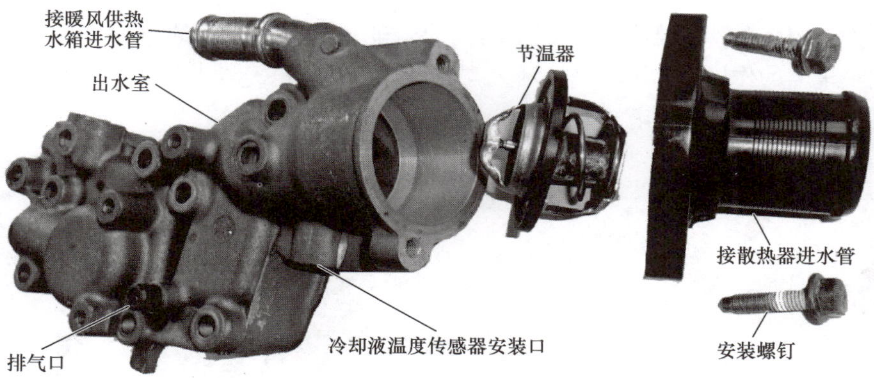

图 7–8　节温器的安装位置

汽车发动机普遍使用蜡式节温器，它的结构如图 7–9（a）所示。节温器推杆的一端固定在支架的中心处，另一端插入胶管的中心孔中。胶管与节温器外壳之间形成的腔体内装有精制石蜡。常温时，石蜡呈固态，阀门压在阀座上，这时阀门关闭了通往散热器的水路，如图 7–9（b）所示，来自发动机缸盖出水室的冷却液经水泵又流回汽缸体水套中进行小循环。当发动机冷却液温度升高时，石蜡逐渐变成液态，体积随之增大，迫使橡胶管收缩，从而对推杆上端头产生向上的推力。由于推杆上端固定，故推杆对橡胶管、感应体产生向下的反推力，阀门开启，如图 7–9（c）所示。当发动机冷却液温度达到规定温度以上时，阀门全开，来自汽缸盖出水室的冷却液流向散热器，进行大循环。

五、电动冷却风扇

现代轿车普遍使用电动冷却风扇对散热器进行强制冷却，有的车装有一个电动冷却风扇，有的车装有两个电动冷却风扇。爱丽舍轿车的左、右冷却风扇装在空调冷凝器的前方，外形如图 7-10 所示，它的作用是为发动机水箱散热器和空调冷凝器散热。冷却风扇电机为直流永磁式电机，当发动机 ECU 控制左、右冷却风扇电机串联时，左、右冷却风扇低速旋转；当发动机 ECU 控制左、右冷却风扇电机并联时，左、右冷却风扇高速旋转。

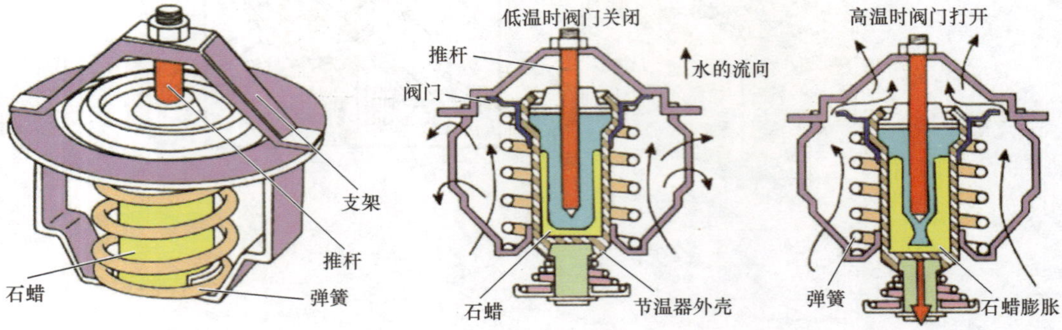

(a) 节温器的结构　　(b) 小循环　　(c) 大循环

图 7-9　节温器的结构和工作原理

六、风扇继电器

爱丽舍轿车的 3 个风扇继电器装在左、右电动冷却风扇的中间，它的外形、内部原理如图 7-11 所示，风扇继电器的作用是用小电流控制大电流，即发动机 ECU 控制风扇继电器线圈的小电流，风扇继电器触点则流过冷却风扇的大电流。

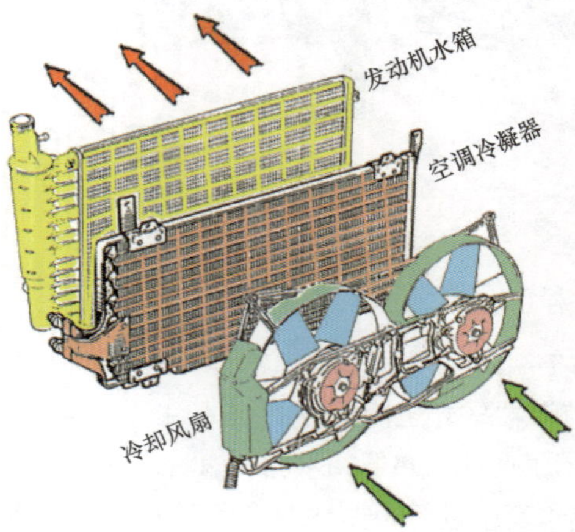

图 7-10　左、右电动冷却风扇

图 7-11　继电器的外形和内部原理

七、冷却液温度传感器

冷却液温度传感器一般装在发动机左侧的出水室上，它的安装位置和外形如图 7-12 所示。冷却液温度传感器的作用是检测发动机的冷却液温度，并将冷却液温度信号同时传递给发动机 ECU 和组合仪表，发动机 ECU 根据冷却液温度信号控制电动冷却风扇的工作，组合仪表将冷却液温度在冷却液温度表上显示出来。

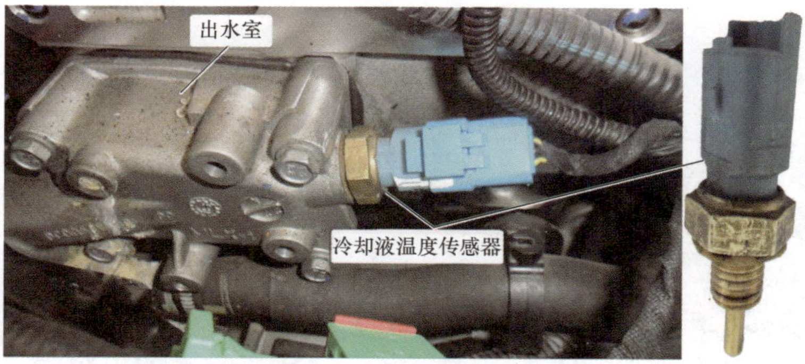

图 7-12　冷却液温度传感器的安装位置和外形

八、发动机 ECU

控制电动冷却风扇的发动机 ECU 装在蓄电池后方，它的外形如图 7-13 所示。在发动机冷却系统中，发动机 ECU 的作用是，接收冷却液温度传感器检测的冷却液温度信号，并根据发动机的冷却液温度信号控制两个电动冷却风扇低速旋转、高速旋转、延时冷却 6 min 等。

图 7-13　爱丽舍轿车发动机 ECU 的外形

九、冷却液温度报警灯

爱丽舍轿车冷却液温度报警灯装在组合仪表上，它的位置和外形如图 7-14 所示。将点火开关旋转到 M 位，冷却液温度报警灯点亮（相当于组合仪表自检），发动机起动运行后，冷却液温度报警灯熄灭；当发动机冷却液温度达到 118℃以上时，发动机 ECU 控制点亮冷却液温度报警灯，STOP 报警灯（停车检查灯）同时点亮报警，警示驾驶员熄火停车降温，防止发动机过热损坏。

图 7-14　仪表板上的冷却液温度报警灯和 STOP 报警灯

第五节 发动机冷却风扇系统的电路原理

爱丽舍轿车发动机冷却风扇系统的电路原理如图 7-15 所示，下面对该原理图进行说明。

（1）将点火开关旋至 M 位,发动机未起动时,因发动机机油压力很低,机油压力开关触点闭合，组合仪表上的冷却液温度报警灯和 STOP（停车检查）灯同时点亮，冷却液温度报警灯的电流走向为：蓄电池 + →发动机舱保险盒 BF01 →点火开关 CA00 →座舱保险盒 F12 →组合仪表上的冷却液温度报警灯→组合仪表上的二极管→机油压力开关 4110 →搭铁；STOP 灯的电流走向为：蓄电池 + →发动机舱保险盒 BF01 →点火开关 CA00 →座舱保险盒 F2 →组合仪表上的 STOP 灯→组合仪表上的二极管→机油压力开关 4110 →搭铁。

（2）发动机起动运行后，发动机机油上升到 1 bar 以上，机油压力开关中的触点被油压推开，因冷却液温度报警灯和 STOP 灯电流的搭铁回路被切断，两灯同时熄灭。

（3）发动机运行时，如冷却液温度达到 97℃以上，冷却液温度传感器 4005 将此信号传递给发动机 ECU, 于是发动机 ECU 就控制风扇继电器 1502 线圈通电工作，继电器 1502 线圈的电流走向为：蓄电池 + →发动机舱保险盒 BF01 的 F5 和 F6 →密封双继电器 1304 的触点（注：发动机运行时，密封双继电器一定工作）→继电器 1502 的线圈→发动机 ECU 的 48MK4 脚 →发动机 ECU 内的电子开关→发动机 ECU 的 48MM4 脚→搭铁点 MC12；继电器 1502 线圈通电后，其触点闭合，于是左、右风扇串联通电低速旋转，左、右风扇的电流走向为：蓄电池 + →发动机舱保险盒 BF01 的 F4 →继电器 1502 的触点→右风扇 1511 →继电器 1504 的触点 →继电器 1503 的 5V5 和 5V4 脚→左风扇 1512 →搭铁点 MC10。

（4）发动机运行时，如冷却液温度达到 101℃以上，冷却液温度传感器 4005 将此信号传递给发动机 ECU, 于是发动机 ECU 就控制风扇继电器 1502、1503 和 1504 的线圈都通电工作，继电器 1502 线圈的电流走向与上述相同；继电器 1504 线圈的电流走向：蓄电池 + →发动机舱保险盒 BF01 →点火开关 CA00 →导线 CC4-CMB2-CMB1 →继电器 1504 的线圈→发动机 ECU 的 48MJ4 脚 →发动机 ECU 内的电子开关→发动机 ECU 的 48MM4 脚→搭铁点 MC12；继电器 1503 线圈的电流走向：蓄电池 + →发动机舱保险盒 BF01 →点火开关 CA00 →导线 CC4-CMB2-CMA →继电器 1503 的线圈→发动机 ECU 的 48MJ4 脚 →发动机 ECU 内的电子开关→发动机 ECU 的 48MM4 脚→搭铁点 MC12；继电器 1502、1503 和 1504 线圈通电后，其触点动作，于是左、右风扇并联通电高速旋转；左风扇 1512 的电流走向为：蓄电池 + →发动机舱保险盒 BF01 的 F3 →继电器 1503 的触点→左风扇 1512 →搭铁点 MC10；右风扇 1511 的电流走向为：蓄电池 + →发动机舱保险盒 BF01 的 F4 →继电器 1502 的触点→右风扇 1511 →继电器 1504 的触点→搭铁点 MC10。

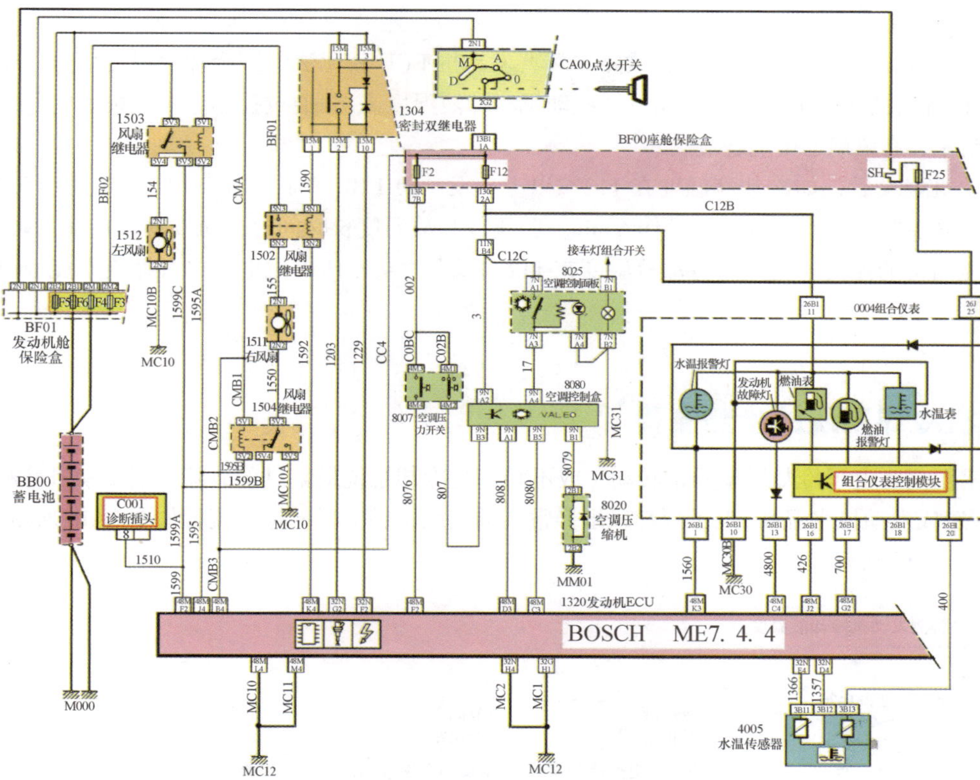

图 7-15　爱丽舍轿车发动机冷却风扇系统的电路原理图

（5）发动机运行时，如冷却液温度达到 118℃以上，冷却液温度传感器 4005 将此信号传递给发动机 ECU, 于是发动机 ECU 就控制同时点亮冷却液温度报警灯和 STOP 灯，冷却液温度报警灯的电流走向为：蓄电池 + →发动机舱保险盒 BF01 →点火开关 CA00 →座舱保险盒 F12 →组合仪表上的冷却液温度报警灯→发动机 ECU 的 48MK3 脚 →发动机 ECU 内的电子开关→发动机 ECU 的 32GH1 脚→搭铁点 MC12；STOP 灯的电流走向为：蓄电池 + →发动机舱保险盒 BF01 →点火开关 CA00 →座舱保险盒 F2 →组合仪表上的 STOP 灯→组合仪表上的二极管→发动机 ECU 的 48MK3 脚 →发动机 ECU 内的电子开关→发动机 ECU 的 32GH1 脚→搭铁点 MC12；同时点亮冷却液温度报警灯和 STOP 灯的目的是警示驾驶员采取停车降温措施，防止发动机过热损坏。

（6）在发动机运行时，如接通空调控制面板 8025 中的空调开关，空调控制盒 8080 得到一个空调启用信号，其信号走向为：蓄电池 + →发动机舱保险盒 BF01 →点火开关 CA00 →座舱保险盒 F12 →空调控制面板 8025 上的空调开关→空调控制盒 8080 的 9NA4 脚；于是空调控制盒将空调启用信号通过空调控制盒与发动机 ECU 之间的两根通信线 8080 和 8081 传递给发动机 ECU；发动机 ECU 获得空调启用信号后，就控制风扇继电器 1502 线圈通电工作，于是左、右风扇串联通电低速旋转，以满足发动机水箱和空调冷凝器同时散热使散热量加大的需求。

（7）在发动机运行和空调压缩机 8020 运行的过程中，如制冷剂压力达到 17 kPa（bar）以上（此压力对空调冷凝器来说偏高），空调压力开关 8007 的常开触点闭合，发动机 ECU 的 48ME2 脚得到一 12 V 信号，于是发动机 ECU 控制 3 个风扇继电器 1502、1503 和 1504 同时通电工作，左、右风扇 1512 和 1511 并联通电高速旋转，发动机 ECU 试图通过降温来降低制冷剂压力，提高空调冷凝器的冷凝效果。

（8）如冷却液温度传感器 4005 或其线路损坏，发动机 ECU 就无法得到冷却液温度信号，于是发动机 ECU 就从最坏的情况出发（即设想发动机冷却液温度高），通过控制 3 个风扇继电器线圈通电来控制左、右风扇通电高速旋转。

（9）发动机熄火后，如冷却液温度在 112℃以上，发动机 ECU 就通过控制风扇继电器 1502 线圈通电工作来控制左、右风扇延时工作 6 min，防止冷却液温度长时间过高对发动机造成伤害，并缩短空调压缩机的停机时间（因冷却液温度在 112℃以上时空调压缩机电磁离合器是不能通电工作的）。

【实训操作】

一、发动机冷却系统的检测流程

发动机水温高、电子冷却风扇异常转动（或不转）是冷却系统最常见的故障。当发动机冷却系统有故障，造成发动机水温高、电子冷却风扇异常转动（或不转）时的检查流程如图 7–16 所示。

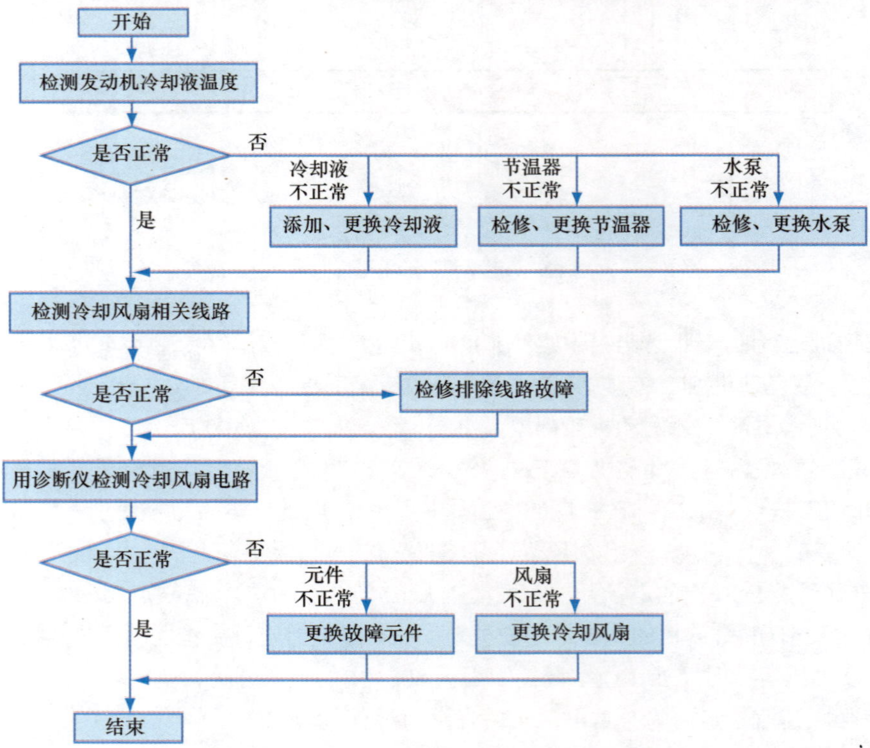

图 7–16　发动机冷却系统的检测流程

二、作业所需的工具和设备

作业所需的工具和设备如下：

（1）车身外部防护罩和驾驶室防护5件套，如图1–28所示。

（2）机电维修常用工具一套，如图1–23所示。

（3）冷却液检测仪、塑料卡扣拆卸钳、冷却液加注桶，如图7–17所示，TU5JP4发动机总成及翻转台架，如图5–12所示。

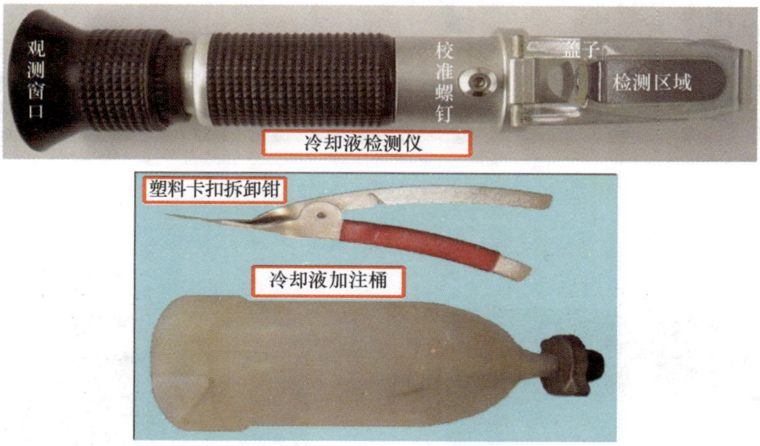

图7–17　冷却液检测仪、塑料卡扣拆卸钳和冷却液加注桶

（4）雪铁龙轿车用诊断仪及附件，如图1–27所示。

（5）发动机ECU检测盒（4212–T）、发动机ECU检测线束（4299–T）、数字万用表，如图4–52所示，爱丽舍轿车发动机维修手册，如图4–54所示。

三、发动机冷却系统相关部件的检测与更换

步骤如下：

（1）发动机冷却液的检查和添加，如图7–18和图7–19所示。

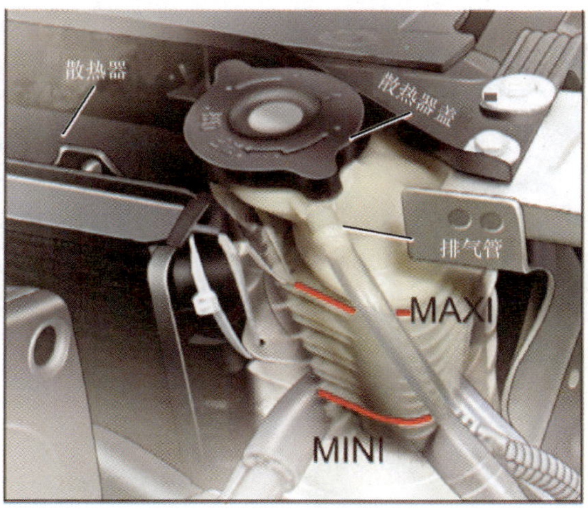

图7–18　储液罐上的液位标记

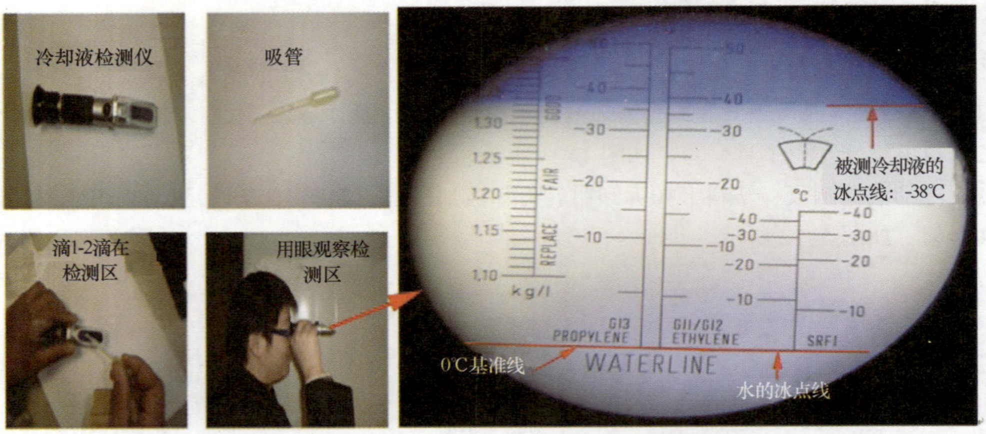

图 7-19　用检测仪检测冷却液冰点的方法

（2）更换发动机冷却液，如图 7-20 和图 7-21 所示。

图 7-20　加注发动机冷却液

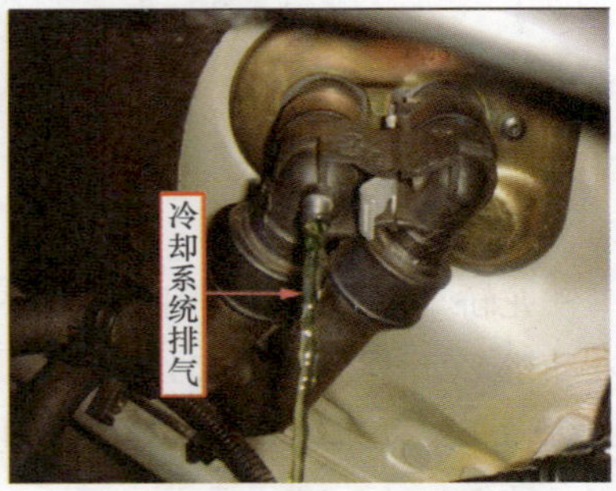

图 7-21　发动机冷却系统排气

（3）检查和更换发动机节温器，如图 7-22 所示。

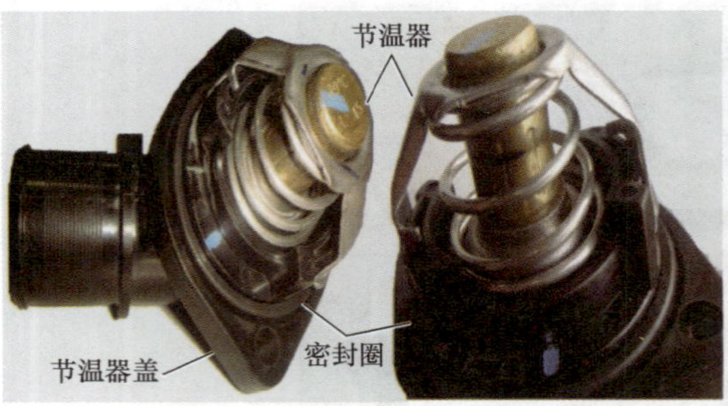

图 7-22　检查发动机节温器

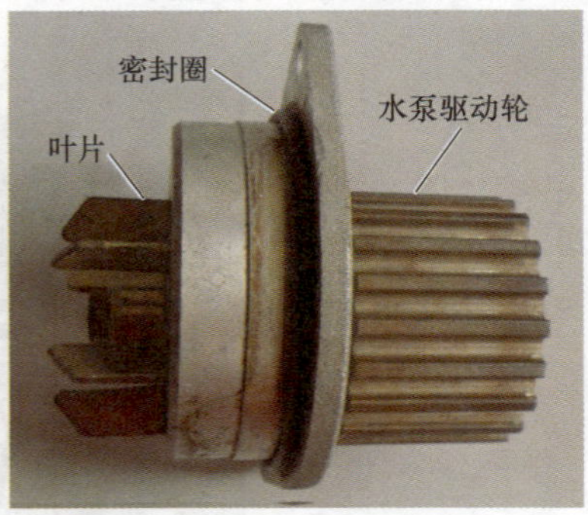

图 7-23　检查发动机水泵

（4）检查和更换发动机水泵，如图 7-23 所示。

（5）发动机冷却液温度传感器的检测和更换，如图 7-24 和图 7-25 所示。

（6）发动机冷却风扇控制电路的检修，如图 7-26 和图 7-27 所示。

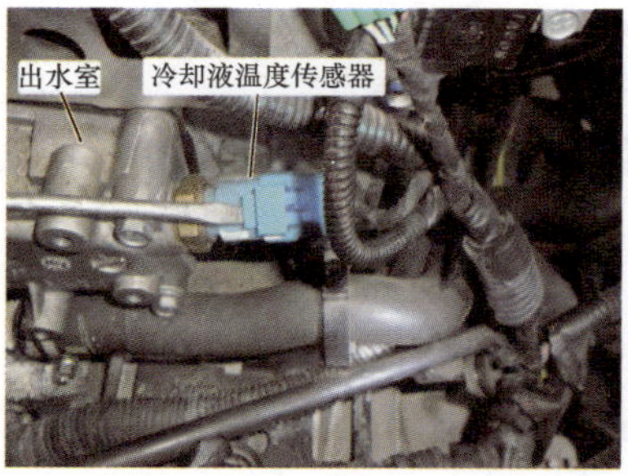

图 7-24　更换冷却液温度传感器

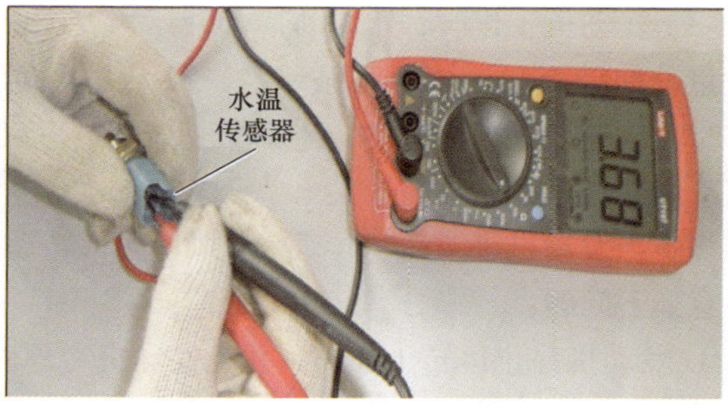

图 7-25　检测冷却液温度传感器

图 7-26　控制冷却风扇的继电器

图 7-27　检测冷却风扇电机

（7）用诊断仪检测发动机冷却风扇控制电路故障，如图 7-28 和图 7-29 所示。

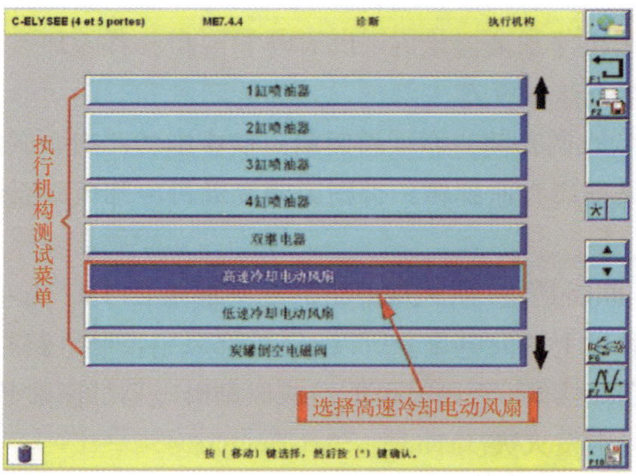

图 7-28　用诊断仪检测冷却风扇

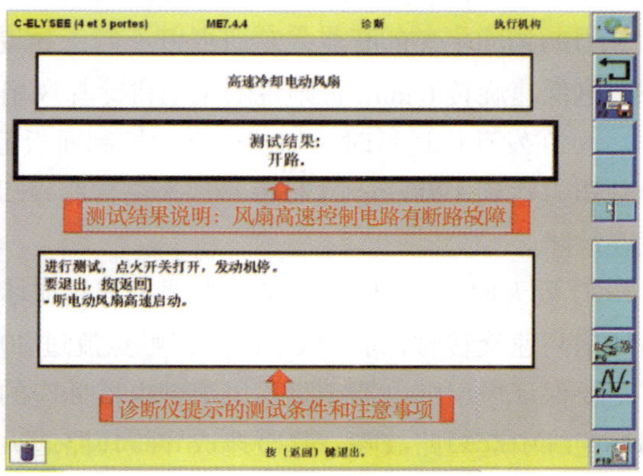

图 7-29　对风扇进行执行机构测试

【小结】

（1）发动机冷却系统的作用是使工作中的发动机得到适当的冷却，尽量把发动机冷却液温度控制在 80～90℃，以使发动机在最适宜的温度状态下工作。另外，发动机冷却系统还为汽车的暖风系统提供热源。

（2）发动机冷却系统主要由水泵、散热器、节温器、发动机水套、冷却液膨胀水箱、电动冷却风扇、控制电动冷却风扇的发动机 ECU、风扇继电器、冷却液温度表、冷却液报警灯等组成。

（3）发动机工作时，水泵将冷却液压入发动机汽缸体的水套，然后流入汽缸盖水套吸收机体的热量。此后冷却液分两路循环，一路为大循环，另一路为小循环。当发动机冷却液温度低于90℃时，冷却液进行小循环，当冷却液温度高于90℃时，部分冷却液开始进行大循环。节温器是控制冷却液进行大循环的开关。

（4）当发动机水温高、电动冷却风扇异常转动（或不转）等，怀疑发动机冷却系统有故障时，应注意如下问题：

① 发动机停止运转15 min，并且发动机冷却液温度低于100℃时才能进行冷却液的检查；检查冷却液面时应先拧松散热器盖放完高压蒸气后，才能揭开散热器盖，以防烫伤。每年应检查一次发动机冷却液的冰点，每两年应更换发动机冷却液。

② 发动机水泵异响时，需要检修或更换水泵。在检修水泵时，需要拆装发动机正时皮带。拆装发动机正时皮带一定要严格遵守维修手册的工艺规定，否则有可能造成“顶发动机气门”等严重后果。

③ 更换了发动机冷却液、冷却液管路、节温器、水泵、冷却液温度传感器等发动机冷却系统的元件后，应对发动机冷却系统进行排气，排气时应让发动机保持在1 500 ～ 2 000 r/min的转速上运转，让发动机运行完成“水温上升→左、右风扇运转降温→左、右风扇停止运转→发动机水温再上升→左、右风扇运转再降温→左、右风扇再停止运转”两个降温工作循环，最后检查并添加冷却液达到规定的上限处。

④ 爱丽舍轿车发动机冷却风扇正确工作的状态有3种：一是左、右风扇都不转；二是左、右风扇都低速旋转；三是左、右风扇都高速旋转。其他状态有，如一个风扇转，一个风扇不转；一个风扇低速旋转、一个风扇高速旋转等，都表明冷却风扇系统存在故障。

⑤ 在发动机运行时，如冷却液温度达到97℃时，左、右风扇应低速旋转；冷却液温度达到101℃，左、右冷却风扇应高速旋转；冷却液温度达到118℃时，组合仪表上的冷却液温度报警灯和STOP应同时点亮报警；发动机熄火后，如发动机冷却液温度在112℃以上，左、右冷却风扇应通电低速旋转6 min, 否则说明发动机冷却风扇系统存在故障。

⑥ 在发动机运行时，如接通空调控制面板上的空调开关，左、右风扇应低速旋转；当空调制冷剂压力达到170 kPa（17 bar）时，左、右冷却风扇应高速旋转，否则说明发动机冷却风扇系统存在故障。

⑦ 夏天使用空调时，风扇继电器很容易损坏，原因是左、右风扇电机的功率都是250 W, 当左、右风扇高速旋转时，每个风扇继电器触点流过20 A以上的大电流。所以，在检修风扇控制电路时，一定要保证风扇继电器插脚与风扇继电器插座的良好接触，否则有可能造成风扇继电器插座过热，损坏绝缘引起短路故障，甚至造成导线短路起火，引发火灾。

⑧ 当风扇继电器1502损坏时，左、右风扇不能低速旋转；当风扇继电器1503损坏时，左风扇1512不能高速旋转；当风扇继电器1504损坏时，右风扇1511不能高速旋转。

⑨ 当发动机冷却风扇系统存在故障时，先用诊断仪读取发动机ECU内的故障，检测发动机的冷却和空调参数，执行机构测试“低速冷却电动风扇”和“高速冷却电动风扇”，然后根据诊断仪提示的故障范围和故障部位，根据发动机冷却风扇系统的原理图去检测发动机冷却风扇系统的线路和元件，以确定故障线路点和故障元件。

⑩ 当导线1592断路时，左、右风扇不能低速旋转；当导线1592和导线1595A–1595断路时，左、右风扇既不能低速旋转，也不能高速旋转。此时，用诊断仪可以读到发动机ECU内存在的故障为：

电动风扇功能故障，故障代码 P0485；电动风扇高速控制故障，故障代码 P0480；用诊断仪进行执行机构测试时，诊断仪显示“低速冷却电动风扇测试结果：开路”，“高速冷却电动风扇测试结果：开路”。

⑪ 在发动机运行时，如冷却液温度传感器有故障或冷却液温度传感器的线路断路，左、右冷却风扇将高速旋转；所以在冷却液温度和制冷剂压力未达到标准时，如左、右冷却风扇高速旋转，应重点检查冷却液温度传感器电路。当冷却液温度传感器电路存在断路时，用诊断仪可以读到发动机 ECU 内的故障为“发动机冷却液温度传感器信号故障”，故障代码 P0118。

⑫ 操作诊断仪进入“发动机 ECU 主菜单”界面后，选择“参数测量”，在诊断仪进入“预定义参数屏幕”后，选择“发动机的冷却和空调”，查看发动机冷却风扇系统的各项参数，是查找、分析发动机冷却风扇控制电路故障最重要的方法之一，一定要彻底搞清楚各参数的含义。

本学习任务描述案例的检测结果：由于该爱丽舍轿车冷却液温度传感器损坏，造成发动机 ECU 无法得到冷却液温度信号，于是发动机 ECU 就从最坏的情况出发（即设想发动机冷却液温度高），控制左、右风扇通电高速旋转。

【学习思考与拓展】

1．发动机冷却系统由哪些元件组成？各元件的作用是什么？

2．请简述发动机冷却系统大、小循环的工作原理，并画方框图说明。

3．请简述检查和更换发动机冷却液的步骤与要点。

4．请简述检查和更换发动机节温器的步骤与要点。

5．请简述检查和更换发动机水泵的步骤与要点。

6．简述发动机冷却和空调各参数的含义，并在实际操作过程中仔细观察，在左、右冷却风扇、空调压缩机处于不同工作状态时，这些参数是如何变化的？

学习任务八

发动机起动系统的检修

【学习目标】

1．熟悉发动机起动系统的组成。

2．掌握起动机的结构和工作原理。

3．能拆装、检验起动机。

建议完成本学习任务的时间为 6 课时。

【学习情境描述】

一辆卡罗拉轿车在使用过程中，由于发动机起动系统有故障，造成发动机不能起动。要求查明故障原因并进行处理。

【学习内容】

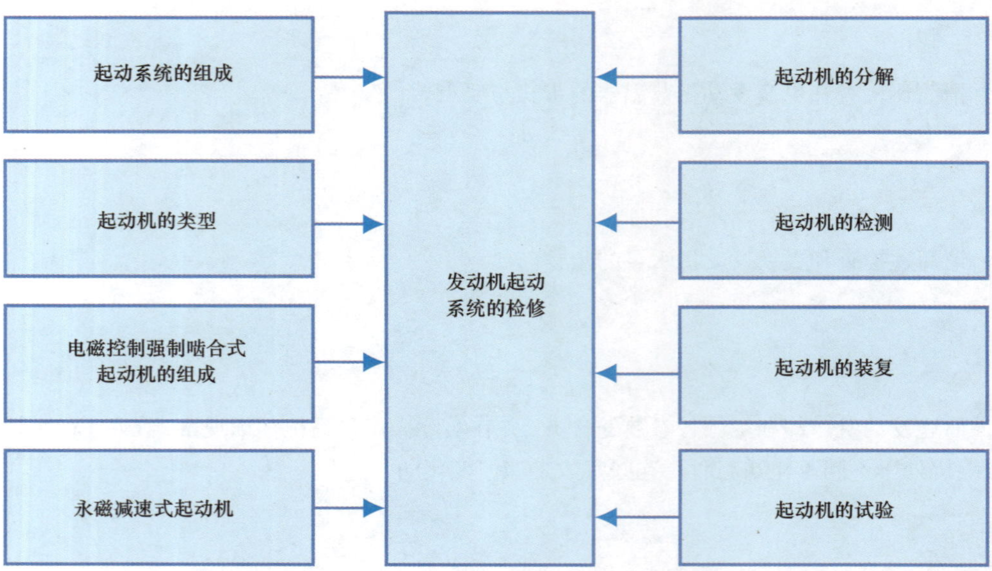

【知识链接】

第一节 发动机起动系统的组成

汽车发动机由静止状态过渡到能自行稳定运转状态的过程称为发动机的起动。发动机的常用起动方式有人力起动、辅助汽油机起动和电力起动机起动。人力起动即手摇起动，通过将手摇柄的顶端横销插入发动机曲轴前端的起动爪内，用人力进行摇转曲轴。人力起动简单，但是不方便而且劳动强度大，此种起动方式已被淘汰。辅助汽油机起动只用于大功率柴油机起动，其运动装置体积大，结构复杂。电力起动机起动是由直流电动机经传动机构拖动发动机起动，由于它操作轻便，起动迅速可靠，具有重复起动的能力，因此现代汽车普遍采用电力起动机起动。

电力起动系统主要由蓄电池、起动机、发动机飞轮、起动继电器、点火开关等组成，如图 8-1 所示。起动机在点火开关、起动继电器等的控制下，将蓄电池的电能转变成机械能，带动发动机飞轮使曲轴旋转，完成发动机的起动过程。

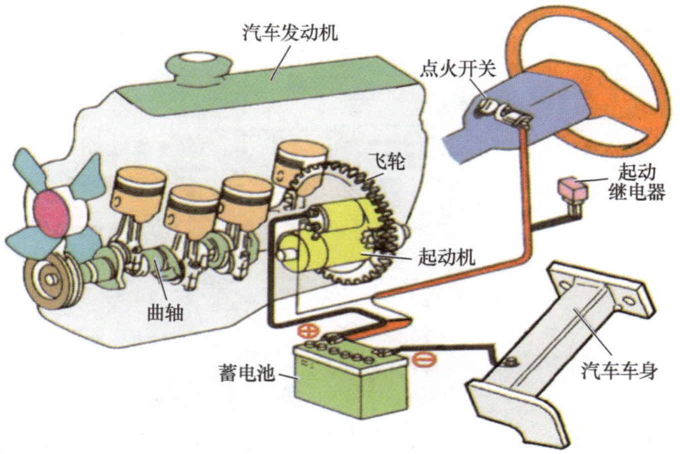

图 8-1 起动系统的组成

第二节 起动机的类型

起动机按总体结构、控制方式的不同，可分为以下 3 种。

一、电磁式起动机

电磁式起动机的定子磁场采用电磁铁，传动机构中一般只是由简单的驱动齿轮、单向离合器和拔叉等组成，无特殊结构和装置，如图 8-2 所示。一般载货汽车上使用的是电磁式起动机。

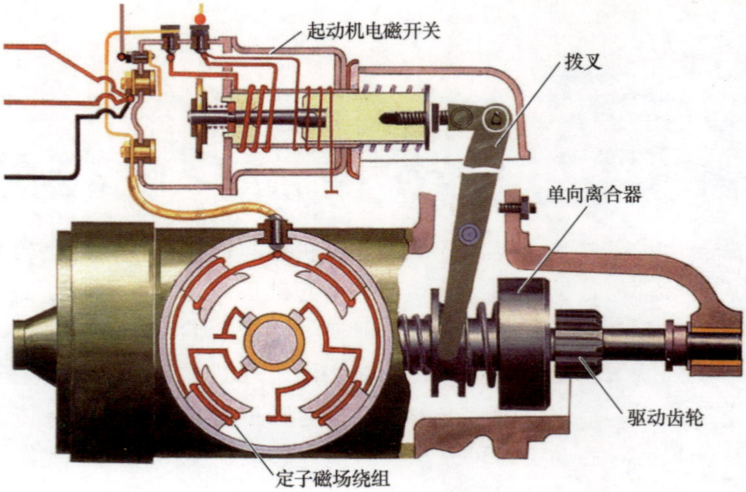

图 8–2　电磁式起动机

二、永磁式起动机

永磁式起动机电动机的磁极用永磁材料制成，取消了磁场绕组，可以使结构简化，体积小、质量轻，如图 8–3 所示。

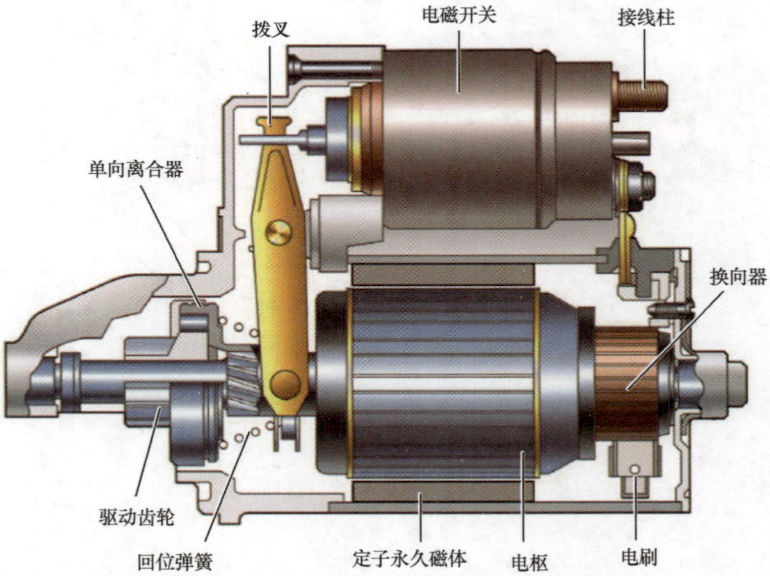

图 8–3　永磁式起动机

三、减速起动机

现代轿车上普遍使用减速式起动机，减速式起动机在传动机构中设有行星齿轮减速装置，如图 8–4 所示，可采用高速、小型、低转矩电动机，质量和体积比普通起动机可减小 30% ～ 35%，但结构和工艺比较复杂。

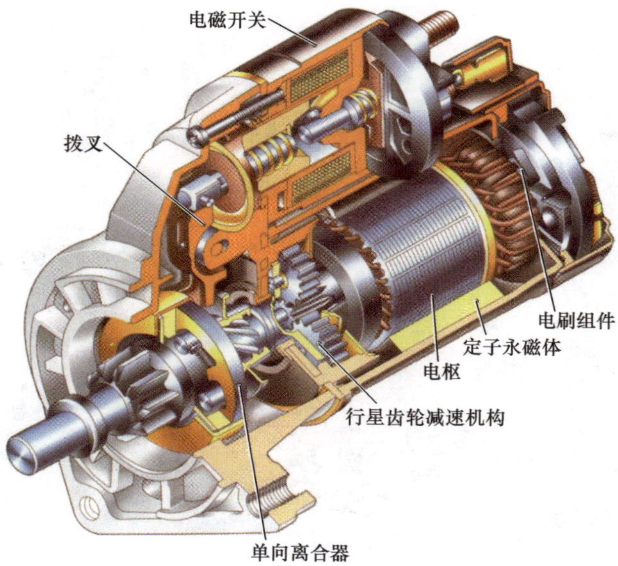

图 8-4　减速式起动机

第三节 电磁控制强制啮合式起动机的组成和原理

起动机外形如图 8-5 所示，内部结构如图 8-6 所示。

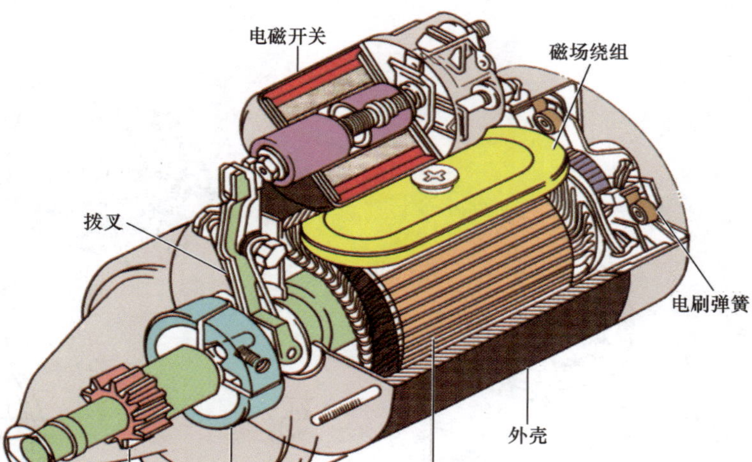

图 8-5　电磁控制强制啮合式起动机外形

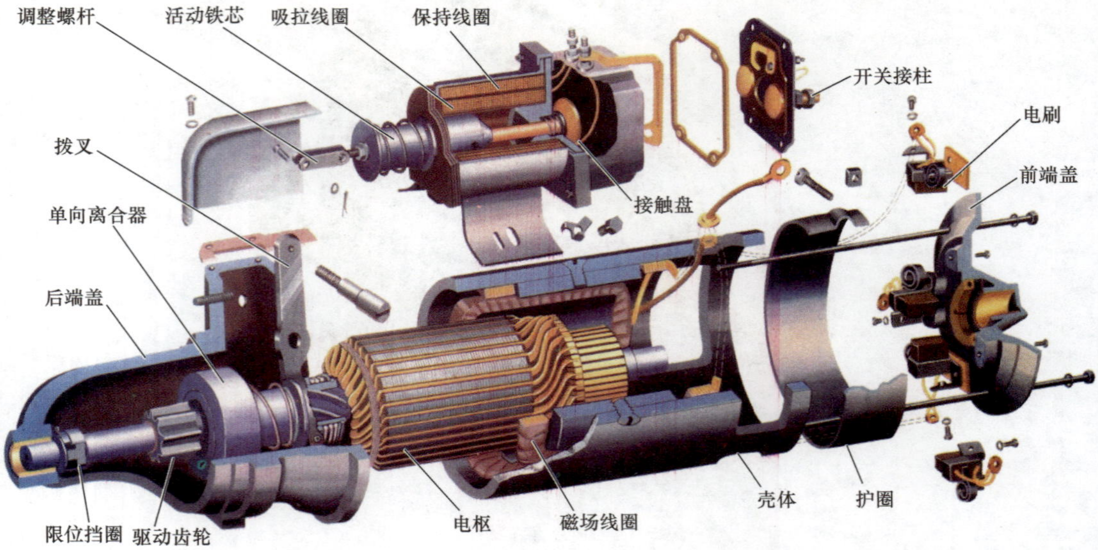

图 8-6　汽车起动机的内部结构

电磁控制强制啮合式起动机一般由直流串励式电动机、传动机构和电磁开关 3 部分组成。

直流串励式电动机的作用是将蓄电池的电能转化为机械能，产生转矩带动发动机开始工作；传动机构又称为啮合机构，其作用是在发动机起动时，使起动机驱动齿轮与飞轮齿环相啮合，从而将电动机的转矩传给发动机曲轴，同时当发动机起动以后，又能够将驱动齿轮与飞轮齿环自行脱开，防止直流电动机被发动机飞轮带动高速旋转而损坏；控制装置的作用是用来控制电动机与蓄电池之间电路的通断。

一、直流串励式电动机的结构

直流串励式电动机的结构如图 8-7 所示，主要由定子总成、转子总成（又称电枢）、换向器、电刷、端盖等组成。

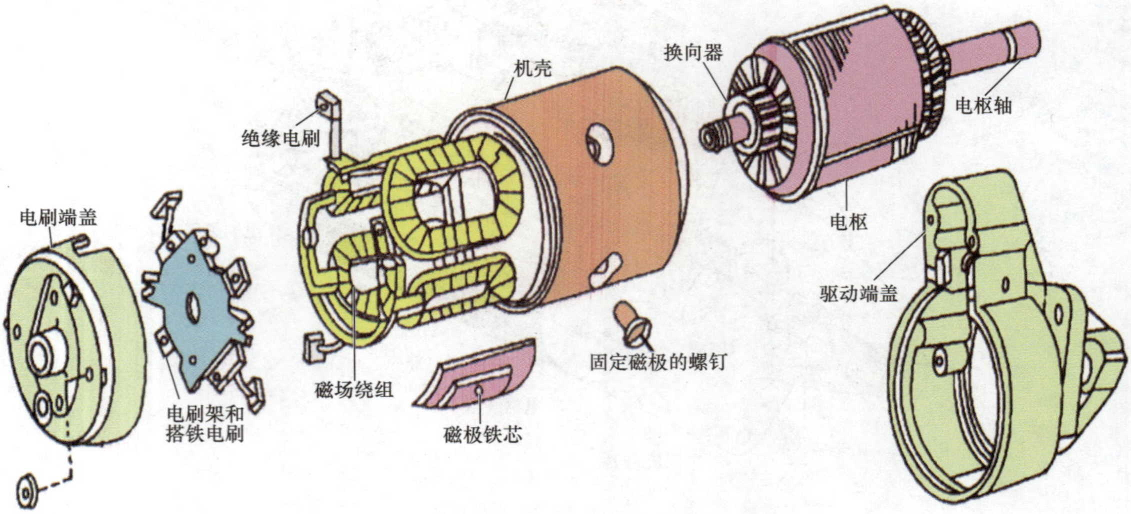

图 8-7　直流串励式电动机的结构

1. 定子总成

定子总成又称磁极，磁极的作用是产生电枢转动时所需的磁场，主要由固定在机壳上的 4 个或 6 个磁极铁芯和缠绕在铁芯上的磁场绕组组成。磁场绕组为矩形粗铜导线，以提高承载强大起动电流（100 A 以上）的能力和磁场强度，并且与电枢绕组串联连接。

四磁极的磁场绕组内部连接方式有两种，如图 8-8 所示。第一种是 4 个绕组串联后再与电枢绕组串联，这种连接方式的起动机在起动初期产生最大的电磁转矩，随着起动机转速的增加，由于磁场绕组中的反电动势的作用造成转矩下降。第两种是 2 个绕组先串联后并联，然后再与电枢绕组串联，这种连接方式的起动机不能产生大的起动转矩，而且转动速度较慢。

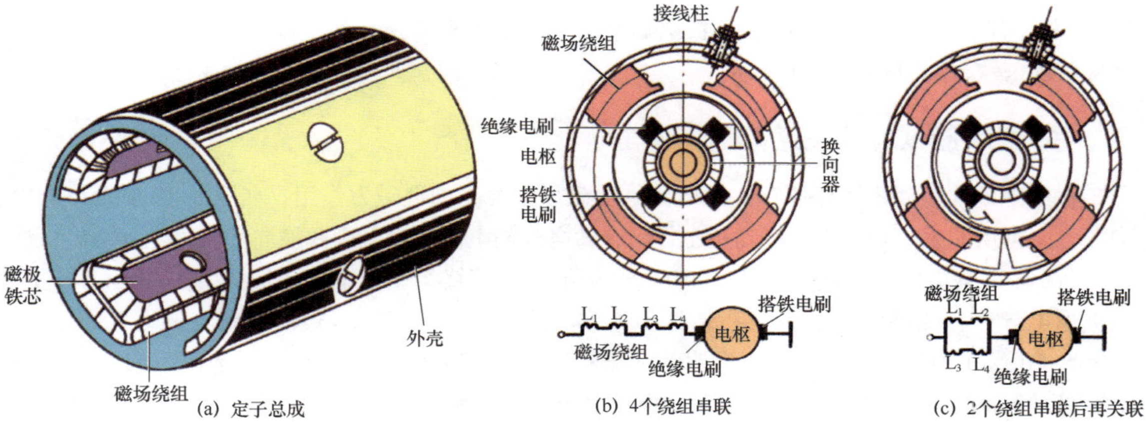

图 8-8　起动机的定子结构和磁场绕组的连接方式

2. 转子总成

转子总成又称电枢，电枢的作用是产生电磁转矩。电枢的结构如图 8-9（a）所示，主要由电枢绕组、铁芯、换向器、电枢轴等组成。

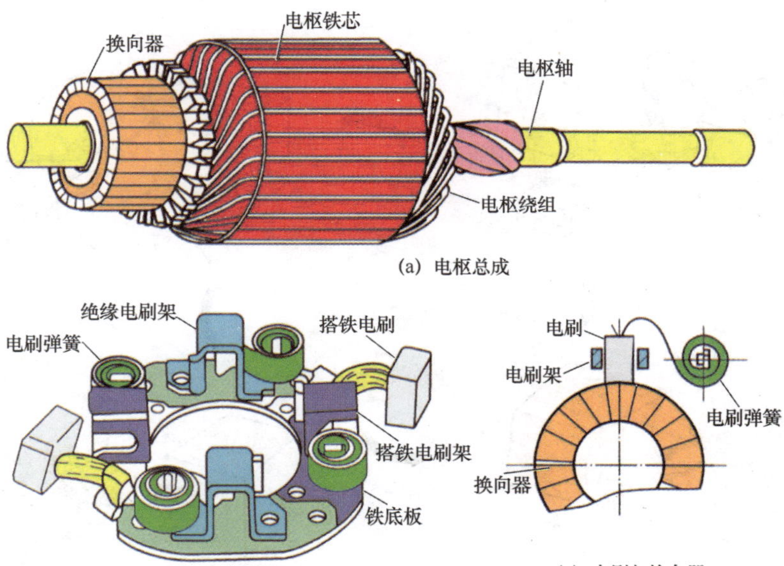

图 8-9　电枢、换向器和电刷总成

电枢铁芯由外圆带槽的硅钢片叠成，电枢绕组嵌装在铁芯槽内，采用裸铜线绕制，可满足通过几百安起动电流的要求。换向器的作用是连接电枢绕组，并保证电枢产生的电磁转矩方向不变，使电枢轴能输出固定方向的转矩。换向器由换向片和云母片叠压而成，压装在电枢轴的一端，片间绝缘并与电枢轴绝缘。电枢绕组的各端头嵌入换向器的接线槽内并焊在换向器上。

3. 电刷

电刷的作用是将电流引入电枢绕组，电刷还与换向器配合，用来连接磁场绕组和电枢绕组。电刷装在端盖中的电刷架中，电刷弹簧使电刷与换向片之间具有适当的压力，以保证电刷与换向片接触良好，如图 8–9（c）所示。4 磁极起动机有 4 个电刷，其中 2 个正极电刷装在绝缘电刷架内，2 个负极电刷装在搭铁电刷架内，正极电刷架用绝缘片与铁底板绝缘，负极电刷架与铁底板直接连接实现搭铁，如图 8–9（b）所示。

二、直流串励式电动机的工作原理

直流串励式电动机工作原理是通电导体在磁场中会受到电磁力作用，如图 8–10 所示，电磁力的方向可用左手定则判断。电动机工作时，蓄电池的电流通过电刷和换向片流入电枢绕组。换向片 A1 与正电刷接触，换向片 A2 与负电刷接触，电枢绕组中的电流走向为 A → B → C → D，根据通电导体在磁场中受力的左手定则可判断电枢绕组 AB 边和 CD 边均受到电磁力 F 的作用，如图 8–10（a）所示电磁力 F 产生顺时针的电磁转矩 M 使电枢转动；当电枢转至换向片 A1 与负电刷接触，换向片 A2 与正电刷接触时，电枢绕组中的电流走向变为 D → C → B → A，同样由左手定则可判断电枢绕组 DC 边和 BA 边所受电磁力 F 的方向，如图 8–10（c）所示，此时的电磁力 F 使电磁转矩 M 的方向仍然保持不变，使电枢按顺时针方向继续转动。由此可见，直流电动机的换向器可将蓄电池提供的直流电转换为电枢绕组所需的交流电，以保证电枢绕组所产生的电磁力矩的方向保持不变，使电枢产生定向转动。但实际的直流电动机为了产生足够大且能保持转速稳定的电磁力矩，其电枢上绕有很多组线圈，换向器的换向片也随其相应增加。

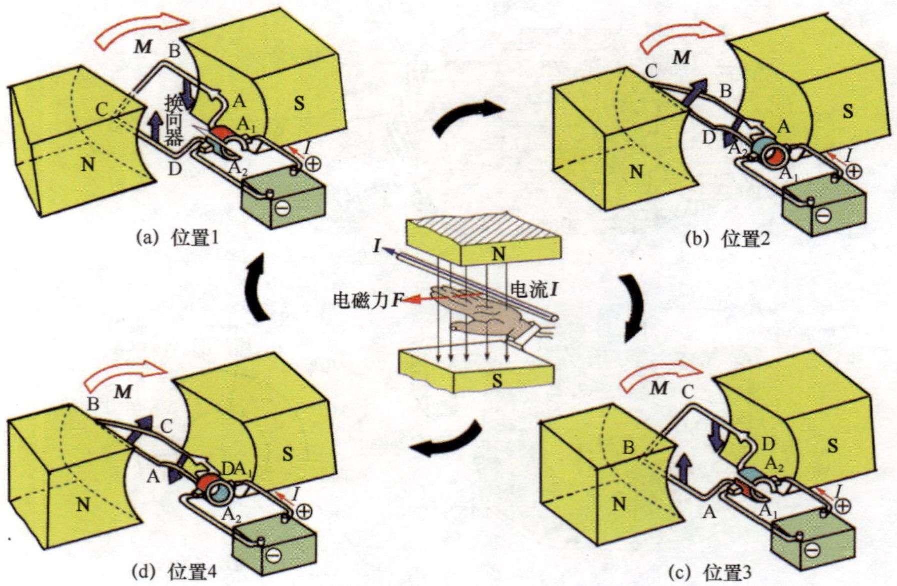

图 8–10　直流串励式电动机的工作原理

根据安培定律可推导出直流电动机通电后所产生的电磁转矩 $\boldsymbol{M}$ 与磁极的磁通量 Φ 及电枢电流 I_S 之间的关系为

$$\boldsymbol{M}=C_m\Phi I_S$$

式中，C_m 为电机转矩常数，它与电动机磁极对数、电枢绕组的导线总根数及电枢绕组电路的支路对数有关。由此可知，要增大电动机的转矩，应增大电枢电流或增强磁通量。

在直流电动机通电时，产生的电磁转矩使电枢旋转，然而在电枢旋转时，电枢绕组又会切割磁力线而产生感应电动势；根据右手定则，如图 8-11（a）所示，可判断出感应电动势的方向恰好与外加电枢电流的方向相反，因此称为反电动势 E_f。反电动势的与磁极磁通 Φ 和电枢转速 n 成正比，即 $E_f=C_e\Phi n$（C_e 是与电动机结构有关的常数）。直流串励式电动机的内部电路如图 8-11（b）所示，由于反电动势的存在，蓄电池加在电枢上的电压 U，一部分用来平衡反电动势 E_f，一部分消耗在电枢回路的电阻上，即

$$U=E_f+I_SR$$

式中，R 为电枢回路的电阻，包括电枢绕组的电阻、电刷与换向器的接触电阻；I_S 为电枢电流。

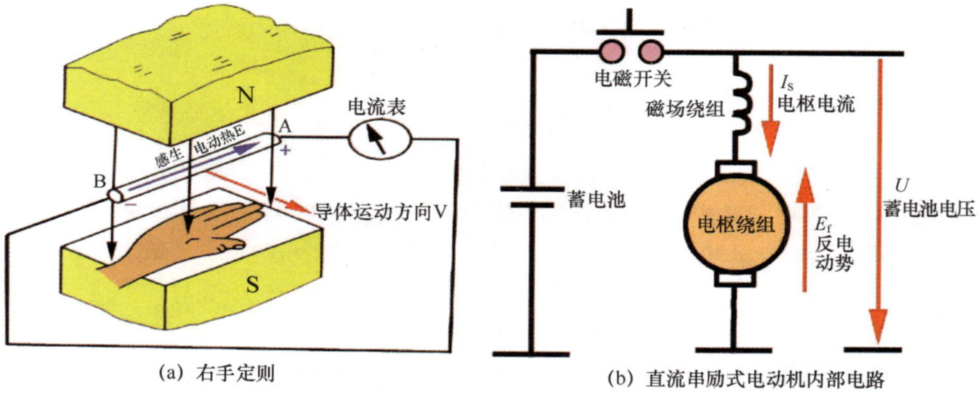

图 8-11　直流串励式电动机的内部电路

三、直流串励式电动机的特性

1. 转矩自动调节原理

在直流电动机刚接通电源的瞬间，电枢转速 $n=0$，反电动势 $E_f=0$，此时电枢电流 $I_S=U/R$ 达到最大值，将产生最大的电磁转矩 $\boldsymbol{M}_{max}$，如此时的电磁转矩大于电动机的阻力矩 $\boldsymbol{M}_Z$，电枢就开始加速转动起来。随着电枢转速 n 的上升，反电动势 E_f 加大，电枢电流 I_S 下降，电磁转矩 $\boldsymbol{M}$ 也随之下降。当 $\boldsymbol{M}$ 下降至与 $\boldsymbol{M}_Z$ 相平衡（$\boldsymbol{M}=\boldsymbol{M}_Z$）时，电枢就以此转速稳定运转。如直流电动机在工作过程中负荷增大，就会出现如下变化：$\boldsymbol{M}<\boldsymbol{M}_Z\rightarrow n\downarrow\rightarrow E_f\downarrow\rightarrow I_S\uparrow\rightarrow\boldsymbol{M}\uparrow\rightarrow\boldsymbol{M}=\boldsymbol{M}_Z$，达到新的平衡；如直流电动机在工作过程中负荷减小，就会出现如下变化：$\boldsymbol{M}>\boldsymbol{M}_Z\rightarrow n\uparrow\rightarrow E_f\uparrow\rightarrow I_S\downarrow\rightarrow\boldsymbol{M}\downarrow\rightarrow\boldsymbol{M}=\boldsymbol{M}_Z$，达到新的平衡。可见，在负荷变化时，直流电动机能通过转速、电流和转矩的自动变化来满足负荷的需要，使之在新的转速下稳定工作。因此，直流电动机具有自动调节转矩的功能。

2. 直流串励式电动机的工作特性

直流串励式电动机的力矩 M、转速 n 和功率 P 随电枢电流 I_S 变化的规律，称为直流串励式电动机的工作特性。直流串励式电动机的工作特性曲线如图 8-12 所示，其中曲线 M、n 和 P 分别代表转矩特性、转速特性和功率特性。

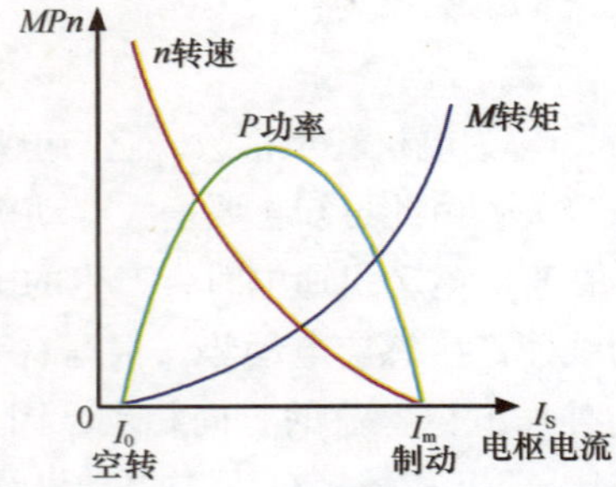

图 8-12　直流串励式电动机的工作特性

（1）转矩特性：由转矩特性可知，在起动机起动的瞬间，电枢转速 n=0，电枢电流（称为制动电流）达到最大值 I_{max}，转矩 M 也达到最大值，使发动机起动变得容易，这是汽车起动机采用串励式电动机的主要原因。

（2）转速特性：直流串励式电动机的力矩 M 较大时，电枢电流也大，电动机转速随电流的增加而急剧下降；反之，输出力矩较小时，电动机转速又随电枢电流的减小而很快上升。串励式电动机具有轻载转速高、重载转速低的特点，可以保证电动机在起动时（重载）不会超出许用功率而烧毁，使起动安全可靠。但由于串励式电动机轻载或空载转速很高，容易造成“飞车”事故，故对于功率较大的直流串励式电动机，不允许在轻载或空载下运行。

（3）直流电动机的功率 P 可由测量电枢轴上的扭矩和电枢转速来确定：

$$P=\frac{Mn}{9550}\ (\mathrm{kW})$$

式中，M 为扭矩（N·m）；n 为转速（r/min）。

从上式中可以看出，在转速为零或者空载时即（M=0），起动机的输出功率为零；当电流约为全制动电流的一半时，起动机的输出功率最大。由于起动机只在很短的起动发动机时间内工作，所以允许它以最大的功率运转，所以起动机的最大功率也是起动机的额定功率。

起动机工作时电流很大（一般 100 A 以上），因此，其工作特性受到导线电阻、电刷接触电阻和蓄电池内阻的影响较大，具体影响起动机功率的主要因素有：

（1）接触电阻和导线电阻的影响：电刷弹簧弹力减弱、电刷和换向器的接触不良、导线与蓄电池接线柱连接不牢等，都会使接触电阻增大；蓄电池的搭铁电缆和蓄电池至起动机的火线电缆过长或者截面积过小，导线接头松动，都会使线路的电阻过大，电压降增大。因此，保证导线连接的牢靠，蓄电池电缆长度和截面积要符合标准，不能随便换用，保证电刷和换向器的接触良好也非常重要。

（2）蓄电池容量的影响：蓄电池容量越小，则蓄电池的内阻越大，压降也越大，供给起动机的电流和电压也就越小，起动机的输出功率必然要减小。

（3）温度的影响：温度低时会引起蓄电池的电解液黏度增大，电池内阻增加，使起动机输出电流和功率显著降低。因此，冬天对蓄电池进行适当的保温处理，可提高起动机的功率，改善起动性能。

四、传动机构

传动机构的作用是当起动发动机时，使起动机驱动齿轮与飞轮啮合，将起动机的驱动转矩传送给发动机飞轮，驱动飞轮、曲轴旋转，起动发动机；当发动机起动后，利用单向离合器切断起动机与发动机间的动力连接，防止发动机飞轮带着起动机高速旋转导致电枢绕组在离心力的作用下被甩散，损坏起动机。

起动机的离合器主要有滚柱式、弹簧式和摩擦片式 3 种。轿车上普遍使用的是滚柱式单向离合器。

滚柱式单向离合器的结构如图 8–13（a）所示，驱动齿轮与外壳制成一体，外壳内装有十字块和 4 套滚柱、压帽和弹簧。十字块与花键套筒固连，花键套筒内制有螺旋花键，与电枢轴上的外螺旋花键配合，花键套筒可作轴向移动和随轴转动。外壳与十字滑块构成了 4 个宽窄不等的楔形槽，槽内分别装有一套滚柱、压帽和弹簧。滚柱的直径略大于楔形槽窄端，略小于楔形槽的宽端。因此，当十字块作为主动部分旋转时，滚柱滚入窄端，将十字块与外座圈卡紧，使十字块与外壳之间能传递力矩，如图 8–13（b）所示；当外座圈作为主动部分旋转时，滚柱滚入宽端，则放松打滑，不能传递力矩，如图 8–13（c）所示。

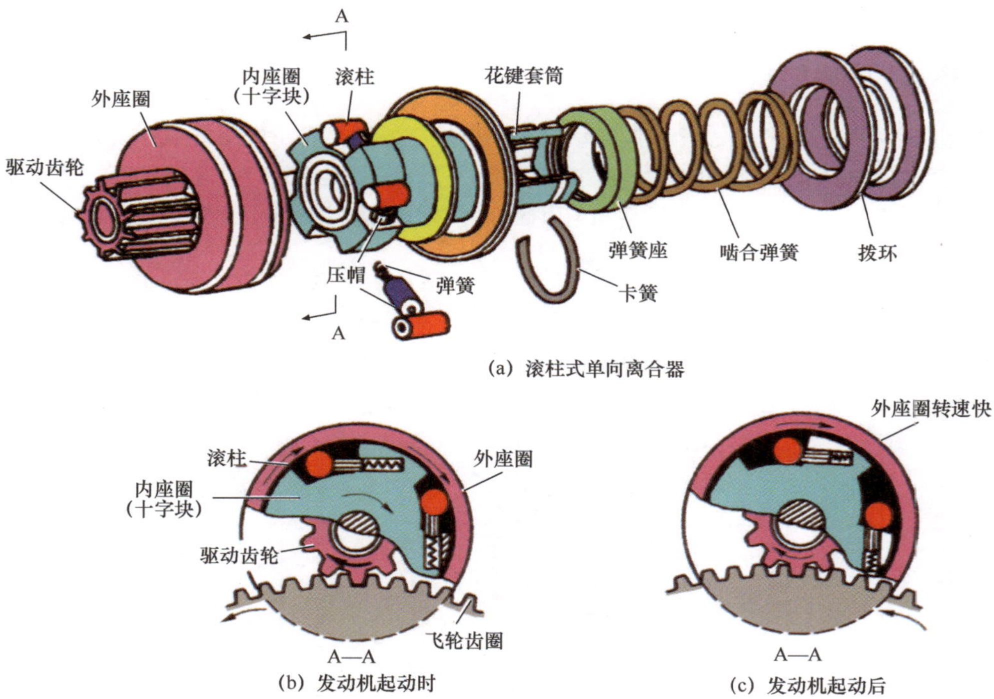

图 8–13　滚柱式单向离合器

在起动发动机时，起动机电磁开关动作，电磁开关活动铁芯带动拨叉，拨叉带动拨环将离合器推出，驱动齿轮啮入飞轮齿圈后，起动机电枢通电旋转，带动十字块旋转。由于十字块处于主动状态，迫使 4 套滚柱滚入窄端，受力分析如图 8–14（a）所示，滚柱将十字块与外座圈卡紧，传递力矩，驱动力矩的传递路线为：起动机电枢轴→十字块→滚柱→外座圈与驱动齿轮→飞轮齿圈→发动机曲轴。

发动机起动后，发动机的曲轴在活塞的带动下以高速旋转，此时如果不切断动力传递，发动机的飞轮要反过来带动离合器的驱动齿轮旋转了。此时，由于发动机飞轮齿圈转速要比起动机电枢轴驱动的十字块转速高，迫使十字块的摩擦力带动滚柱滚入楔形槽的宽端打滑，如图 8–14（b）所示，外座圈和十字块就脱离了连接，实现了动力的切断。

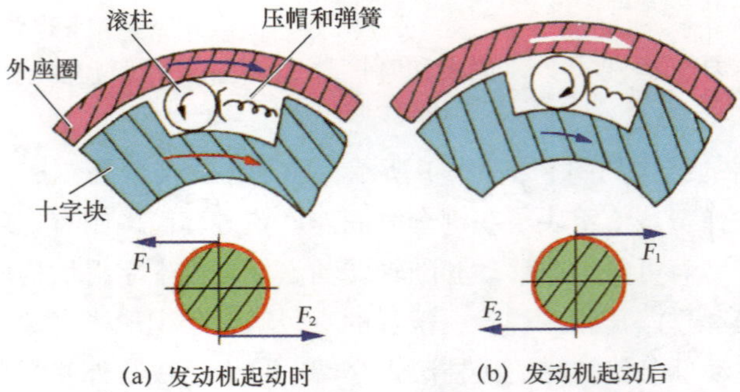

图 8-14 单向离合器的工作情况

滚柱式单向离合器结构简单，比较耐用，但是当传递大扭矩时，容易被卡死，所以一般用在中、小功率的起动机中。

五、起动机的控制装置

起动机的控制装置的作用就是控制起动机驱动齿轮与发动机飞轮齿圈的啮合与分离，并控制起动机电路的接通与切断。起动机的控制装置通常分为机械式和电磁啮合式两种。机械式控制方法现在已经被淘汰了，电磁啮合式就是利用电磁开关的电磁力操纵拨叉，使驱动齿轮与飞轮啮合或分离。

1. 电磁开关

电磁开关的作用是控制起动机主电路，同时操纵起动机的传动机构。电磁开关主要由吸引线圈、保持线圈、接触盘、铁芯、回位弹簧、拨叉等构成；电磁开关对外有 3 个端子，即接点火开关的端子 50、接蓄电池的端子 30、接电动机的端子 C，如图 8-15 所示。

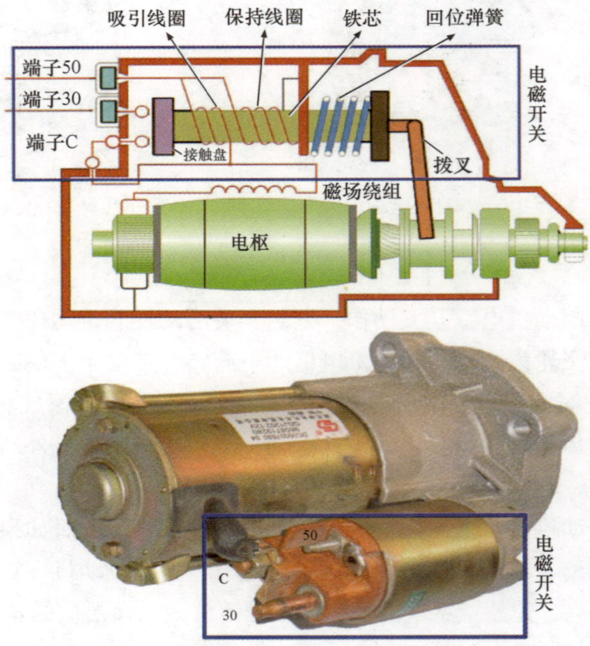

图 8-15 电磁开关的外形和内部结构

如图 8–16 所示，起动时接通点火开关起动档，起动机电磁开关的吸引线圈和保持线圈通电，两个线圈产生两个同向的电磁力吸引活动铁芯向左移动，并带动拨叉绕着拨叉中部的拨叉销旋转，于是拨叉带动拨环顺着电枢轴向右移动，推动驱动齿轮与飞轮齿圈啮合。同时，由于吸引线圈中的电流流过电动机的磁场绕组、电枢绕组后搭铁。电枢开始旋转，驱动齿轮在旋转中继续沿着电枢轴的花键齿向右移动，由于此时流过电枢绕组的电流较小，电枢所受的电磁力矩也较小，因而电枢的旋转速度缓慢，驱动齿轮边旋转边移动的速度也很缓慢，能够使驱动齿轮与飞轮齿圈柔顺地进入啮合状态，避免驱动齿轮与飞轮齿圈在啮合过程中的强烈冲撞。

在吸引线圈和保持线圈电磁力的作用下，当活动铁芯向左移动到使接触盘将蓄电池接线柱与电动机接线柱接通，即电磁开关接通，此时蓄电池为起动机提供强大的起动电流（100 A 以上），电流走向为：蓄电池正极→电磁开关的蓄电池接线柱→接触盘→电动机接线柱→直流电动机的磁场绕组→电枢绕组→搭铁→蓄电池负极，通过了强大起动电流的电枢在起动机定子磁场的作用下，产生较大的电磁转矩，于是驱动齿轮带动飞轮齿圈旋转，使发动机起动。

电磁开关接通后，吸引线圈被接触盘短路，不再发挥作用，而保持线圈仍然通电，其电磁力使活动铁芯保持在最左端，使蓄电池的起动电流维持到起动机完成起动发动机的过程。

发动机起动以后，松开点火开关，点火开关切断了保持线圈的供电，于是电磁开关中的电磁吸力消失，活动铁芯在回位弹簧的作用下向右移动到原位，于是电磁开关断开，蓄电池与起动机断开连接，起动机停止工作；与此同时，拨叉在铁芯的带动下向左移动，使驱动齿轮脱离与飞轮的啮合。

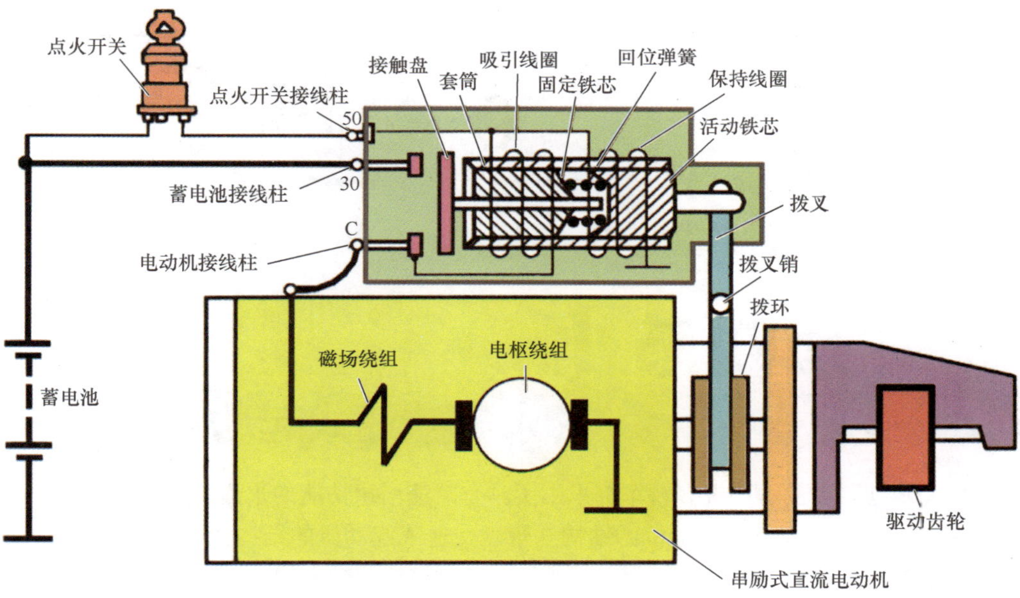

图 8–16　电磁开关的接线图

2. 起动继电器

起动机在工作时，电流很大，电磁开关的电流也达到了 20 A 以上，如果通过点火开关直接控制电磁开关的工作电流，很容易将点火开关内的触点烧坏。为了保护点火开关，很多汽车在起动系电路中加装了起动继电器。

图 8–17 是装有起动继电器的起动系统电路，起动继电器触点常开，串联在起动机电磁开关电路中，起动继电器线圈由点火开关控制。起动时，点火开关拨到起动档，起动继电器线圈通电，其电流走向为：蓄电池正极→点火开关→起动继电器的点火开关接柱→线圈→搭铁→蓄电池负极；起动继电器线圈通电后，产生电磁力将继电器触点吸合，接通起动机电磁开关电路，其电流走向为：蓄电池正极→起动继电器的电池接柱→继电器的磁轭→继电器的触点→起动机接柱→电磁开关的起动机接柱→$\left\{\begin{array}{c}\text{保持线圈}\\ \hline \text{吸引线圈→导电片→磁场绕组→电枢绕组}\end{array}\right\}$→搭铁→蓄电池负极；于是起动机便开始工作。由于点火开关内的触点只是控制起动继电器线圈的小电流，开关触点不容易烧蚀，延长了点火开关的使用寿命。

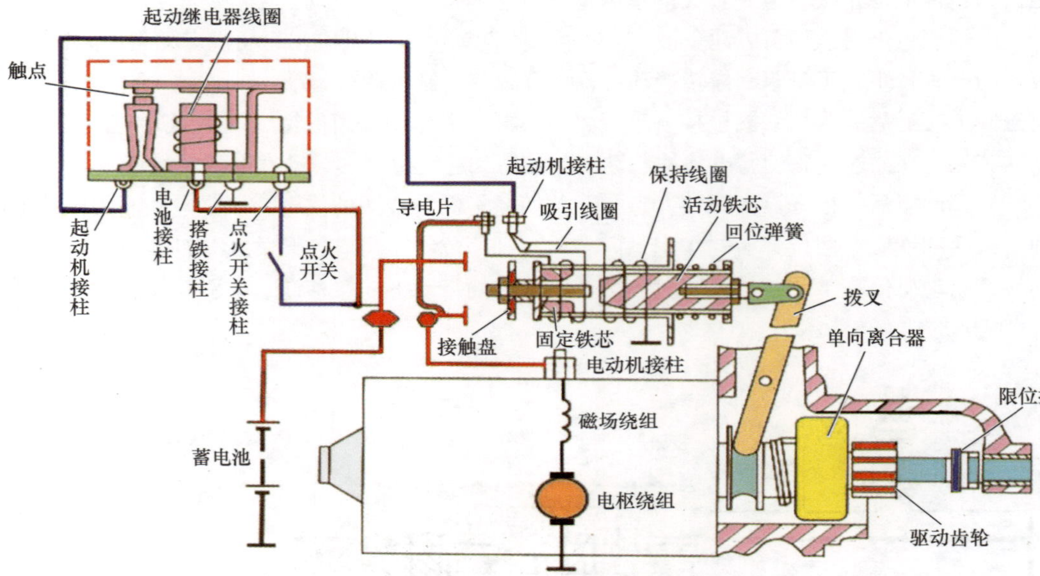

图 8–17　有起动继电器的起动系电路

第四节　永磁减速式起动机

桑塔纳、奥迪、爱丽舍等许多轿车都采用了具有减速增扭功能的永磁减速式起动机，不断提高了起动机的性能，又简化了起动机的结构。永磁减速式起动机的结构如图 8–18 所示，定子内有 4 块永久磁铁，N 极和 S 极交错排列，形成了 2 对磁极。传动机构为滚柱式单向离合器，配备了行星齿轮减速机构。行星齿轮机构中，太阳轮固装在电枢轴上，与 3 个行星轮同时外啮合，3 个行星轮与齿圈内啮合。在该行星齿轮机构中，太阳轮由起动机的电枢轴带动为主动件，齿圈固定，行星架是从动件，减速比为 5.67（注：太阳轮的齿数为 9，齿圈的齿数为 42）。永磁减速式起动机的工作原理与上述普通起动机的工作原理基本相同，如图 8–19 所示，不同之处在于，电枢轴产生的转矩需经行星齿轮减速装置才能传递给起动机的驱动齿轮。起动机工作时，电枢轴产生的电磁转矩传递路线为：起动机电枢轴→电枢轴上的太阳轮→行星轮→行星架→单向离合器→驱动齿轮→飞轮齿圈→发动机曲轴。

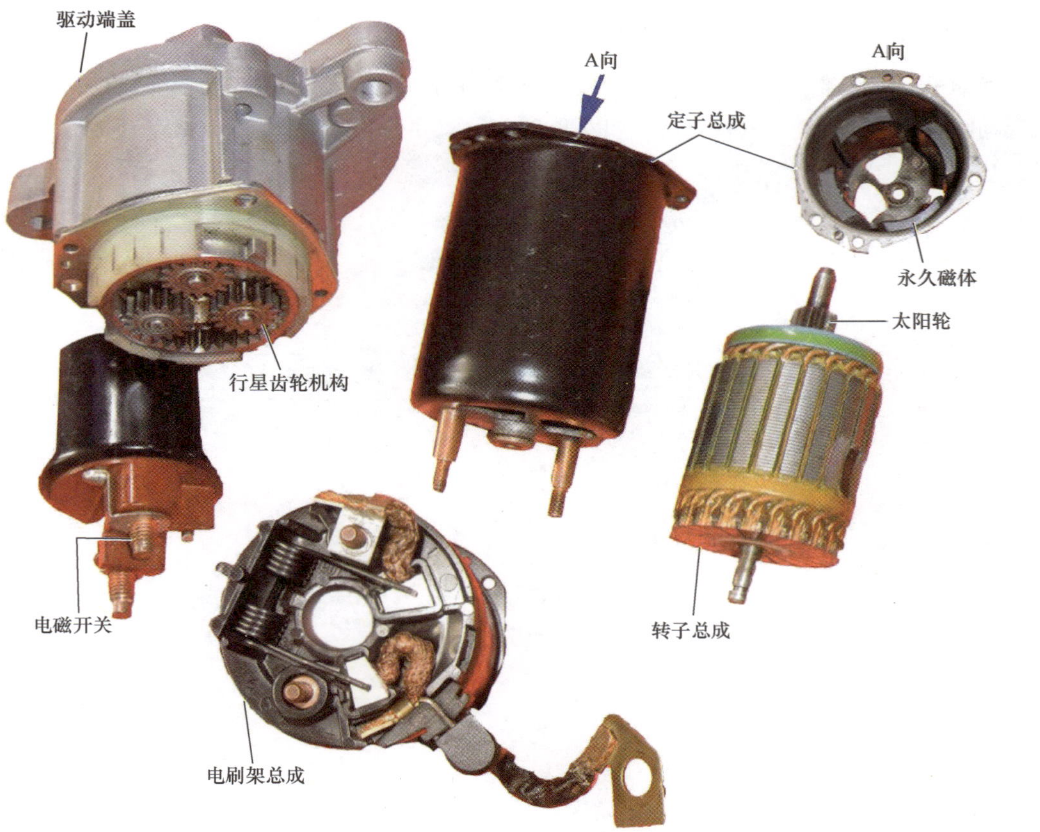

图 8–18　永磁减速式起动机

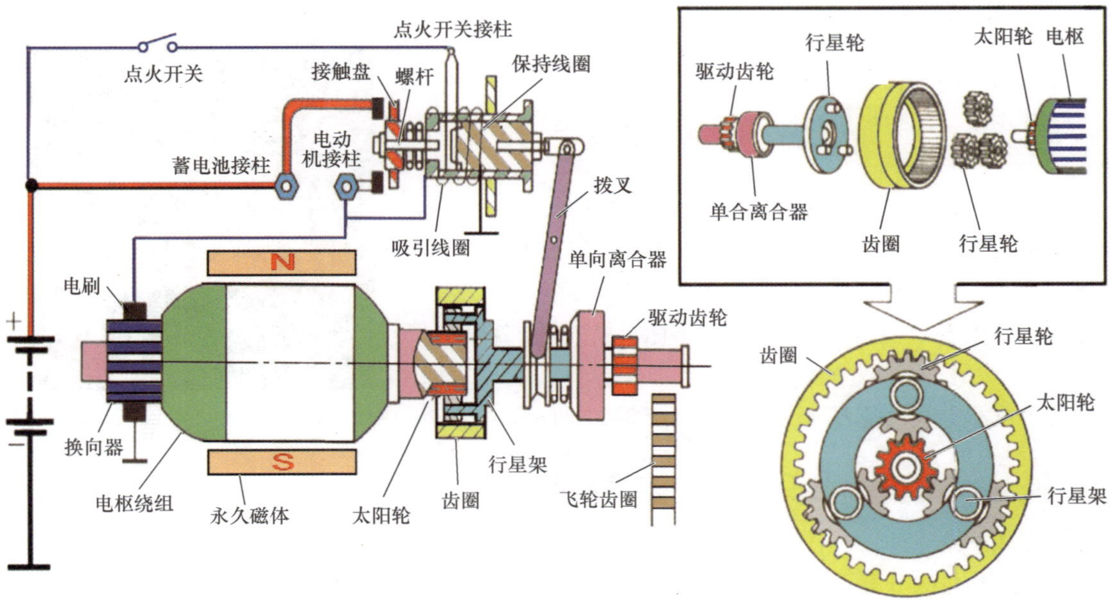

图 8–19　永磁减速式起动机组成的起动电路

【实训操作】

一、发动机起动系统的检测流程

发动机起动困难、不能起动是起动系统最常见的故障。当发动机起动系统有故障，造成发动机起动困难、不能起动时的检查流程如图 8-20 所示。

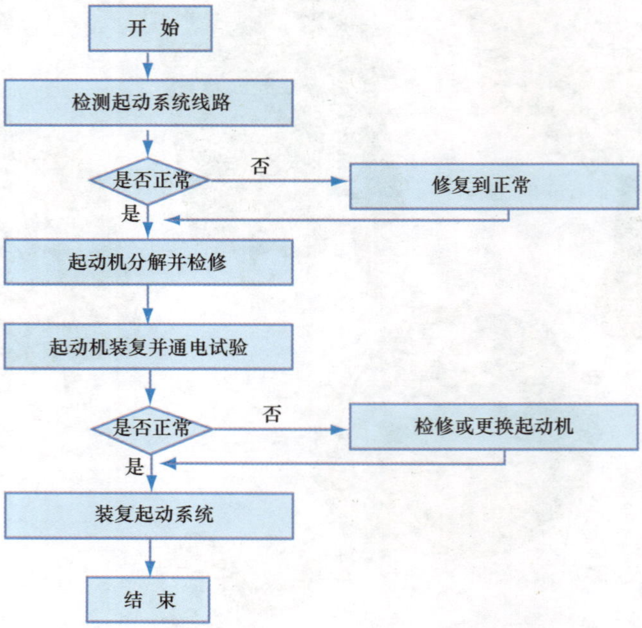

图 8-20　发动机起动系统的检测流程

二、作业所需的工具和设备

作业所需的工具和设备如下：

（1）车身外部防护罩和驾驶室防护 5 件套，如图 1-28 所示。

（2）机电维修常用工具一套，如图 1-23 所示。

（3）可调直流电源（0 ～ 30 V）、直流电流表（量程 100 A 以上）、直流电压表（0 ～ 50 V）。

（4）万用表、百分表、磁性表座、游标卡尺，如图 2-48 和图 2-49 所示。

（5）汽车电气设备万能试验台，如图 8-21 所示。

图 8-21　汽车电气设备万能试验台

三、发动机起动系统相关部件的检测与更换

步骤如下：

（1）起动机的分解，如图 8-22 ～图 8-25 所示。

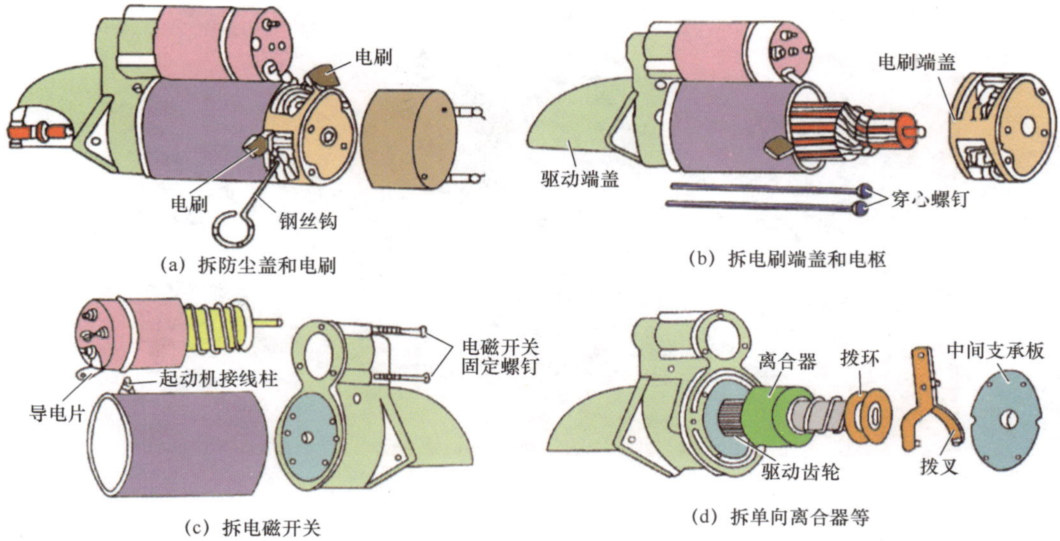

图 8-22 电磁式起动机的分解

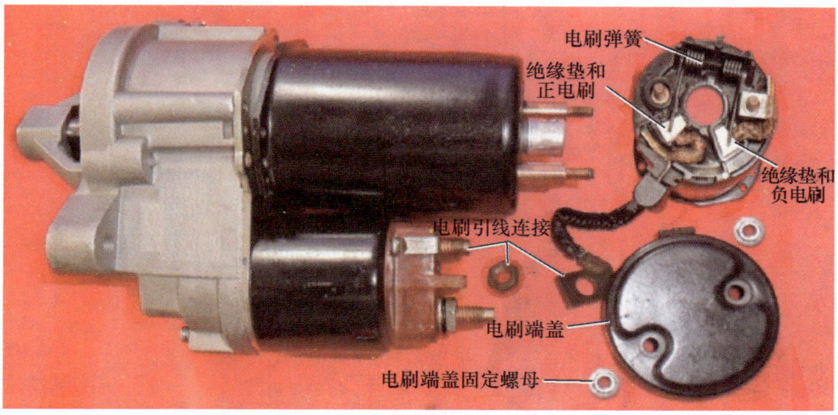

图 8-23 永磁减速式起动机分解 1

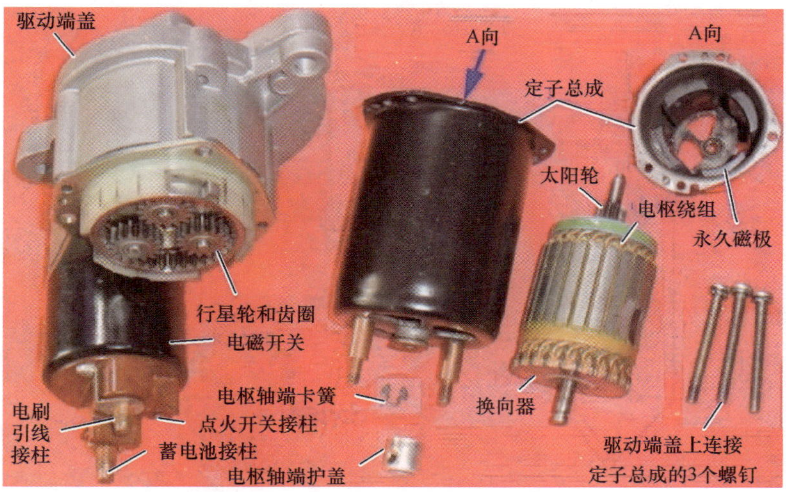

图 8-24 永磁减速式起动机分解 2

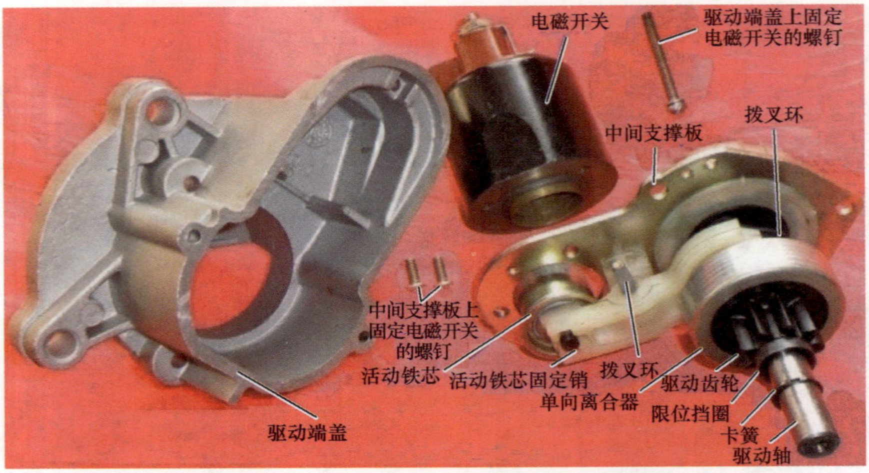

图 8-25　永磁减速式起动机分解 3

（2）起动机的检测。

①直流电动机定子绕组的检测如图 8-26 所示，电枢绕组的检测如图 8-27 所示。

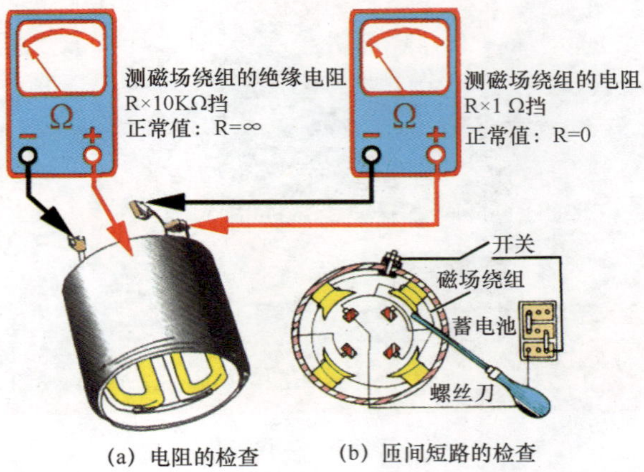

图 8-26　定子绕组的检查

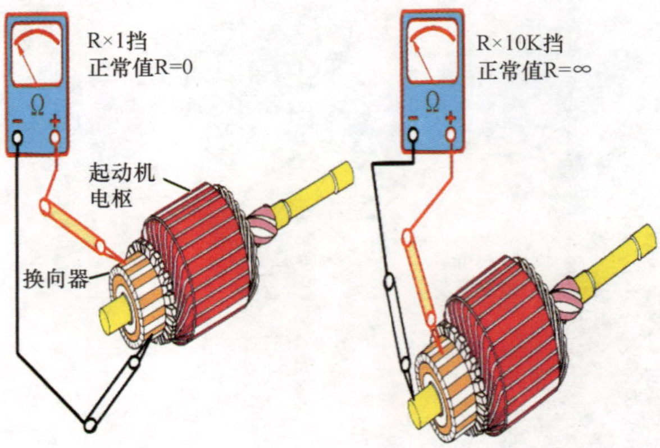

图 8-27　电枢绕组的检测

②传动机构中驱动齿轮和单向离合器的检测，如图 8-28 所示。

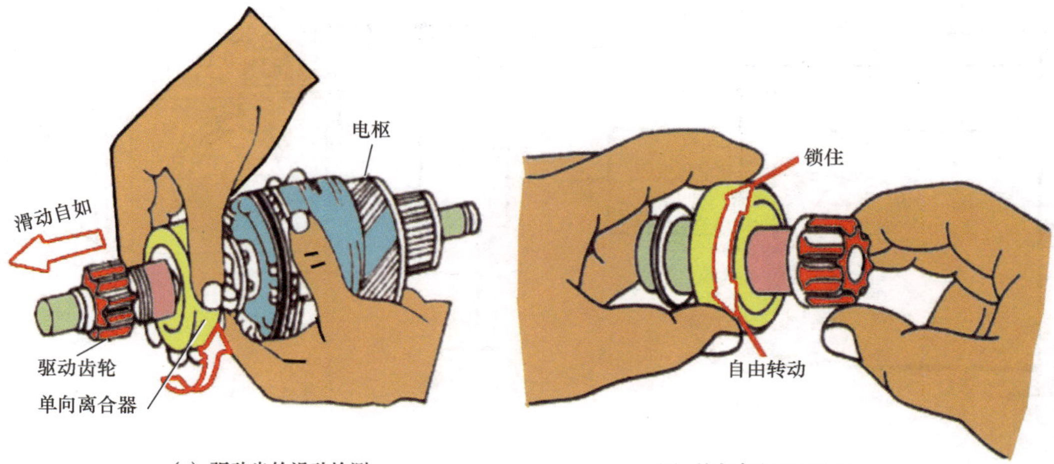

（a）驱动齿轮滑动检测　　（b）单向离合器的检测

图 8-28　驱动齿轮和单向离合器的检测

③电磁开关的检测，如图 8-29 所示。

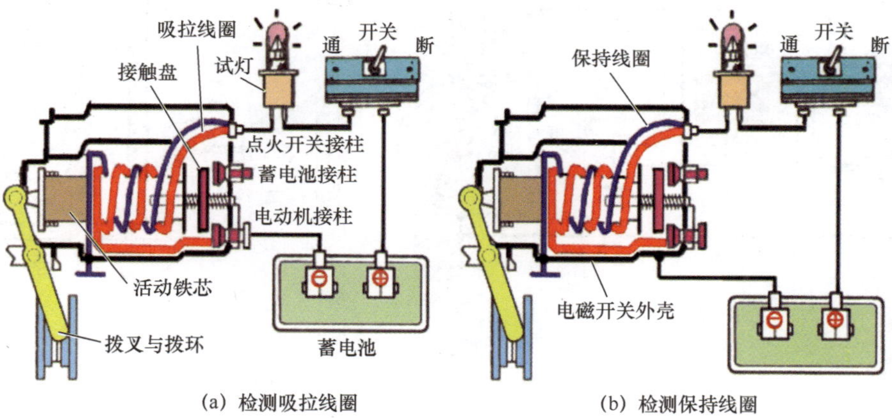

（a）检测吸拉线圈　　（b）检测保持线圈

图 8-29　电磁开关的检测

（3）起动机的装复。

① 起动机装复的注意事项：注意检查各轴承的同心度，电枢轴上有 3 个轴承支撑，往往不易同心，如不同心度过大，则会增加电枢轴的运转阻力；各轴套、电枢轴颈、花键槽等摩擦部位，都应加机油润滑。固定中间支撑板的螺钉，一定要配有弹簧垫圈。否则，起动机工作时，支撑板震动，有可能使螺钉松动，造成起动机不能正常工作，甚至损坏起动机；定子磁极与电枢铁芯之间应有 0.82 ～ 1.8 mm 的间隙，定子与电枢切不可有相互刮擦的现象；电枢轴的轴向间隙不宜过大，一般应为 0.2 ～ 0.7 mm，间隙不合适时，可在电枢轴的前端或后端改变垫圈的厚度进行调整。

② 起动机装复后的通电试验如图 8-30 所示，空载试验如图 8-31 所示，全制动试验如图 8-32 所示。

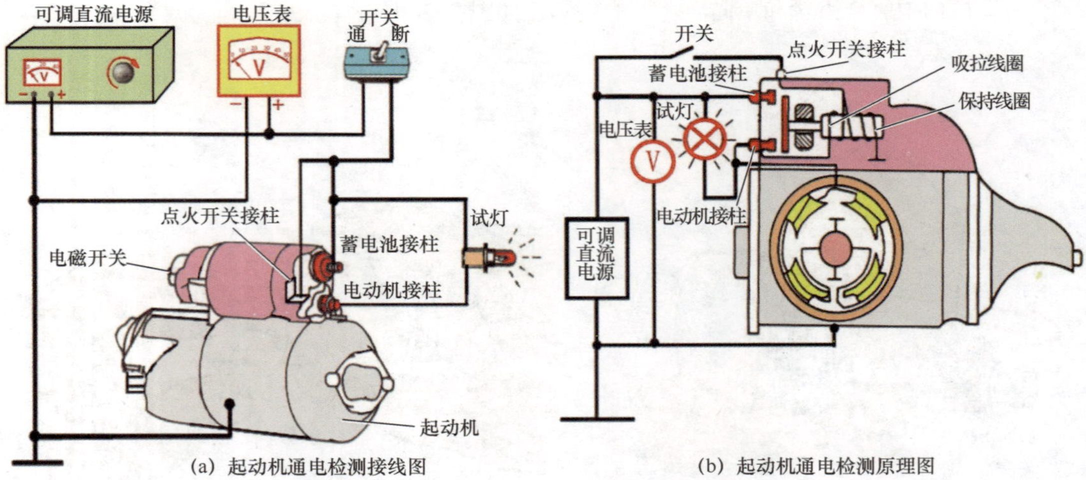

(a) 起动机通电检测接线图　　(b) 起动机通电检测原理图

图 8-30　起动机的通电检测

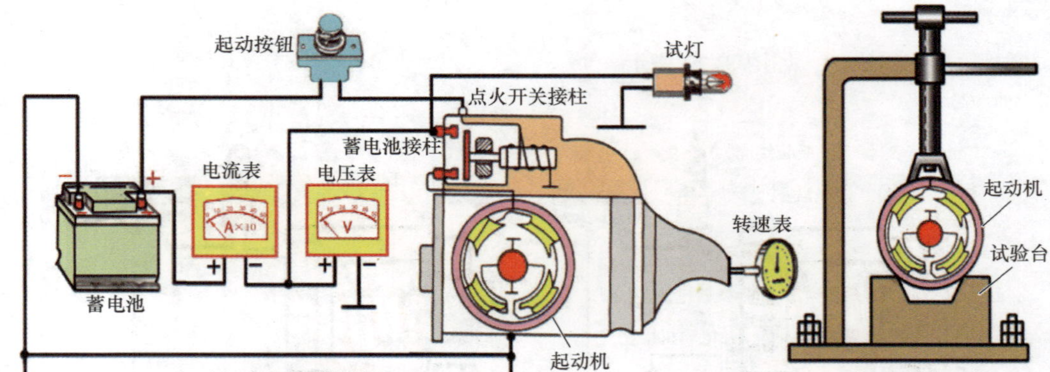

(a) 空载试验接线图　　(b) 固定起动机

图 8-31　起动机的空载试验

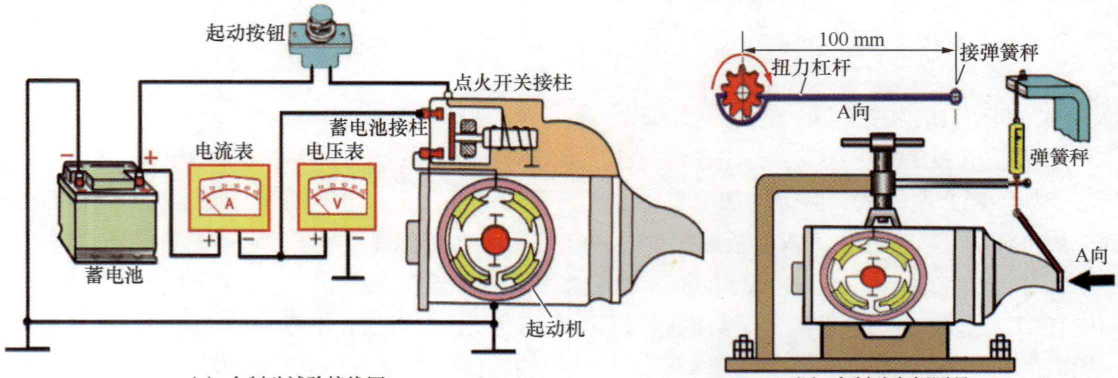

(a) 全制动试验接线图　　(b) 全制动力矩测量

图 8-32　起动机的全制动试验

【小结】

（1）汽车发动机由静止状态过渡到能自行稳定运转状态的过程称为发动机的起动。轿车发动机使用的是电力起动机起动。电力起动系统主要由蓄电池、起动机、发动机飞轮、起动继电器、点火开关等组成。

（2）目前轿车上普遍采用了具有减速增扭功能的永磁减速式起动机，不但提高了起动机的性能，而且简化了起动机的结构。

（3）当发动机起动困难、不能起动等，怀疑发动机起动系统有故障时，应注意如下问题：

① 由于蓄电池的正极连接起动机的电磁开关，所以，在拆卸起动机前，必须先断开蓄电池。否则拆卸时，有可能会造成大电流放电或短路。

② 在发动机起动后，应立即松开点火开关使其回到点火位置。严禁在发动机运转时，将点火开关拧到起动档，否则有可能造成损坏发动机、起动机的严重故障。

③ 因起动机的起动电流大于 100 A，所以起动机每次起动时间应小于 5 s，每两次起动间隔时间不应小于 15 s。正确的起动方式有利于延长起动机和蓄电池的寿命。

④ 起动机电磁开关内部有保持线圈和吸拉线圈。如吸拉线圈有故障，则起动机不运转；如保持线圈有故障，则起动时会发出“嗒嗒”的起动声音，但发动机不能起动运转。出现上述故障时，应更换起动机电磁开关。

⑤ 利用起动继电器来控制起动机电磁开关的通断，控制起动机的运转，实现小电流控制大电流，这是起动继电器的作用。由于起动机工作时继电器上通过的电流较大，所以在检修起动系统时应注意起动机继电器触点是否烧蚀，如有烧蚀，需要更换起动机继电器。

本学习任务描述案例的检测结果：由于起动系统中，起动机电磁开关有烧蚀故障，造成车辆不能起动。

【学习思考与拓展】

1．简述安培定则、左手定则、右手定则的内容。

2．请说出下面永磁减速式起动机的结构图中，各零件的名称和作用。

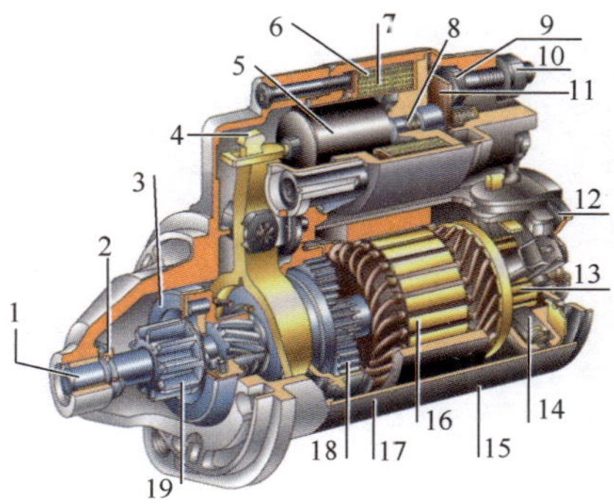

3．简述电磁式起动机定子的作用和组成。

4．简述电磁式起动机转子的作用和组成。

5．请说出下面滚柱式单向离合器的结构图中，各元件的名称，并简述滚柱式单向离合器的工作原理。

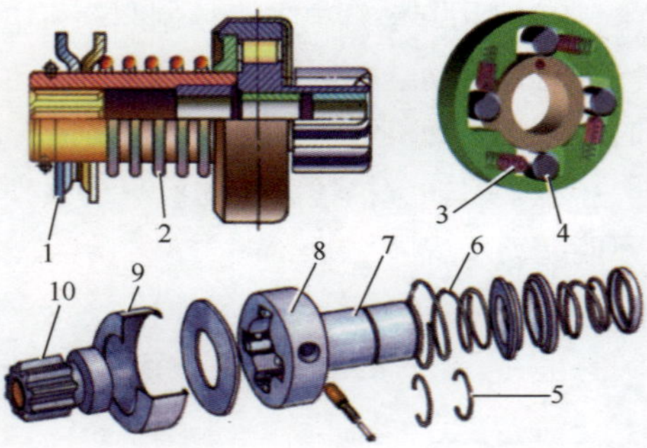

6．根据下图，简述直流串励式电动机的转速特性和转矩特性。

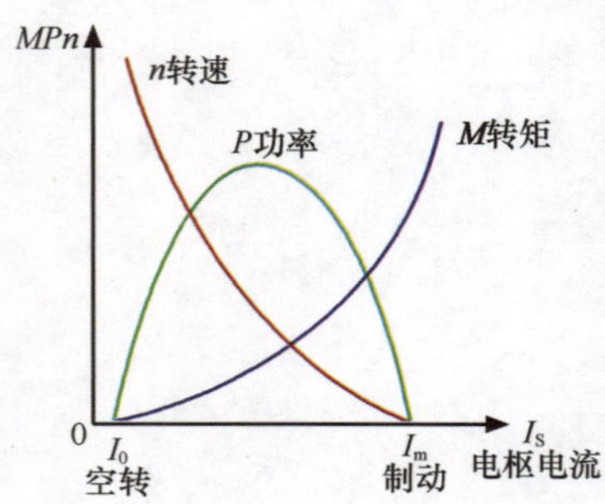

7. 请写出下图中编号 1 ～ 7 的名称，用导线将图中的起动系电路连接起来，并分析该起动系电路的工作原理。

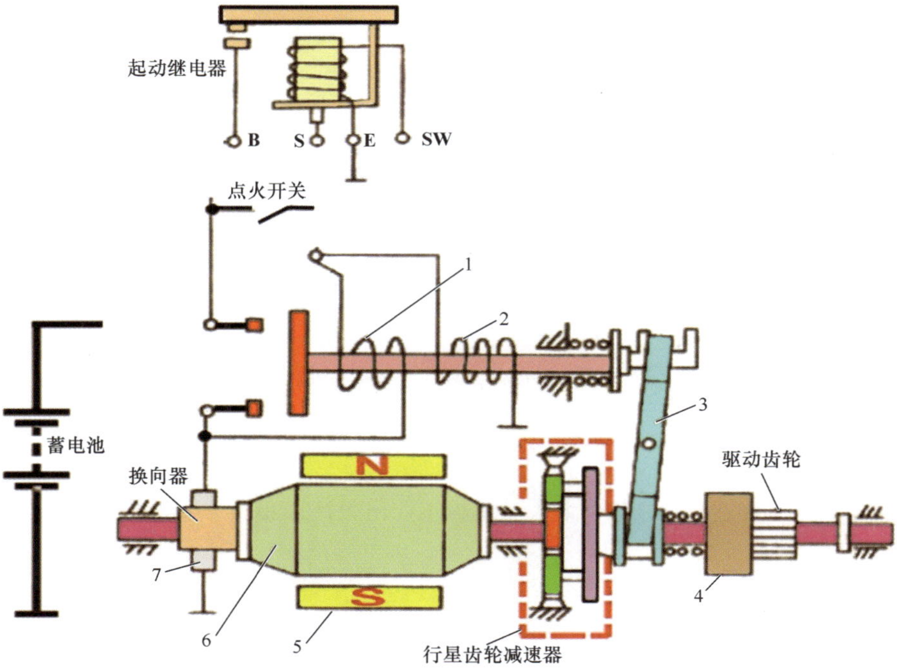

参考文献

[1] 人民交通出版社汽车图书出版中心．汽车典型结构图册．北京：人民交通出版社，2008.

[2] 陈家瑞．汽车构造（上册）．第 5 版．北京：人民交通出版社，2006.

[3] 戴胡斌．桑塔纳 3000 轿车维修一本通．江苏：江苏科学技术出版社，2009.

[4] 关文达．汽车构造．第 3 版．北京：机械工业出版社，2010.

[5] 董铁有．汽车发动机构造图册．北京：人民交通出版社，2005.

[6] 刘锐．汽油发动机构造与检修．北京：人民交通出版社，2011.

[7] 林德华．汽车构造与拆装（上册）．北京：人民交通出版社，2011.

[8] 宋波舰．汽车电气设备．江苏：江苏科学技术出版社，2011.

[9] 陈礼璠．汽车构造（发动机分册）．北京：人民交通出版社，2008.

[10] 陈德阳．大众系列轿车发动机结构与检修图册．北京：人民交通出版社，2010.

[11] 宋波舰．汽车发动机电控系统维修．北京：人民交通出版社，2012.

[12] 刘惠明．汽车发动机机械维修．北京：人民交通出版社，2012.